高等院校
创新创业教育丛书

本书系西北民族大学承担的"科技厅甘肃省大众创业万众创
新示范基地项目""科技厅甘肃省西北民族大学多民族大学
生众创空间项目""中央高校基本科研业务费资金资助项
目"阶段性成果

中小企业战略管理

主编　樊胜利　马岩茹
主审　陈永奎

Strategic Management of Small and
Medium Sized Enterprises

经济管理出版社
ECONOMY & MANAGEMENT PUBLISHING HOUSE

图书在版编目（CIP）数据

中小企业战略管理 / 樊胜利，马岩茹主编 . —北京：经济管理出版社，2016.10
ISBN 978-7-5096-4682-3

Ⅰ. ①中… Ⅱ. ①樊…②马… Ⅲ. ①中小企业－战略管理－高等学校－教材
Ⅳ. ① F276.3

中国版本图书馆 CIP 数据核字（2016）第 262166 号

组稿编辑：王光艳
责任编辑：许　兵　　吴蓝如
责任印制：黄章平
责任校对：雨　千

出版发行：经济管理出版社
　　　　　（北京市海淀区北蜂窝 8 号中雅大厦 A 座 11 层　100038）
网址：www. E-mp. com. cn
电话：（010）51915602
印刷：三河市文阁印刷有限公司
经销：新华书店
开本：720mm×1000mm/16
印张：14.5
字数：252 千字
版次：2017 年 3 月第 1 版　2017 年 3 月第 1 次印刷
书号：ISBN 978-7-5096-4682-3
定价：58.00 元

前　言

　　中小企业奠定了中国"世界工厂"的基石，是国家经济社会发展中的重要力量。2015 年，中国中小企业近 5000 万家，占全国企业总数的 99% 以上，它们创造了近 60% 的 GDP、75% 的城镇就业、60% 的出口，贡献了 60% 的税收以及 70% 以上的新产品开发。因此，中小企业发展壮大对于促进我国国民经济健康可持续发展、人民生活水平的提高和社会的和谐稳定，具有十分重要的战略意义。

　　但是，受到全球经济发展不稳定和国家经济发展转型升级的影响，我国中小企业的发展面临更多的挑战。除了企业融资难、社会服务体系不健全、信息缺乏等亟待解决的老问题外，中小企业又面临一系列新问题带来的巨大压力。一方面，中小企业缺乏核心竞争力。大量中小型制造业企业的产品质量和技术水平相对较低，难以在市场中长期立足，一直处于产品价值链的低附加值位置。如何引导中小型制造企业走上一条良性发展的道路，提高产品质量和技术水平，提高企业的核心竞争力，是急需解决的问题。另一方面，中小企业面临管理特别是战略管理的问题。多数中小企业的管理水平较低，缺乏大局观，目光短浅，对企业战略管理重视不够，也缺乏相应的战略管理人才，没有形成一个完整的战略管理体系；对市场和竞争环境的认识不清，缺乏量化的管理分析工具；高层管理者忙于处理日常事务，没有足够时间去思考战略管理问题，对国内外先进的战略管理理论和经验关注不够，对市场格局和竞争格局的变化缺乏认识。

　　在"大众创新、万众创业"的时代背景下，结合教育部关于普通本科学校创业教育教学基本要求，并经过多年学校创业教育实践，我们把《中小企业战略管理》一书作为"创业知识"系列选修课教材之一编写完成。

　　本书共分为六章，第一章企业战略管理概论；第二章中小企业战略分析；第三章中小企业成长战略；第四章中小企业竞争战略；第五章中小企业职能战略；第六章中小企业战略实施与控制。围绕企业战略管理的一般结构，全书重点介绍了战略分析、战略制定与选择（总体战略、竞争战略、职能战略）和战略实施与控制等理论与实践内容。全书涉及面较广、适应性较强，是高等学校大学生创业教育的理想教材。

在编写过程中，我们参阅了大量的相关资料，查阅了中国期刊网、百度网、东奥在线、莫慧网等平台信息，借鉴了多年来在企业战略管理方面的成果，在此对相关作者表示感谢。全书是在创业教育教研室大力支持下完成的，感谢教研室张平主任。由于水平和时间所限，疏漏之处在所难免，恳请广大读者批评指正。

编者

2016 年 10 月

目　录

第一章 企业战略管理概论

第一节 企业战略

一、企业战略的定义

1. 概念

战略源于军事，即对战争全局的筹划和谋略。企业战略是指对企业发展进行重大的、带全局性的谋划。所谓重大的，就是涉及企业资源多、影响时间长、影响范围广的部分，战略决策事关企业生死存亡、发展和稳定，决策需要高层次；所谓全局性，与整体相关，不是企业营销、技术、财务、人力资源、设备管理中的任何一项的局部问题，而是企业需要根据外部环境和内部资源及能力状况，对企业发展目标、达成目标的途径和手段的总体规划。

2. 企业战略的重要性

一个企业仅仅具有某种资源上的优势，或者具有勤奋的管理团队，并不能确保企业成功。企业战略对决策具有支持作用，有助于明确企业努力的方向，科学确定企业的长远目标。同时，企业战略作为合作和交流的工具，与利益相关者充分沟通，有助于企业应对不断变化的外部环境，充分利用自身的资源和能力，确保企业的适应性和灵活性，保证企业目标的实现。

二、企业战略的内容

人们在生产经营活动中的不同场合往往赋予企业战略不同的内容。美国学者霍弗和申德尔（1978）指出，战略是企业目前的和计划的资源配置与环境相互作用的基本模式，该模式表明企业将如何实现自己的目标。美国学者迈克尔·波特

（1980 年）认为，战略是公司为之奋斗的一些终点与公司为达到它们而寻求途径的结合物。20 世纪 80 年代以后，加拿大学者亨利·明茨伯格借鉴市场营销学中的四要素（"4P"）的提法，提出企业战略的"5P"模型，即计划 (Plan)、计谋 (Ploy)、模式 (Pattern)、定位 (Position) 和观念 (Perspective)。明茨伯格的 5P 战略论述完整，影响比较深远。

1. 战略是一种计划

战略是一种计划，是精心构建的行动或一套准则来处理各种情况。企业战略计划是一种有意识、有预计、有组织的行动程序，是解决一个企业如何从现在的状态达到将来位置的问题。战略计划一般包括企业发展方向和目标、发展途径、处理某种特定情况的方针政策。战略计划是企业经营成功的保障，具有两个特点：一是战略是在企业经营活动之前制定的，战略先于行动，先思后行；二是战略是有意识、有目的地开发和制定的计划，是理性思维的结果。

2. 战略是一种计谋

战略是一种计谋，是要在竞争中赢得对手，或令竞争对手处于不利地位及受到威胁的智谋，也是一种在竞争博弈中威胁和战胜竞争对手的工具。威胁，作为一个恐吓手段，其战略可能不付诸实施；战胜，则是要付诸实施的战略。实施战略计谋的意义在于企业如何在竞争中获胜。如对手在搞自主研发，我们就引进成熟技术；对手扩大生产规模，我们就走差异化道路。

3. 战略是一种模式

战略体现为企业一系列的具体行动和现实结果，或是一系列的行动模式或行为模式。无论企业是否事先制定了战略，只要有具体的经营行为，就有事实上的战略。一系列行动是指企业为实现基本目的而进行竞争、分配资源、建立优势等的决策与执行活动。战略可能是人类行为的结果，而不是设计的结果。定义为"模式"的战略是已实现的战略，战略实际上是一种从计划向实现流动的结果。准备实施的战略与自发的战略则通过各自的渠道，流向已实现的战略，把整个战略看成是一种"行为流"的运动过程。因此，我们在选择战略时要充分考虑并尊重企业原有的行为模式，因为它会在很大程度上决定企业未来战略选择和战略实施的有效性。若要改变企业的行为模式，首先必须充分认识到推行这种变革的难度。

4. 战略是一种定位

战略是确定企业在市场中的位置。企业的定位基于对外部环境的理解、对自身资源和能力的认识、自己的价值观等因素之上。战略定位就是根据外部环境、自身资源和能力、企业价值观去确定经营行业、行业位置和角色，从而形成强有力的竞争优势。如奔驰公司战略定位是汽车行业、服务高端市场、安全和舒适三个方面。

5. 战略是一种观念

观念决定行为，行为产生结果。战略观念是指战略表达了企业对客观世界固有的认知方式，体现了企业对环境的价值取向和组织中人们对客观世界固有的看法，进而反映了企业战略决策者的价值观念。企业战略决策者在对企业外部环境及企业内部条件进行分析后作出的主观判断就是战略，显然战略是主观的产物。当企业战略决策者的主观判断符合企业内外部环境的实际情况时所制定的战略就是正确的；反之，当其主观判断不符合环境现实时，企业战略就是错误的。战略观念要通过组织成员的期望和行为而形成共享，个人的期望和行为是通过集体的期望和行为反映出来的。企业中不仅存在员工的个人价值观念，还需要形成共同的价值观念，企业要了解和掌握该组织的期望如何在成员间分享以及如何在共同一致的基础上采取行动。因此，确立战略观念可以找到企业行为的标准，明确什么是好坏、对错、轻重。企业只有协调好组织价值观与个人价值观，才能实现自身的顺利发展。

三、企业战略的结构层次

企业战略的层次划分需要考虑的因素很多，其中关键要素包括四项：一是活动领域因素。企业从事生产经营的活动领域即为企业的经营范围或业务组合。企业活动领域的确定除了受到社会、市场、顾客等外部环境因素的影响，还受到企业战略决策者对战略的概念和企业具体情况的认识。二是资源配置因素。资源配置的优劣将在很大程度上影响企业战略的实施能力。企业的资源配置不但包括对企业过去、目前的资源与技能进行配置与整合，还包括根据内外环境的变化情况，对企业资源与技能进行重新配置和再组合。三是竞争优势因素。企业通过活动领域和资源配置模式的确定，在市场上形成的优于其他竞争对手的竞争地位就是竞争优势。其核心就是企业运用自己的竞争地位，以相对于竞争对手更高的价值实现战略目标。四是协同优势因素。在明确认识内外环境的条件下，企业通过有效的配置资源，可以实现企业中各要素共同努力的"1+1>2"的协同效果，即分力之和大于各分力简单相加的规模优势。在企业管理中，可以通过投资协同、生产协同、销售协同、管理协同来实现协同优势。

将上述四个方面的关键因素与企业战略联系在一起，企业战略可以划分为总体战略、竞争战略和职能战略三个层次，它们之间的互相作用和联系，构成了企业战略的结构体系。

1. 总体战略

企业总体战略又称为公司战略，是企业总体的、最高层次的战略，是企业最高管理层控制企业一切行为的最高行动纲领。企业战略首先要回答这样的问题：我们的业务是什么？我们应当在什么业务上经营？同时，在确定了答案之后，企业还要在各业务部门之间进行资源分配，以实现公司整体的战略意图。

2. 竞争战略

企业竞争战略又称为经营战略，处于战略结构中的第二层次，它是在企业总体战略的指导下，为实现企业总体目标服务的，以经营管理某一业务单位的战略计划为形式的子战略。竞争战略所涉及的决策问题是在选定的业务范围内或在选定的市场或产品区域内，业务单位应该在什么样的基础上进行竞争，以取得超过竞争对手的竞争优势。

3. 职能战略

企业职能战略是在各职能部门中，如生产、营销、研究与开发、财务、人事等部门，由职能管理人员制定的短期目标和规划，其目的是实现企业和业务部门的战略计划。职能战略强调"将事情做好"。

企业战略的三个层次之间互相作用，紧密联系。企业中每一层次的战略构成了下一层次的战略环境；同时，下一层次的战略为上一层次战略目标的实现提供保障和支持。各个层次的战略内涵及要求如表 1-1 所示。

表 1-1　企业战略层次结构对比

	总体战略	竞争战略	职能战略
作用	明确企业目标以及实现目标的计划与行动	指导本业务单位在特定市场、行业或产品中取得竞争优势	调整企业的资源和能力，开发独特的资源或核心能力
主体	企业最高管理层	业务单位的管理层	职能部门的管理者
范围	企业整体	本业务单位	本职能领域，涉及不同部门
内容	企业使命和目标、企业宗旨以及发展计划等	获得竞争优势的途径	规划本职能涉及的资源和能力，注意不同职能战略之间的协调
关系	指导竞争战略和职能战略	支持公司战略的实现	服从公司战略、支持竞争战略

四、企业愿景、使命和战略目标

1. 企业愿景

企业愿景是根据企业现阶段经营与管理发展的需要，对企业未来发展方向的一种期望、预测和定位。它回答的是"企业在未来将成为什么样的企业"，也就是企业长期发展的方向、目标、目的、理想与愿望以及企业自我设定的社会责任和义务，明确指出企业在未来是什么样子。如华为公司愿景是"丰富人们的沟通和生活"。

企业愿景是企业对自身长远发展和终极目标的规划和描述，一定会对企业员工产生巨大的凝聚和激励的作用。美国管理思想家吉姆·柯林斯（1994）在著名的《基业长青》一书中指出，那些真正的宏伟基业都有一个共同点：有令人振奋、并可以帮助员工做重要决定的"愿景"。优秀的领导者会与员工分享企业的愿景，如果可能，还会让员工参与企业愿景的规划。如果能让员工充分理解领导者对企业长期发展方向的思路，让与自己一同工作的所有人拥有相同的努力目标，那么，这家企业就会拥有无穷的发展动力。缺乏企业愿景指引的企业或团队会在风险和挑战面前畏缩不前，它们对自己所从事的事业不可能拥有坚定的、持久的信心，也不可能在复杂的情况下，从大局、长远出发，果断决策，从容应对。

2. 企业使命

企业使命是企业在社会经济的整体发展方向中所担当的角色和责任，也是企业的根本任务。企业的经营范围、市场目标等概括描述，比企业愿景更具体地说明了企业的性质和发展方向。企业使命是实现愿景的手段，回答的是"企业该做什么"、"企业如何做"才能实现企业的理想目标。在想做、可做、能做的三个环节中找到一个真正该做的事。如华为公司使命是"聚焦客户关注的挑战和压力，提供有竞争力的通信解决方案和服务，持续为客户创造最大价值"。

　　企业使命是核心价值观的载体与反映，是企业生存与发展的理由。使命体现了企业全体员工的行为共识，是引导和激发全体员工持之以恒地为企业不断实现新的发展和超越的动力之源。企业使命不仅包括目前面临的任务，更涵盖对过去的认识、反思以及对未来的期望和判断，揭示了企业成长的基本原则和思路。管理大师德鲁克强调，企业所要达成的使命，一定要落在企业以外的"创造顾客"之中，是企业对客户、员工、股东和社会等方面的愿景。企业使命陈述的主要要素如表1-2所示。

表 1-2　企业使命陈述的主要要素

要素	回答的问题	举例
用户	公司的用户是谁	强生公司：我们坚信，我们对医生、护士、患者、母亲和其他所有使用和享受我们产品与服务的人负有重要的责任
产品或服务	公司的主要产品或服务项目是什么	美孚石油公司：寻找和开采石油、天然气、液化天然气以及用这些原料为社会生产高质量的产品，并以合理的价格向消费大众销售这些产品和提供相应的可靠服务
市场	公司主要在哪些地域竞争	布洛克威公司：我们注重的是北美市场，尽管我们也要开拓全球市场
技术	公司的技术是否是最新的	Reynolds：我们将努力开发可以降低吸烟导致健康风险的技术，以便满足成年吸烟者的需求
对生存、增长和赢利的关切	公司是否努力实现业务的增长和良好的财务状况	McGraw-Hill：通过收集、评价、生产和营销有价值的信息而满足全球需求，同时使我们的用户、雇员、作者、投资人和整个社会受益
观念	公司的基本信念、价值观、志向和道德倾向是什么	玫琳凯公司：公司全部宗旨都基于一条重要的原则，即分享与关怀。出于这种精神，人们将愉快地贡献他们的时间、知识与经验
自我认识	公司最独特的能力或最主要的竞争优势是什么	克朗·泽勒巴克公司：通过释放其全体雇员的能量和利用他们的建设和创造能力，在未来1000天的竞争中实现飞跃
对公众形象的关切	公司是否对社会、社区和环境负责	道氏化学公司：分担世界性的环境保护责任
对雇员的关心	公司是否视雇员为最宝贵的资产	Wachovia Corporation：以良好的工作条件、高超的领导方式、按业绩付酬的原则、个人成长的机会和高度的就业保障，来召集、培养和留住高能力、高品格和有奉献精神的人员

3. 战略目标

战略目标是企业使命的具体化，是企业在一定时期内沿其经营方向所预期达到的理想成果，如市场份额、利润率等。企业仅有美好愿景和明确使命还不够，还必须把它们转化为企业战略目标，这样企业战略才具有可操作性。

将企业愿景和使命转化为具体的业绩目标，就构成了企业的战略目标体系。如果企业使命与愿景没有转化为具体业绩目标，那么企业使命与愿景的宣言也仅仅是一些美丽的词句，是不会取得任何结果的。如果企业管理者在每一个关键领域都建立目标体系，并为达到这些设定目标而采取适当的行动，这样的公司可能会获得较好的结果。企业战略目标具有如下重要作用：一是战略目标能够实现企业外部环境、内部条件和企业目标三者之间的动态平衡；二是战略目标能够使企业使命具体化和数量化；三是战略目标为战略方案的决策和实施提供了评价标准和考核依据；四是战略目标对各级管理人员和广大职工具有很大的激励作用。

第二节　企业战略管理

一、战略管理的含义

企业战略管理是指通过分析外部环境和企业内部条件，对企业战略的设计、选择、控制和实施，直至达到企业战略总目标的全过程，是一门跨功能决策的艺术与科学。

早在1972年，美国学者伊戈尔·安索夫在《从战略计划走向战略管理》一书中，首次提出了"企业战略管理"的概念。他指出，企业战略管理是把企业的战略发展问题作为一个多因素和多层次的整体复杂系统来处理，既要重视技术经济方面的环境因素，也要重视企业自身的内部结构条件以及文化、政治和法律等各方面的发展变化可能产生的各种影响，并且还把战略计划的制定、控制与实施结合成一个统一的动态管理过程。战略管理模式是针对企业如何应付环境的恶化和动荡，如何应对竞争以及满足利益相关者等基本问题作出的回应。

与运营管理相比，企业战略管理具有如下主要特点：一是战略管理是关于企业整体的管理。战略管理涉及宏观环境、行业环境、经营环境、宗旨、目标、策略（业务单位、各职能）、组织、资源调配、变革管理等方面，需要较多专业知识和较强的能力。二是战略管理需要管理和改变企业与外部的关系。战略管理强调与外部的竞争与合作以及满足利益相关者的期望。三是战略管理具有很大的不确定性。战略管理强调适应环境、长远发展和资源整合，影响因素复杂多变，难以预见和量化，管理者决策时，不可能做到完全有把握。四是战略管理涉及企业的变革。战略管理不是维持现有局面，而是不断改变现存状态，以适应不断变化的环境。由于企业资源和文化具有连贯性，因此改革经常难以进行。

二、战略管理的过程

战略管理是对一个企业的未来发展方向制定决策和实施这些决策的动态管理过程。一个全面的战略管理过程包括战略分析、战略制定与选择、战略实施与控制三个阶段，它们是相互联系、循环反复、不断完善的一个动态过程。

1. 战略分析

战略分析是整个战略管理过程的起点。战略分析过程被称为"战略定位"，即对企业的战略环境进行分析、评价，并预测这些环境未来发展的趋势以及这些趋势可能对企业造成的影响及影响方向。战略分析需要考虑许多方面的问题，主要有以下几点：

（1）企业外部环境分析。企业外部环境分析涉及宏观环境、行业环境和经营环境，主要分析法律因素、经济因素、技术因素、社会因素以及企业所处行业中的竞争状况，目的是适时地寻找和发现有利于企业发展的机会以及对企业来说所存在的威胁，以便在制定和选择战略时能够利用外部条件所提供的机会而避开对企业的威胁因素。

（2）企业的内部环境分析。企业内部环境分析涉及内部资源、企业能力、市场竞争力等内容，主要分析企业本身所具备的条件，也就是企业所具备的素质。它包括生产经营活动的各个方面，如生产、市场营销、财务、技术研发、人力资源、管理能力等。目的是发现企业所具备的优势或劣势，以便在制定和实施战略时能扬长避短、发挥优势，有效地利用企业自身的各种资源。

（3）企业内部资源能力与外部环境的匹配性分析。

2. 战略制定与选择

企业战略制定与选择过程是对战略进行探索、制定以及选择的决策过程。企业战略的成功是建立在自身的独特技能（核心竞争力）以及与供应商、客户和分销商之间已经形成或可以形成的特殊关系（行业价值链）之上，如企业战略是否适宜企业环境，是否符合利益相关者的预期以及是否实际可行。企业一般存在三种层次战略。

（1）公司总体战略。公司层面的战略包括成长型战略、稳定型战略和收缩型战略。成长战略是以扩张经营范围或规模为导向的战略，包括一体化战略、多元化战略和密集型成长战略；稳定型战略是以巩固经营范围或规模为导向的战略，包括暂停战略、无变战略和维持战略；收缩型战略是以缩小经营范围或规模为导向的战略，包括扭转战略、剥离战略和清算战略。

（2）竞争战略（业务单位战略）。竞争战略包括成本领先战略、产品差异化战略和集中化战略三个基本类型。

（3）职能战略。职能战略如生产战略、研发战略、营销战略、财务战略等。在这些职能战略中要体现出战略步骤、采取的措施以及大体的时间安排等。

3. 战略实施与控制

战略实施与控制是指如何确保将战略转化为实践，其主要内容是组织调整、调动资源和管理变革。

（1）组织调整。企业组织应适应战略的要求，如调整组织结构、业务流程、权责关系以及进一步处理好它们之间的相互关系。

（2）调动资源。企业需要调动不同领域的资源来适应新战略，包括调动人力、财务、技术和信息资源。

（3）管理变革。在调整战略时，企业需要改变日常惯例，转变文化观念，克服变革阻力。如诊断变革环境，包括确定战略变革的性质（渐进与突变）、变革的范围（转型与调整）、变革需要的时间、变革程度的大小、员工对变革的思想准备程度、资源满足程度、企业文化与战略的冲突、变革的推动力量和阻碍力量等。根据变革环境的分析，确定变革管理的风格，包括引导、合作、干预、指令等备选类别。根据变革环境的分析，企业需要确定变革的职责，明确战略领导和中层管理人员应当发挥的作用。

第三节　战略管理理论演进

100 多年来，管理理论研究与时俱进，实现了由过程管理向战略管理转变、由内向管理向外向管理转变、由产品市场管理向价值管理转变、由行为管理向文化管理转变。毫无疑问，企业战略管理理论是这场变革的中心，经历了不同的发展及演变过程。

一、战略管理思想形成阶段

在战略管理思想形成阶段，虽没有出现完整的战略管理理论体系，但已形成了很精彩的战略思想。美国学者迈克尔·波特教授进行了总结，概括出战略管理思想形成阶段的主要观点。一是法约尔的战略思想。20 世纪初，法国古典管理理论学家亨利·法约尔对企业内部的管理活动进行整合，将工业企业中的各种活动划分为六大类：技术活动、商业活动、财务活动、安全活动、会计活动和管理活动，并提出了管理的五项职能：计划、组织、指挥、协调和控制，其中计划职能是企业管理的首要职能。这是最早出现的企业战略思想。二是巴纳德的战略管理思想。1938 年，美国组织理论创始人切斯特·巴纳德在《经理人员的职能》一书中，首次将组织理论从管理理论和战略理论中分离出来，认为管理和战略主要是与领导人有关的工作。此外，他还提出管理工作的重点在于创造组织的效率，而战略管理工作则应注重组织的效能，即如何使企业组织与环境相适应。这种关于组织与环境相"匹配"的主张成为现代战略分析方法的基础。巴纳德关于组织理论的探讨至今几乎没有人能超越，他的《经理人员的职能》一书被誉为管理思想的丰碑。巴纳德认为所有的组织都包含三个要素：合作的意愿、共同的目标和沟通。他的贡献就在于，从最简单的人类协作入手，揭示了组织的本质及其最普遍的规律。三是安德鲁斯的战略思想。哈佛商学院教授肯尼斯·安德鲁斯认为，企业战略应当是由管理层特意和有意识地决定并加以适应的，他提出的商业战略理念也最早应用于学院常规课程教学。安德鲁斯对战略进行了四个方面的界定，将战略划分为四个构成要素：市场机会、公司实力、个人价值观和渴望、社会责任，其中市场机会和社会责任是外部环境因素，公司实力与个人价值观和渴望则是企业内部因素。

二、20 世纪 60～70 年代的传统战略管理理论阶段

20 世纪 60～70 年代，企业战略管理研究在西方蓬勃开展，形成了一系列经典的战略管理理论。1962 年，美国著名管理学家钱德勒出版了《战略与结构：工业企业史的考证》一书，被公认为"环境—战略—组织"理论的第一位企业战略专家。1965 年，安索夫出版了第一本有关战略的著作《公司战略》，成为企业战略理论研究的新起点。从此以后，在企业战略理论的发展过程中，10 种战略学派都曾在一定时期内发挥过一定作用。

1. 设计学派

以哈佛商学院教授安德鲁斯为代表，1971 年出版了《公司战略概念》一书。该学派提出了战略设计的 SWOT 分析模型；认为企业战略规划是一个意识控制的思想过程，必须由企业高层管理者负责；企业战略管理应当清晰、简明、易于理解和贯彻，而且应具有创造性和灵活性以适应环境的变化。

2. 计划学派

计划学派以安索夫为杰出代表。计划学派认为，战略的形成是一个受到控制的、有意识的、规范化的过程。战略行为是对其环境的适应过程以及由此而导致的企业内部结构化的过程。

3. 定位学派

定位学派的代表人物是迈梅森和贝恩。该学派认为企业在制定战略的过程中必须要做好两个方面的工作：一是企业所处行业的结构分析，形成"市场结构—市场行为—市场绩效"的研究范式；二是企业在行业内的相对竞争地位分析。

4. 企业家学派

企业家学派的代表人物是奈特。1967 年，他出版《企业家精神：处理不确定性》一书。该学派认为，具有战略洞察力的企业家是企业成功的关键。许多成功企业没有系统的、成文的战略，但它们同样经营得很好，这与管理者对企业基本价值以及存在原因的信念是息息相关的。企业家学派的最大特征在于强调领导的积极性和战略直觉的重要性。它一方面将战略制定归功于个人直觉；另一方面认为不存在规范的战略制定过程。这一学派核心概念就是远见产生于领导人头脑之中，是其战略

思想的表现。战略既是深思熟虑的，又是随机应变的：在总体思路和方向的判断上深思熟虑，在具体细节上可以随机应变，在战略的执行过程中灵活地进行变更。企业家学派比较适用于新建企业和处于转变时期的企业，因为在这两种情况下，格外需要强有力的和具有敏锐直觉的领导者来决定企业的方向和活动范围。

5. 认知学派

认知学派的代表人物是赫伯特·西蒙。该学派认为战略制订是个思维的过程，强调战略形成是发生在战略家心理的认知过程。认知学派的研究集中在有关认知心理的四个方面：知觉、概念形成、重新定义和认知方法。由于战略者所处的环境是复杂的，输入的信息在认识之前要经过各种各样的歪曲过滤，因此战略在实际形成过程中偏重实用性而不是最优化。

6. 学习学派

学习学派的代表人物是查理·林德布罗姆。该学派认为组织环境具有复杂和难以预测的特性，战略的制订首先必须采取不断学习的过程，在这一过程中，战略制订和执行的界限变得模糊不清、不可辨别。这种学习过程更多表现为集体学习，领导的作用不再是预想而形成深思熟虑的东西，而是管理战略学习的过程。传统战略构造方式，尤其是设计、计划和定位模式，仅仅是一种幻想，不能真正解决组织内发生的问题。

7. 权力学派

权力学派的代表人物是米兰、普费弗和萨兰西克。该学派认为组织是不同的个人和利益集团的联合体，战略的制订是一个在相互冲突的个人、集团以及联盟之间讨价还价、相互控制和折中妥协的过程，无论是作为组织内部的过程还是作为组织外部环境中本身的行为。整个战略制订的过程实际上是各种正式和非正式的利益团体运用权力的一群人，他们总是存在对战略认识的争议，很难形成统一的战略和对战略的执行活动。

8. 文化学派

文化学派的代表人物是艾瑞克·莱恩曼。该学派将战略制订视为观念形态的形成和维持过程，战略制订过程是集体行为的过程，建立在由组织成员共同拥有的信仰和价值观之上；战略采取了观念的形式，以组织成员的意愿为基础，表现为有意识的行为方式；由于存在共同的信仰，组织内的协调和控制基本上是规范的；战略的变化不会超出或违背企业的总体战略观点和现存文化。

9. 环境学派

环境学派的代表人物是哈南。该学派认为战略制订是一个对环境反映的过程，战略管理完全变成了一种被动的过程，企业战略管理就是企业观察了解环境并保证自己对环境的完全适应。环境学派将战略的制订归结为组织外部，重点研究组织所处外部环境对战略制订的影响。企业必须适应环境，并在适应环境的过程中寻找自己生存和发展的位置。他们认为，事实上并不存在组织内部的战略者，也不存在任何内部的战略过程和战略领导；环境迫使组织进入特定的生态位置，从而影响战略，拒绝适应环境的企业终将死亡。

10. 结构学派

结构学派的代表人物是普拉迪普·坎德瓦拉和亨利·明茨博格。该学派认为，一方面将组织和组织周围的状态描述为结构；另一方面将战略形成过程描述为转变。组织可被描述为某种稳定结构，结构转变有某种周期，战略最后采取的模式都是依自己的时间和情形出现。战略管理的关键就是维持稳定，或者至少大多数时候是适应性的战略变化，企业组织是由一系列行为和特征组成的有机体。

三、20 世纪 80 年代至今的现代战略理论阶段

随着企业战略理论和企业经营实践的发展，企业战略理论的研究重点逐步转移到企业竞争方面。特别是 20 世纪 80 年代以来，西方经济学界和管理学界一直将企业竞争战略理论置于学术研究的前沿地位，从而有力地推动了现代企业战略理论的发展。

1. 行业结构理论

行业结构理论的创立者和代表人物是哈佛大学商学院的迈克尔·波特教授。波特发表《竞争战略》（1980 年）和《竞争优势》（1985 年），从此他的理论取得了战略管理理论的主流地位。波特的杰出贡献在于实现了产业组织理论和企业竞争战略理论的创新性兼容，并把战略制订过程和战略实施过程有机地统一起

来。波特认为，企业战略的核心是获取竞争优势，而影响竞争优势的因素有两个：一是企业所处产业的盈利能力，即产业的吸引力；二是企业在产业中的相对竞争地位。因此，企业竞争战略的选择应基于以下两点考虑：

（1）选择有吸引力的、高潜在利润的产业。不同产业所具有的吸引力以及带来的持续盈利机会是不同的，企业选择一个朝阳产业，要比选择夕阳产业更有利于提高自己的获利能力。

（2）在已选择的产业中确定自己的优势竞争地位。在一个产业中，不管它的吸引力以及提供的盈利机会如何，处于竞争优势地位的企业要比劣势企业具有较大的盈利可能性。而要正确选择有吸引力的产业以及给自己的竞争优势定位，企业必须对将要进入的一个或几个产业的结构状况和竞争环境进行分析。在这种指导思想下，波特提出了赢得竞争优势的三种最一般的基本战略：总成本领先战略、差异化战略、目标集聚战略。

2. 战略资源理论

1984 年，麻省理工学院斯隆管理学院沃纳·菲尔特教授在美国的《战略管理杂志》上发表了《公司资源学说》，指出了公司内部资源对公司获利并维持竞争优势的重要意义。战略资源理论认为，企业战略的主要内容是如何培育企业独特的战略资源以及最大限度地优化配置这种战略资源的能力。在企业竞争实践中，每个企业的资源和能力是各不相同的，同一行业中的不同企业也不一定拥有相同的资源和能力。企业战略资源和运用这种战略资源的能力方面的差异，就成为企业竞争优势的源泉。因此，企业战略的选择必须最大限度地有利于培植和发展企业的战略资源，而战略管理的主要工作就是培植和发展企业对自身拥有的战略资源的独特的运用能力，即核心能力。核心能力的形成需要企业不断地积累战略制订所需的各种资源，需要企业不断学习、不断创新、不断超越。只有在核心能力达到一定水平后，企业才能通过一系列组合和整合形成自己独特的、不易被人模仿、替代和占有的战略资源，才能获得和保持持续的竞争优势。

3. 核心能力理论

信息技术迅猛发展，导致竞争环境日趋复杂，企业不得不把眼光从外部市场环境转向内部环境，注重对自身独特的资源和知识（技术）的积累，以形成企业独特的核心竞争力。1990 年，普拉哈拉德（印度）和哈默尔（美国）发表了《企业核心能力》，从此越来越多的研究人员开始投入企业核心能力理论的研究。一般说来，核心能力具有使企业进入各种相关市场参与竞争，形成一定程度的竞争优势，不会轻易地被竞争对手所模仿的突出特征。核心能力理论认为，现代市场竞争与其说是基于产品的竞争，不如说是基于核心能力的竞争。因此，企业战略的目标就在于识别和开发竞争对手难以模仿的核心能力。另外，企业要获得和保持持续的竞争优势，就必须在核心能力、核心产品和最终产品三个层面上参与竞争。战略管理实践要求企业从自身资源和能力出发，在自己拥有一定优势的产业及其相关产业内进行经营活动，从而避免受产业吸引力诱导而盲目进入不相关产业进行多元化经营。

4. 超越竞争理论

随着产业环境的日益动态化，技术创新的加快，竞争的全球化和顾客需求的日益多样化，企业逐渐认识到，如果想要发展，无论是增强自己的能力，还是拓展新的市场，都得与其他公司共同创造消费者感兴趣的新价值。20世纪90年代，战略联盟理论的出现，使人们将关注的焦点转向了企业间各种形式的联合，企业必须培养以发展为导向的协作性经济群体。在此背景下，通过创新与创造来超越竞争成为企业战略管理研究的一个新焦点。美国学者穆尔1996年出版的《竞争的衰亡》标志着竞争战略理论的指导思想发生了重大突破。穆尔提出了"商业生态系统"这一全新的概念，打破了传统的以行业划分为前提的战略理论的限制，力求"共同进化"。穆尔站在企业生态系统均衡演化的层面上，把商业活动分为开拓、扩展、领导和更新四个阶段。企业高层经理人员经常从顾客、市场、产品、过程、组织、风险承担者、政府与社会七个方面来考虑商业生态系统和自身所处的位置；系统内的公司通过竞争可以将毫不相关的贡献者联系起来，创造一种崭新的企业生态系统合作的商业模式。该理论认为，制订战略应着眼于创造新的微观经济和财富，即以发展新的循环以代替狭隘的以行业为基础的战略设计，超越了偏重竞争而忽视合作的缺陷，力求产业融合、共同进化。

5. 动态竞争战略理论

21世纪以来，众多企业面临的竞争环境更加易于变化和难以预测。面对竞争环境的快速变化、产业全球化竞争的加剧、竞争者富于侵略性的竞争行为以及竞争者对一系列竞争行为进行反应所带来的挑战，以前的战略管理的理论方法无法满足现实商业生活中企业战略管理决策的需要。于是，管理学者提出了新的战略理论。

（1）动态能力论。动态能力理论的提出主要基于以下观点：过去的战略理论是由从企业战略的层次上对企业如何保持竞争优势的分析构成的，而对企业怎样和为什么要在快速变化的环境中建立竞争优势却论述不多。动态能力论则主要是针对基于创新的竞争、价格与行为竞争、增加回报以及打破现有的竞争格局等领域的竞争进行的。该理论强调了在过去的战略理论中未能受到重视的两个方面：一是"动态"的概念是指企业重塑竞争力以使其与变化的经营环境保持一致的能力，当市场的时间效应和速度成为关键、技术变化的速度加快、未来竞争和市场的实质难以确定时，就需要企业有特定的创新反应。二是"能力"这一概念强调的是战略管理适当地使用、整合和再造企业内外部的资源和能力以满足环境变化需要。

（2）竞争动力学理论。竞争动力学理论是在竞争力模式理论、企业能力理论和企业资源理论的基础上，通过对企业内外部影响企业经营绩效的主要因素在企业之间的相互作用、参与竞争的企业质量、企业的竞争速度和灵活性的分析，来回答在动态的竞争环境条件下，企业应怎样制定和实施战略管理决策，才能获得超过平均水平的收益和维持竞争优势。

动态竞争战略理论的主要特点：①动态竞争是高强度和高速度的竞争，每个竞争对手都在不断地建立自己的竞争优势和削弱对手的竞争优势，竞争对手之间的战略互动明显加快。②任何一个抢先战略都有可能被竞争对手的反击行动所击败。③任何竞争优势都是暂时的，而不是长期可以保持的。在动态竞争条件下，企业原先在成本与质量、时间和专有技术、建立进入障碍、规模优势四个领域建立的竞争优势都是可以被打破的。④竞争战略的有效性不仅取决于时间领先，更主要的是及时地建立新优势。

第四节　中小企业战略管理的特点

一、中小企业界定标准

1.中小企业的定义

中小企业是一个相对的概念，是指与所处行业的大企业相比，人员规模、资产规模与经营规模都比较小的经济单位。此类企业通常可由单个人或少数人提供资金组成，其雇用人数与营业额皆不大，因此在经营上多半是由业主直接管理，受外界干扰较少。

"中小企业"的称谓最早出现在 19 世纪末。第二次工业革命的完成，建立起了资本主义的大工业体系和现代商业体系，大企业、大公司也开始在经济生活中占据主导地位，与大企业相对应，出现了小企业的概念。同时中小企业也是一个动态的概念，过去被称为大企业的，现在可能只是中等企业；而现在是小企业的，若干年后可能会发展成为大企业。中小企业也是一个比较复杂的概念，在不同的国家会有不同的定义。各个国家为了掌握国内众多企业的规模结构，了解规模不同的大中小企业的现状和特征，为国家制定正确的企业发展政策提供可靠的依据，对中小企业进行了不同的定义。

2. 中小企业界定标准

从不同国家、不同部门以及不同时期对中小企业的界定标准的差异和变化来看，中小企业界定的机构主要为立法机构、政府相关职能部门以及中小企业管理部门。确立中小企业标准主要目的有两个：一是为了便于国家制定有关中小企业的管理和扶持政策。只有对中小企业作出合理的界定，政府才便于加强对其管理和扶持。二是为了满足国家统计和制定宏观经济政策的需要。随着中小企业数量越来越多、对国民经济增长的贡献日益扩大，各国政府部门越来越需要对中小企业的有关数据、资料进行统计分析，以便于为制定有效、合理的各项经济政策提供参考，增强国家的宏观调控能力。

综合国内外中小企业界定标准，我们很容易发现，各国对中小企业的界定标准主要强调四个方面：①企业的独立性，即独立的拥有和经营，将中小企业与大企业的子企业和控股企业区别开来。②在行业中不占主导地位，即占有市场份额较小。③自己提供经营所需的大部分资金。④业主直接管理或部分管理并有决策上的自由。

形式多样的中小企业，各国虽然没有统一的划分标准，却能够通过把握其"质"和"量"这两个方面的因素，进而深入理解和认识中小企业的本质内涵。通常发达国家对中小企业的定义一般以企业的特征或数量为准则来界定，前者是质的指标，体现了中小企业的本质特征；而后者是量的指标，直接客观地反映了企业的外在形式。质的指标主要包括企业的组织形式、融资方式及所处行业地位等；量的指标则主要包括雇员人数、实收资本、资产总值等。量的指标比质的指标更为直观，数据选取容易，大多数国家都以量的指标作为划分的标准，如企业职工人数、销售额、资产总额，并结合行业特点。职工人数作为各行业中小企业标准均采用的指标，简单明了，容易界定企业规模，可突出中小企业在解决就业和稳定社会方面的重要作用，是世界主要国家的通行做法，具有国际可比性。销售额可以客观反映企业在市场上的经营规模和市场竞争能力，比较符合各国企业实际，容易操作。资产总额可以从资源占用和生产要素投入的层面上反映企业规模。职工人数、销售额、资产总额从不同的方面客观反映了企业规模，采用这三个指标体现了标准的科学性和可操作性，也是各国和地区中小企业标准制定的主要指标。

从不同国家对中小企业的界定来看，中小企业界定标准中存在相对性的特点，主要表现在以下三个方面：一是地域的相对性。经济规模大小不同的国家对中小企业规模的界定标准是不一样的。在丹麦，从业人员200人以下的企业为中小企业，而在美国的飞机制造业，从业人员达到1000～1500人的企业仍属中小企业。二是时间的相对性。各国对中小企业的界定标准是随着经济发展、社会变化而不断更改的。如我国的中小企业界定标准也随着经济发展前后做过五次修改。三是行业的相对性。不同行业中小企业在从业人员、资产总额、销售额等规模指标上存在较大差异。如日本，工矿、运输等行业规定从业人员300人以下的是中小企业，而对于批发业，规定从业人员100人以下的才是中小企业，零售业和服务业则规定从业人员不超过50人的企业才是中小企业。

（1）外国中小企业界定标准。美国有大小企业的划分，既有世界上首屈一指的大型企业，也有相当发达的小企业。美国小企业的划分标准主要有两种：第一种是由美国小企业管理局颁布的。一个企业是否属于小企业的行列，是否能够得到政府的扶持政策和优惠待遇，这些都是由美国小企业管理局来决定的。美国小企业分布的行业比较广泛，除了零售业这种依靠规模经济发展并已高度集中的行业之外，其他行业（制造业、批发业、服务业、建筑业、金融业）都活跃着为数不少的中小企业。1953年，美国小企业管理局制定的小企业的标准是批发业的职工人数100人以下，建筑业的销售额2850万美元以下，零售业的销售额650万美元以下，金融业的资产总额1亿美元以下，服务业的销售额650万美元以下。美国制造业的划分还考虑了这个产业本身的特殊性，如制造业职工人数500人以下，其中，750人以下：水泥、塑料、家电和医药制剂；1000

人以下：烟草、汽车、计算机制造和无机化工等。第二种是由美国经济发展委员会颁布的，主要从质的方面划分，规定任何企业只要符合下列四个标准中的两个或两个以上就属中小企业，这四个标准：①独立经营，即企业主同时也是经理。②企业的资本是由一个人或少数几个人提供的。③企业产品的销售范围主要是当地，考虑了中小企业的市场定位因素。④和本行业的大企业相比企业规模较小。

20世纪70年代，英国设立了中小企业局，中小企业得到迅速发展，总数在300万家左右。英国博尔顿委员会（1971年）首先从定性角度比较科学地界定了中小企业：一是中小企业一般占有相关市场的较小部分，即中小企业对价格、产品数量或所处环境具有很小的影响力或根本就没有影响力；二是中小企业没有任何定型的管理机构，一般是由业主负责决策和管理；三是中小企业不受母公司的控制，也就是说中小企业有自己决策的自主权。当然，这也不是绝对的。从博尔顿委员会这三点定义中不难看出，它对中小企业的定义强调了中小企业的市场份额、人格化管理和独立决策的性质。其次，该委员会把制造业、零售业、批发业、建筑业、采矿业、汽车业、服务业、公路运输业、饮食业九个部门，规定雇员不到100人为中小企业。2004年，英国新发布了中小企业标准：小型企业的标准为营业额低于560万英镑、资产总额低于280万英镑、雇员数低于50人；中型企业的标准为营业额低于2280万英镑、资产总额低于1140万英镑、雇员数低于250人。

意大利是一个中小企业数量多、比重大，而政府也比较重视中小企业的国家，素有"中小企业王国"之称。在意大利，对于中小企业在法律上没有统一的规定，在统计上一般主要以企业雇员的多少作为企业规模的参照系标准。企业雇员在499人及以下的则视为中小企业；在中小企业中，又将雇员在100～499人的视为中型企业，而将雇员在99人及以下的视为小型企业；此外，手工业有时也列入小型企业。

日本的中小企业十分发达，而且在专业化协作方面有自己的特点。相比其他国家的中小企业界定，日本中小企业划分标准具有复合性，遵照"量"的规定，一般采用了职工人数和资本金双重标准来界定。同时，日本将行业分类（制造业、批发业、零售业、服务业）也作为其中另一个重要因素加以考虑，因为不同行业的资本有机构成不同，技术特征也有所不同，自然中小企业的划分依据和标准也就不同。1999年，日本政府对《中小企业基本法》重新修订，明显扩大了中小企业的范畴，其目的就在于让更多的企业能够享受到政府的优惠政策，对那些真正需要政府扶持的中小企业进行帮助，体现了中小企业政策的灵活性和实用性。日美中小企业界定标准比较如表 1-3 所示。

表 1-3　日本（1999 年）和美国（1953 年）部分行业中小企业界定标准比较

行业总类	日本标准	美国标准
制造业	（1）资本金：3 亿日元以下 （2）从业人员：300 人以下的公司或个人企业	职工人数 500 人以下（其中，750 人以下：水泥、塑料、家电和医药制剂；1000 人以下：烟草、汽车、计算机制造和无机化工等）
批发业	（1）资本金：1 亿日元以下 （2）从业人员：100 人以下的企业	职工人数 100 人以下
零售业	（1）资本金：5000 万日元以下 （2）从业人员：50 人以下的企业	销售额 650 万美元以下
服务业	（1）资本金：5000 万日元以下 （2）从业人员：100 人以下的企业	销售额 650 万美元以下

　　（2）中国中小企业界定标准。在中国，中小企业是中型、小型和微型企业的总称。中国中小企业界定标准经历了一个变化过程。2002 年颁布的《中小企业促进法》以企业的职工人数、销售额、资产总额等指标对主要行业的中小企业的标准作出了明确的界定。2003 年，国家经贸委、计委、财政部和国家统计局联合发布了《中小企业标准暂行规定》，中小企业划分根据企业的职工人数、销售额、资产总额三项指标为依据，结合行业特点制定，界定标准适用于工业、建筑业、交通运输业和邮政业、批发和零售业、住宿和餐饮业。2011 年，工业和信息化部、国家统计局、国家发展和改革委员会、财政部联合发布《关于印发中小企业划型标准规定的通知》，规定了 16 个行业的划型标准为：①农、林、牧、渔业。营业收入 20000 万元以下的为中小微型企业。②工业。从业人员 1000 人以下或营业收入 40000 万元以下的为中小微型企业。其中，从业人员 300 人及以上，且营业收入 2000 万元及以上的为中型企业；从业人员 20 人及以上，且营业收入 300 万元及以上的为小型企业；从业人员 20 人以下或营业收入 300 万元以下的为微型企业。③建筑业。营业收入 80000 万元以下或资产总额 80000 万元以下的为中小微型企业。其中，营业收入 6000 万元以上，且资产总额 5000 万元及以上的为中型企业；营业收入 300 万元及以上，且资产总额 300 万元及以上的为小型企业；营业收入 300 万元以下或资产总额 300 万元以下的为微型企业。

④批发业。从业人员 200 人以下或营业收入 40000 万元以下的为中小微型企业。其中，从业人员 20 人及以上，且营业收入 5000 万元及以上的为中型企业；从业人员 5 人及以上，且营业收入 1000 万元及以上的为小型企业；从业人员 5 人以下或营业收入 1000 万元以下的为微型企业。⑤零售业。从业人员 300 人以下或营业收入 20000 万元以下的为中小微型企业。其中，从业人员 50 人及以上，且营业收入 500 万元及以上的为中型企业；从业人员 10 人及以上，且营业收入 100 万元及以上的为小型企业；从业人员 10 人以下或营业收入 100 万元以下的为微型企业。⑥交通运输业。从业人员 1000 人以下或营业收入 30000 万元以下的为中小微型企业。其中，从业人员 300 人及以上，且营业收入 3000 万元及以上的为中型企业；从业人员 20 人及以上，且营业收入 200 万元及以上的为小型企业；从业人员 20 人以下或营业收入 200 万元以下的为微型企业。⑦仓储业。从业人员 200 人以下或营业收入 30000 万元以下的为中小微型企业。其中，从业人员 100 人及以上，且营业收入 1000 万元及以上的为中型企业；从业人员 20 人及以上，且营业收入 100 万元及以上的为小型企业；从业人员 20 人以下或营业收入 100 万元以下的为微型企业。⑧邮政业。从业人员 1000 人以下或营业收入 30000 万元以下的为中小微型企业。其中，从业人员 300 人及以上，且营业收入 2000 万元及以上的为中型企业；从业人员 20 人及以上，且营业收入 100 万元及以上的为小型企业；从业人员 20 人以下或营业收入 100 万元以下的为微型企业。⑨住宿业与餐饮业。从业人员 300 人以下或营业收入 10000 万元以下的为中小微型企业。其中，从业人员 100 人及以上，且营业收入 2000 万元及以上的为中型企业；从业人员 10 人及以上，且营业收入 100 万元及以上的为小型企业；从业人员 10 人以下或营业收入 100 万元以下的为微型企业。⑩信息传输业。从业人员 2000 人以下或营业收入 100000 万元以下的为中小微型企业。其中，从业人员 100 人及以上，且营业收入 1000 万元及以上的为中型企业；从业人员 10 人及以上，且营业收入 100 万元及以上的为小型企业；从业人员 10 人以下或营业收入 100 万元以下的为微型企业。⑪软件和信息技术服务业。从业人员 300 人以下或营业收入 10000 万元以下的为中小微型企业。其中，从业人员 100 人及以上，且营业收入 1000 万元及以上的为中型企业；从业人员 10 人及以上，且营业收入 50 万元及以上的为小型企业；从业人员 10 人以下或营业收入 50 万元以下的为微型企业。⑫房地产开发经营。营业收入 200000 万元以下或资产总额 10000 万元以下的为中小微型企业。其中，营业收入 1000 万元及以上，且资产总额 5000 万元及

以上的为中型企业；营业收入 100 万元及以上，且资产总额 2000 万元及以上的为小型企业；营业收入 100 万元以下或资产总额 2000 万元以下的为微型企业。⑬物业管理。从业人员 1000 人以下或营业收入 5000 万元以下的为中小微型企业。其中，从业人员 300 人及以上，且营业收入 1000 万元及以上的为中型企业；从业人员 100 人及以上，且营业收入 500 万元及以上的为小型企业；从业人员 100 人以下或营业收入 500 万元以下的为微型企业。⑭租赁和商务服务业。从业人员 300 人以下或资产总额 120000 万元以下的为中小微型企业。其中，从业人员 100 人及以上，且资产总额 8000 万元及以上的为中型企业；从业人员 10 人及以上，且资产总额 100 万元及以上的为小型企业；从业人员 10 人以下或资产总额 100 万元以下的为微型企业。⑮其他未列明行业。从业人员 300 人以下的为中小微型企业。其中，从业人员 100 人及以上的为中型企业；从业人员 10 人及以上的为小型企业；从业人员 10 人以下的为微型企业。

二、中小企业战略管理的特点

　　世界各国中小企业数量众多，一些大国的中小企业数量甚至达到 99% 以上。中小企业由于自身规模小，人、财、物等资源相对有限，既无力经营多种产品以分散风险，也无法在某一产品的大规模生产上与大企业竞争。从世界各国的类似成功经验来看，通过选择能使企业发挥自身优势的细分市场来进行专业化经营，走以专补缺、专精致胜的成长之路，这是众多中小企业在激烈竞争中获得生存与发展的最有效途径之一。此外，随着社会生产的专业化、协作化发展，越来越多的中小企业摆脱了"小而全"的组织形式。中小企业通过专业化生产同大型企业建立起密切的协作关系，不仅在客观上有力地支持和促进了大企业发展，同时也为自身的生存与发展提供了可靠的基础。虽然中小企业作为个体普遍存在经营品种单一、生产能力较低的缺点，但从整体上看，由于量大、点多，且行业和地域分布面广，它们又具有贴近市场、靠近顾客和机制灵活、反应快捷的经营优势。在新技术革命条件下，许多中小企业的创始人往往是大企业和研究所的科技人员，或者大学教授，他们经常集管理者、所有者和发明者于一身，对新技术的发明创造可以立即付诸实践，许多中小企业仅在短短几年或十几年里，迅速成长为闻名于世的大公司，如惠普、微软、雅虎、索尼和施乐等。

　　当今世界，已经进入战略管理决定企业生死的时代。中小企业只有合理确定自己企业使命，根据企业外部环境和内部经营要素确定企业目标，才能保证目标的正确落实并使企业使命最终得以实现。尽管战略管理对中小企业来说很重要，但目前中小企业的战略管理现状仍然不容乐观，主要表现出以下特点：

1. 战略管理认识不足

企业战略管理是对企业的整体谋划，决定着企业的发展方向。在涉及中小企业与环境的关系，企业使命的确定，企业目标的建立，竞争战略的制定等方面，大多数中小企业仍未能转变观念发展自身的战略管理。造成的原因主要有两点：一是理论指导薄弱。长期以来企业界和理论界存在着一种认识论上的偏差，认为战略管理作为一个特定的管理方法主要是针对大型企业的，因此绝大多数关于战略管理的理论与实证研究基本上都是围绕大型企业进行的，很少涉及占企业绝对多数的中小企业，导致现实中中小企业普遍缺乏战略管理理论的引导。二是企业使命感不强。大量中小企业需要直接面对有限的市场需求，又短期内面临较大生存压力，长期的使命感和目标感没有那么强大而持续。中小企业存在的特定历史条件决定了企业在创立初期及其后一段时间内没有也不需要一个完整的企业规划，长期养成的惯性思维在卖方市场形成的条件下依然普遍存在。它们往往只顾眼前利益而缺乏长远考虑，也不可能在企业内部建立良好的战略管理环境。

2. 战略制定能力不强

有的中小企业主对战略规划的性质认识不清，甚至视战略规划为束缚，是对其灵活性起限制作用的障碍。部分中小企业在成长的过程中逐渐认识到了企业战略的重要性，但由于经营者自身素质较低且未接受过系统的管理理论培训，未能掌握战略制定的原则、思路和专门方法，缺乏制定战略规划所必需的知识和技能而无力制定企业战略。还有部分中小企业分不清战略和计划的区别，错把计划当成企业战略从而影响了企业的发展。计划和战略有着根本的不同。计划是对于未来活动的具体安排，而战略定位表现为一种观念，它确定公司的现有方位，探索公司未来的发展方向，促使企业自由地思考。

3. 战略实施过程简单化

中小企业的战略管理更多的是对成功企业经验的模仿，这本来无可厚非。但单纯的生搬硬套就导致了战略管理形式的单一、不切实际，从而忽略了中小企业独有的特点，没有培育形成自身发展所需的核心竞争力。中小企业的战略管理更多的是设定远期目标，而忽视了对中小型企业来说更重要的具体实施的步骤，这使得中小企业空有目标却不知道如何朝这个方向努力，使企业战略管理流于形式，缺乏科学有效的实施方案。此外，战略管理决策过于集中在企业主手中，导致中小企业组织形式没有随着企业环境、发展目标的变化而及时调整，抑制了企业发展的适应性。

📖 本章复习思考题

1. 企业战略与战略管理的含义是什么？
2. 企业战略管理的过程有哪些？
3. 中小企业界定标准是什么？

📖 本章案例

"康师傅"公司战略管理概览

一、康师傅公司发展历程

1991年，投资800万美元，"康师傅"（顶益食品公司）在天津科技开发区成立。公司生产味道很浓的"康师傅"红烧牛肉面，这是经过详细的市场调查后确定的最适合大陆人口味的产品。与此同时，"康师傅"公司的广告宣传已全面铺开，广告词设计为"香喷喷，好吃看得见"，并在中央电视台台湾电视剧前的黄金时段播出。画面非常漂亮的"康师傅"广告一经推出，各地的人们纷纷关注"康师傅"，并掀起一股抢购狂潮，当年实现销售收入2700万元人民币。1992年，公司将生产线扩大至天津之外的多个城市，工人从300多人猛增至近4000人，"康师傅"方便面畅销全国。1995年，公司年营业额达到24.5亿元，"康师傅"方便面发展成为一个全国性的品牌。1996年，公司在香港联交所成功上市，募集的资金陆续投入到茶饮料的生产，相继推出柠檬茶、菊花茶、冰红茶、绿茶和乌龙茶。到2000年，公司包装茶的销量及销售额在全国的市场占有率分别达到

50%和52.3%。"康师傅"已经走过20多年的历程，在全国40多个城市设立了生产基地，员工人数近4万人，公司取得了不俗的成绩。2015年，"康师傅"公司业绩虽然出现下滑，但销售收入仍然接近100亿美元，其中，"康师傅"方便面食品业务约占40%，"康师傅"茶类饮品业务约占60%，二者都稳居全国同类产品领导地位。

二、企业经营哲学、愿景和使命

1. 企业经营哲学

企业经营哲学：一是"诚信"。企业永续经营的基石。二是"务实"。"康师傅"稳步成长的关键。三是"创新"。企业发展的动力和源泉。

2. 企业愿景

企业愿景是做大做强，成就世界级食品集团，在全球经济舞台上独领风骚。

3. 企业使命

企业使命是不仅向消费者奉献优质安全的美味食品，向投资人贡献投资价值，更着力于社会公益，善尽企业社会责任。始终秉持"培育一流人才，创造一流产品，回馈社会"的企业精神。

（1）培育一流人才。"康师傅"的用人原则很简单，就是"勤、廉、能"这三个字。"勤"是中国人的传统美德，常言道"一勤天下无难事"，老一辈"康师傅"人就是靠他们的勤奋开拓创造出了"康师傅"今天的辉煌，这本身就是对"勤"最好的诠释和写照；"廉"即"廉洁奉公"，是对"康师傅"人道德操守的要求，也是作为一个"康师傅"人最起码的行为标准；"能"是指各种专业的才能、技能，"康师傅"是一个学习成长型的企业，在这里每名员工都能找到发挥自己专长的岗位，同样公司也通过完备的教育训练体系来不断地提升员工全方位的能力。在"康师傅"公司，"勤、廉、能"的理念已经成为所有员工的行为准则，"康师傅"人不仅以此来作为衡量自身价值的标准，更将其贯彻到工作和行为中去。

（2）创造一流产品。一流品质造就一流产品。"康师傅"方便面中使用的调料包是由天津顶益国际食品有限公司生产的，生产设备是从日本等国家购进的达到国际同行业领先水平的食品机械。全厂近千人均需经过严格的国家有关法规和本岗位专业知识培训后方可上岗工作，特殊岗位工作人员还需经过专门的培训。"康师傅"方便面所使用的原料都是经过严格筛选，并经过理化检验和微生物检验，指标符合规定后方可进厂。为保持原料的新鲜，储存在冷冻库中，生鲜菜必须在规定时间内使用完毕，干燥脱水蔬菜在低温库中储存。原料状况由库管员随时检查，品管、品保人员定期尽心巡检。

（3）回馈社会。20多年来，"康师傅"始终秉持"回馈社会、永续经营"的精神，公司在中国大陆的公益投入累计超过两亿元人民币，公益善行涉及体育、基础教育、医疗、助残、赈灾、扶贫、两岸文化交流等公益事业的各个方面。未来将通过"顶新（康师傅）文教基金会"持续推动两岸经济文化及公益事业的交流，通过发起组建国内方便面企业协会来加强业界自律、提振产业环境、共图行业发展。

三、企业战略管理概览

1. 公司战略

随着中国经济的发展，收入分配结构的变化以及城镇化进程的加快，国家将提高中低收入人群的食品水平，国内食品饮料市场充满了机遇，国际知名食品公司纷纷加大在中国的投资，同业竞争越来越激烈。"康师傅"制定和实施集中化发展战略，凭借现有商业模式之优势，强化销售网络，积极提升"康师傅"产品在各级市场的占有率，同时加大设备与生产线的投资力度，通过生产基地整合、品质成本精进以提升生产效率。公司致力于新产品、新技术的开发，不断丰富产品种类，深度挖掘食品饮料行业潜在商机，在满足消费者多样化需求的同时树立更大的竞争优势。"康师傅"不断巩固在食品和饮料行业的领导地位，把"康师傅"品牌打造成为全球最大的中式方便食品和饮品生产商，实现股东收益最大化。

2. 竞争战略

（1）方便面食品——差异化领先战略。方便面行业竞争加剧，企业利润越来越薄。如果不在规模上有一定的优势，很难保证发展势头。虽然众多外资品牌纷纷进入中国市场，但它们想要撼动"康师傅"的市场地位还不是短时间内能够实现的，但这些品牌在某个细分市场上超越"康师傅"方便面的可能性还是相当大的。在综合评估生产运输成本环境后，公司应适当调整方便面部分产品价格，以维持利润增长。"康师傅"要持续发展新口味、新规格产品，激活消费者的消费力，并对行业可持续发展进行更多投入，推进中国方便面协会的筹办成立，带动行业的健康发展。随着国内消费者健康意识的增强以及对于健康的追求，"康师傅"应不断加大高端牛肉面产品的开发，带动消费者的方便面消费升级，推动差异化战略深入实施。

（2）饮料食品——低成本领先战略。"康师傅"深知推行中国食品行业可持续发展的重要性，不断在能源管理以及保护环境、节水、节能、降耗、减排上寻找自己的突破点。在瓶装水细分市场上，虽然目前"康师傅"因为其低成本战略获得市场占有率第一的位置，但是却受到来自国内的"娃哈哈"、"农夫山泉"以及国外"可口可乐"旗下的"冰露"等品牌的威胁和挑战。"康师傅"采用世界最先进的生产线，从生产的每个环节确保食品的安全。在饮料瓶重量方面，"康师傅"坚持使用较轻的包装瓶，减少塑料的使用量，努力推进节能减排。

3. 突出营销职能战略

在产品策略上，公司采用的措施：①品质保证。"康师傅"以质量管理体系先行为原则，保证进入消费者手中的每一件产品都具有良好的品质。②产品包装。遵循产品包装结合产品特征的原则。③产品创新。在消费者需求主导产品走向的时代，对产品个性化和差异化的要求越来越高，企业只有不断创新产品，才能持续发展壮大。④产品导入。任何产品都有进入市场的最佳时机，并非越早越好，选择适当时机切入，可省去培育市场、培育消费观念的费用。

在价格策略上，"康师傅"方便面在定价方面采用差别定价策略，不同地区、不同消费人群、不同产品形式价位都不相同，并且在不同的地区、不同口味的方便面价格也略有差别。此外，"康师傅"还坚决反对倾销，它们认为企业有固定毛利，是产品完好品质的重要保证。

在渠道策略上，"康师傅"根据不同区域实施不同的方法，就近设厂，减少配送成本，快速抢占市场。①在一、二类城市实行渠道精耕细作，采用直营现代化渠道。在各地对所有现代化渠道客户全部由公司直接经营，设立总仓储，自己送货，牢牢掌控客户。在传统渠道上分级经营，全面掌控二级批发商和重点客户，有重点地掌控一级零售终端。②对三类地区"康师傅"直接在当地设外埠经销商，由其直接与公司交易。

在整合营销传播策略上，"康师傅"采用的措施：①广告策略。"康师傅"始终坚持以广告为主的传播策略。②促销策略。"康师傅"还注重短期的销售促进活动，加强与消费者的沟通。③网络传播。高频次常规广告投放策略辅助网络传播，通过节目让消费者直接体验品牌内涵，将线上与线下紧密配合。

案例思考题：

1. "康师傅"的企业宗旨是什么？
2. "康师傅"的战略管理层次是否清晰，为什么？

第二章　中小企业战略分析

战略分析就是对中小企业周围的情况、影响或实力等环境因素进行分析，旨在识别对企业具有决定胜负作用的因素和问题，并作出正确的应对，包括外部环境分析和内部环境分析两大部分。在外部环境分析中，分为一般环境（即宏观环境）分析、产业环境分析和竞争环境分析。内部环境分析主要是企业内部资源与能力分析、经济活动分析和业务组合分析。一般来看，中小企业的内部资源较少、核心能力较弱，外部环境则无疑成为更重要的方面。因为对中小企业而言，外部环境的绝大部分因素是无法控制、难以左右的，是必须去适应的因素。中小企业战略的本质就在于适应，这种适应在很大程度上是针对外部环境的。

第一节　一般宏观环境分析

决定中小企业胜负的很多因素都存在于宏观环境之中，因此对宏观环境进行分析对企业来说是十分重要的战略任务。所谓宏观环境，是指影响中小企业经营行为和效果的社会力量，其主体包括政府、团体和公众，涵盖的内容十分广泛。1999 年，英国学者格里·约翰逊、凯万·斯科尔斯和理查德·惠廷顿提出 PEST 模型作为宏观环境分析的工具（如图 2-1 所示）。所谓 PEST，是政治和法律环境因素（Political）、经济环境因素（Economic）、社会和文化环境因素（Social）、技术环境因素（Technological）的简称。这些因素构成企业的外部环境，一般不受企业掌握，也被戏称为"pest"（有害物）。PEST 分析要求企业管理层应具备相关的分析能力及素养。

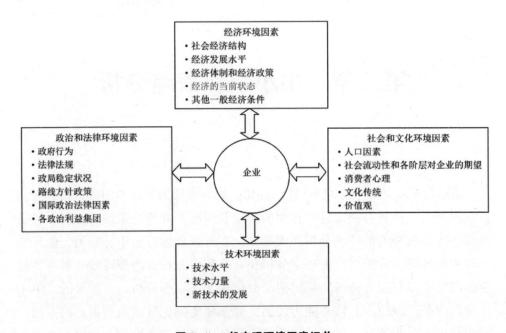

图 2-1　一般宏观环境因素汇总

一、政治和法律环境因素

政治和法律环境因素分析是指企业对其业务所涉及的国家或地区的政治体制、政治形势、方针政策以及法律法规等方面对企业战略的直接影响进行分析。中小企业通过对一个国家政府的组织结构和管理体制及相关法律和制度、政治形势、国家治理的重点和政策方向、法律体系完整性和执行情况等诸因素的分析，找出它们的直接和间接影响，衡量这是不是好的经营环境，这个环境中的规则与潜规则有哪些。

1.政治环境因素分析

政治环境因素分析主要包括以下四个方面：①企业所在地区和国家的政局稳定状况。②政府行为对企业的影响。分析行政主体针对不特定对象制定具有普遍约束力、可以反复适用的规范性文件的行为，观察直接干预与间接调控的频率，如地方政府实现"节能减排"而拉闸限电，从而影响企业经营。③执政党所持的态度和推行的基本政策及其连续性和稳定性，如产业政策、税收政策、进出口限制等政策。④各政治利益集团对企业活动产生的影响，如不同政治团体对工会的影响力。

通过各方面政策环境因素分析，中小企业要充分考虑这些因素带来的各种政治风险：一是所有权风险，即企业或其（部分）资产可能被国家没收，如某私有煤矿的国有化。二是经营风险，即企业可能需要让本地企业参与项目，而本地投资者亦可能要求拥有受担保的最低持股权。三是转移风险，即企业可能会受限于转移资金或返回利润的要求，如主要资金进出的限制、汇兑的限制。

2. 法律环境因素分析

法律是政府管理企业的一种手段，法律规定了企业作为经济主体的资格，经济活动的方式，违法违约后的责任。一个国家或地区的法律法规主要要达到以下目的：一是保护企业，反对企业间的不正当竞争；二是保护消费者，这包括许多涵盖商品包装、商标、食品卫生、广告及其他方面的消费者保护法规；三是保护员工，这包括涉及员工招聘的法律和对工作条件进行控制的健康与安全方面的法规；四是保护公众权益，免受不合理企业行为的损害。

中小企业需要分析研究与本企业相关的法律规范。法律环境因素分析主要是对以下四个因素进行分析：①法律规范。通过《公司法》《合同法》《专利法》《商标法》《税法》《企业破产法》《中小企业促进法》等方面法律规范的分析，判断法律体系的完整性、条文的严密性以及立法的倾向性等。②国家司法执法机关，分析它们的公正性、工作效率等。③企业的法律意识。④国际法律环境和目标国的国内法律环境。

总之，政治法律环境因素对中小企业的影响是多方面的，这些影响具有几个重要特点：一是不可测性，如企业很难预测国家政治环境的变化。二是直接性，如国家政治环境直接影响企业的经营状况，可能严重影响市场需求与供给。三是不可逆转性。企业不可逆转国家行为，中小企业基本无力改变政府的政策，更不能与政府直接对抗。

二、经济环境因素

1. 社会经济结构

社会经济结构是指国民经济中不同的经济成分、不同的产业部门以及社会再生产各方面在组成国民经济整体时相互的适应性、量的比例以及排列关联的状况。社会经济结构主要包括五个方面的内容：产业结构、分配结构、交换结构、消费结构和技术结构。其中，最重要的是产业结构，即各产业部门之间以及各产业部门内部的构成，主要是研究农业、轻工业、重工业、建筑业、商业服务业等部门之间的关系以及各产业部门的内部关系。分配结构主要指国民收入中积累基金与消费基金之间的构成。交换结构主要指社会消费构成，包括商品流转结构、价格结构和进出口结构等。消费结构是指各种形式、各种内容的消费在总消费额中的比重以及它们之间的相互关系。技术结构是指生产技术手段的组合情况以及各种不同水平的生产技术手段各占的比重，包括现代技术和一般技术的构成，机械化、半机械化、手工操作各占的比重以及劳动者的技术装备程度等。

2. 经济发展水平

经济发展水平是指一个国家或地区的经济发展的规模、速度和所达到的水平。经济发展水平的主要衡量指标包括国内生产总值、国民收入、人均国民收入和经济增长速度。

3. 经济体制

经济体制是指国家经济组织的形式，它规定了国家与企业、企业与企业、企业与各经济部门之间的关系，并通过一定的管理手段和方法来调控或影响社会经济流动的范围、内容和方式等。经济体制主要有计划经济与市场经济两大类。

4. 宏观经济政策

宏观经济政策是指实现国家经济发展目标的战略与策略，包括综合性的全国发展战略和产业政策、国民收入分配政策、价格政策、物资流通政策等。宏观经济政策调控的目标一般包括充分就业、经济增长、物价稳定和国际收支平衡四项。实现这些目标的政策工具常用的有需求管理与供给管理。

5. 其他经济因素

除了企业当前经济的增长率外，还包括税收水平、通货膨胀率、贸易差额和汇率、失业率、利率、信贷投放以及政府补助等。此外，工资、供应商及竞争对手的价格变化以及政府政策会直接影响到中小企业产品的生产成本和服务的提供成本以及它们被出售的市场情况。

三、社会和文化环境因素

社会和文化环境因素的范围甚广，它们主要包括人口状况、社会流动性、消费心理、生活方式、文化传统和价值观等。

1. 人口状况

人口状况影响消费需求和劳动力供给，如人口总数直接影响着社会生产总规模；人口的地理分布影响着企业的厂址选择；人口的性别比例和年龄结构在一定程度上决定了社会的需求结构，进而影响社会供给结构和企业生产结构；人口的教育文化水平直接影响着企业的人力资源状况；家庭户数及其结构的变化与耐用消费品的需求和变化趋势密切相关，因而也就影响到耐用消费品的生产规模等。

2. 社会流动性

社会流动性主要涉及社会的分层情况、各阶层之间的差异以及人们是否可在各阶层之间转换、人口内部各群体的规模、财富及其构成的变化以及不同区域（城市、郊区及农村地区）的人口分布等。

3. 消费心理

消费心理包括消费者的心理活动过程、消费者的个性心理特征、消费者购买过程中的心理活动、影响消费者行为的心理因素。

4. 生活方式

生活方式主要包括当前及新兴的生活方式与时尚。

5. 文化传统和价值观

文化传统特别是传统节日、风俗是一个国家或地区在较长历史时期内形成的一种社会习惯，它是影响经济活动的一个重要因素。价值观是社会公众评价各种行为或事物的观念标准，如是非、好坏、轻重，不同的国家和地区人们的价值观各有差异。

四、技术环境因素

技术环境因素包含技术水平、技术力量和新技术的发展。市场或行业内部和外部的技术趋势和事件会对中小企业战略产生重大影响。例如，某个特定行业内的技术水平在很大程度上决定了中小企业应生产哪种产品或提供哪种服务、应使用哪种设备（自动化设备与手动设备）以及应如何进行经营管理。技术环境对中小企业战略产生的影响主要包括以下两点：

1. 技术进步

基本技术特别是信息技术的进步使企业能对市场及客户进行更有效的分析。技术进步可以创造竞争优势，如技术进步可令企业利用新的生产方法，在不增加成本的情况下，提供更优质和更高性能的产品和服务。同时，技术进步可导致现有产品被淘汰，或大大缩短产品的生命周期。

2. 新技术

新技术的出现使社会和新兴行业对本行业产品和服务的需求增加，从而使中小企业可以扩大经营范围或开辟新的市场，如速冻技术、保鲜技术，能延长产品保质期，降低储藏成本，从而满足客户群体更多的需求。新技术的发展使中小企业可更多关注环境保护，如污水净化、垃圾处理、废物再利用等新环保技术可以有效解决中小企业的社会责任及可持续成长问题。

第二节　产业环境分析

产业环境是企业经营直接面对的外部环境，是中小企业外部环境分析的重点。产业环境的分析主要包括产业演变、产业集中与分散、产业竞争力等内容。目前，对产业环境的研究最深入的是波特关于产业结构与产业竞争力分析的理论。

一、产业和产业环境

所谓产业，是指生产的产品具有主要共同特征的一大批企业或企业群体。对处于同一产业内的企业都会发生影响的环境因素的集合就是产业环境。产业分析需要围绕产业演变和产业环境进行，主要目的是使中小企业了解所在产业的情况，分析产业变化趋势，判断产业存在的风险和机会，找到自己在产业中的位置。

二、产业演变与产业生命周期

现实中的产业形态是不断变化的。产业演变分析是从动态的角度，分析产业形态中各重要特征的变化趋势。21世纪以来，许多产业正发生着重大而深刻的变化：一是不同的产业分别向集中和分散两个方向发展。经过多轮并购浪潮以后，在世界范围内，汽车、银行、飞机制造业的企业规模日愈庞大，产业集中度不断提高。在经济全球化的时代，只有世界级企业才能生存，这种世界级企业不仅经营网络遍布世界，而且必须是该领域前两三名。这种分析和认识显然对日益集中的产业、最终成为高度集中的"全球产业"中的企业无疑是十分重要的。从我国的情况看，制衣业和自行车制造业的规模正在缩小；信息技术的发展，也使得某些领域的规模变小，"虚拟企业"就是一种理论研究中的中小企业的组织形态，是一个非常完善的网络组织，总体目标是克服时间和空间的局限性，保持集中和分散之间的稳定平衡。二是一些产业的传统边界为新的产业所取代。越来越多的迹象表明，电视机、计算机和通信（包括电话）有可能会融合成为一个产业，移动通信与互联网的高度结合已经成为现实。在这种产业的重新组合与重新界定的巨大变化中，如果企业不能准确地把握其趋势，势必危及企业的生存和发展。

1. 推动产业演变的基本力量

竞争优势理论认为，产业发展直至取得竞争优势，离不开要素条件、需求条件、相关及支持产业、公司的战略、随机事件和政府。在推动产业演变的各种力量中，除了产业形态和产业特性外，最重要的力量是需求和技术。

（1）需求因素。需求变化是产业演变的一种牵动力量，对产业演变起着决定性的作用。中小企业需要不断分析和认识需求，掌握需求总量、发展潜力和前景、需求特性、如何变化等情况。需求的多样化可能会引致规模失效，对品牌的要求又可能增强规模效益，这时中小企业可能面临机会，也可能面临威胁。产业环境中的许多因素也会反过来影响需求的变化。例如，信息、知识无疑对需求的影响很大，但影响的方向也很复杂。信息技术有可能降低企业信息发布的成本，但会增大顾客筛选信息的成本。对于企业顾客来说，网上营销快捷，但厂商违约的风险也迅速上升。

（2）技术因素。波特认为，在产业演变的众多影响因素中，技术是最重要的因素，技术发展是产业演变的一种推动力量。例如，计算机辅助设计（CAD）和计算机辅助制造（CAM）技术减小了规模对成本的影响，为中小企业发展带来了新的机会。新技术有时会促成一个全新的产业领域的出现。技术还会引起要素成本的变化，从而改变着产业的竞争机制。准确预测技术的发展趋势和技术对产业的影响对中小企业的生存与发展至关重要。只有独有的技术才能构成企业的竞争优势，对难以保持独有地位的技术，企业就需要不断创立新的专有技术的能力，或具有分享专有知识扩散的获取能力。

2. 产业生命周期与特征

（1）产业生命周期与衡量指标。与产品生命周期相似，产业演变也一般经历四个阶段，即起步期、成长期、成熟期和衰退期，如图2-2所示。产业（行业）的生命周期曲线忽略了具体的产品型号、质量、规格等差异，仅仅从整个产业的角度考虑问题，判断产业所处生命周期阶段的主要指标有市场份额、需求增长率、产品品种、竞争者数量等。

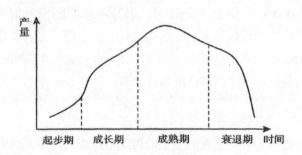

图 2-2　行业生命周期

许多产业往往会通过使用新技术而得以更新或再成长，而不会像某些特定产品或服务那样走向衰退。我国许多产业都经历了前三个阶段，其中外资企业对推动我国产业的演变起了很大的作用。中小企业所在的产业处于什么阶段，下一个阶段何时到来，这是企业战略管理中一个十分重要的问题，因为中小规模企业很难左右产业的演变阶段。如果企业能够认识到需求衰退只是周期性的相对衰退而不是绝对衰退，即需求衰退之后还会出现增长，则可以在生产能力安排和企业能力培养等方面选择更合理的战略。

（2）产业生命周期阶段的特征。产业生命周期各阶段的主要特征以及产业演变基础，可以从以下几个方面进行分析：一是产品与需求之间的关系，如生产规模与需求规模的关系，需求的饱和程度和需求的更新等。二是产品与技术的成熟程度。三是产业内竞争及其焦点，包括质量性能、技术、价格、品牌等。四是进入、退出障碍和替代的变化。

　　1）起步期产业特征。起步期特征：①需求和产品生产能力缓慢增长。顾客初次购买，缺乏对产品的了解和必要的产品知识，是"教育顾客"的阶段。②产品和技术不成熟。③竞争的焦点是完善产品的技术和产品本身，竞争规则不确定，正在形成之中。④此时一般进入和退出的障碍不大。产业的前景不明朗，产业未来的风险大，因此进入威胁不大。同时，替代品威胁不大，因为本产业的产品此时往往是其他产业产品的替代品。作为起步产业，本身的议价实力一般较低。

　　2）成长期产业特征。成长期特征：①需求和产品生产能力高速增长，顾客的产品知识逐渐丰富，在其后期出现供过于求的局面。②产品和技术实现由不完善到完善的过程，技术发展方向明确化。③竞争规则由不确定到确定，竞争的焦点由产品性能、质量向价格转变，企业由快速成长到开始裂变。④是建立和形成进入障碍和退出障碍的过程，特别是在成长期的早期，随着产业前景的明朗，进入障碍尚未有效建立，或进入障碍的时间成本没有形成，此时是进入威胁最大的时期。随着产业吸引力特别是需求前景的明朗化，替代品的危险也在增加。作为一个快速增长的产业，本产业的议价实力也在增加，当出现供过于求的局面时，买方的议价实力下降。

　　3）成熟期产业特征。成熟期特征：①需求和生产能力趋于平稳，持续保持供过于求的局面，企业数量减少。②产品和技术成熟，更多的是具体工艺的改进，产品出现标准化。③竞争的焦点主要是价格，更多依靠品牌来建立产品知觉上的差异化，竞争的规则相对平稳。特别是由于市场的地域化、购买的非差异性和顾客产品知识的弱势地位等原因，各竞争企业的市场份额会出现相对均衡的状态。④进入障碍和退出障碍大，但由于产业吸引力下降，进入的威胁有所降低，替代品的威胁继续存在，本产业的议价实力持续较低。成熟产业的竞争规则与新兴产业不同，这一点至关重要。波特列举出一些企业管理者在转变过程中容易犯的错误，称为战略陷阱，如盲目迷信产品开发，忽视工艺技术改进和销售的改进；错误地判断自己的市场地位，在已经达成的均衡市场份额中试图奋起直追，有可能造成极大的损失，因为打破均衡的代价很大；错误理解价格竞争的信号，没有认识到价格竞争的必然性；等等。

　　4）衰退期的产业特征。衰退期特征：需求和销售额下降，顾客对产品失去兴趣，产品处于被替代的地位等。最重要的是判断产业目前的衰退是相对衰退还是绝对衰退。由产品生命周期形成的衰退是相对衰退，是在产业生命周期"大曲线"上的"小曲线"。如果衰退的原因是需求衰退、技术衰退或资源衰退，则是绝对衰退、真正的衰退。

三、产业的集中与分散分析

按照产业活动划分，可以分为分散型产业和集中型产业。分析产业集中的可能性是分析产业的未来是集中的还是分散的。对中小企业而言，分析产业分散与集中要关注两个方面：一是企业可否通过扩大规模来寻求发展，二是未来产业的集中程度及竞争形式。如果产业存在分散的原因，则产业未来的格局势必是企业众多，规模不大，无主导产业，而且企业也很难通过扩大规模来寻求发展。

1. 产业分散的经济原因

产业分散有各种各样的原因，可以概括为经济原因和非经济原因两大类。非经济原因也是产业分散的原因，例如，许多祖传手工艺或生产秘诀，其生产的目的是维持世世代代的生计，因此决不外传，也不扩大生产；严重的地方保护主义，使市场被人为地分割为更小的区域市场，这也是造成产业分散的原因。但这些原因不是企业战略管理重点讨论的内容。在不加说明的情况下，产业分散的原因就是指产业分散的经济原因。造成产业分散的原因可分为以下三个方面：

（1）进入退出障碍。产业整体的进入障碍小，同时可能伴随的原因还有退出障碍大、产业利润低等。

（2）需求总量与供给总量的不平衡。需求总量与供给总量的不平衡可以从四个方面分析：

1）总量不足。产业内部的需求总量与生产总量不足，客观上造成规模经济无法实现。

2）差异化明显。差异化明显即存在较大的需求和产品的差异化，从而使使用相同的关键活动和关键资源不能同时生产这些产品、同时满足这些需求。这种需求与产品的差异化实际上造成细分需求总量的不足和细分产品生产总量的不足，从而失去规模经济。

3）变化较大。需求快速、频繁变化会导致产品及其样式的快速、频繁变化。如果这种变化的产品不能用基本相同的关键活动和关键资源完成，也会造成细分需求总量的不足和细分产品生产总量的不足，失去规模经济。

4）移动性较差。需求移动性差和产品移动性差也会造成事实上的细分需求总量的不足和细分产品生产总量的不足，失去规模经济。例如，市场的地域化、分割化和排他性以及高运输成本等降低了产品移动性，限制了企业可以吸引的顾客范围和企业的竞争者范围，关系着企业的战略决策。

（3）价值活动中存在规模不经济状况。这种状况为中小企业发展提供了客观环境，这主要表现在：一是投入要素的成本与规模同比增加，或由于太简单等原因而不存在经验曲线。二是营销与公关方面没有规模经济，即区域关系和区域形象不是经营的关键。三是基础结构制约，要求近距离管理与控制企业活动，或者要求组织的高度创造性和有机配合等。

2. 寻求集中的机遇与陷阱

（1）寻求机遇。寻求产业集中就是克服分散。企业适应造成分散的产业特性要求，有效地建立进入障碍，从而带来产业集中的诸多机遇，主要包括以下两个方面：

1）创造规模经济和经验曲线。首先，通过技术变化来创造规模经济和学习曲线，包括产品技术和经营管理技术两方面的技术变化，从而克服分散。例如，网络技术的发展使虚拟企业的发展空间更进一步扩展。在管理技术的开发中发展出虚拟企业，从而使企业可以最灵活、最合理地保持集中和离散之间的稳定平衡，可以在作为组成单位的独立企业不变甚至变小的情况下，使虚拟企业变大。其次，通过需求标准化来克服分散。虽然从总体而言需求决定着产业的发展和企业的行为，但在一定时期和一定条件下，企业行为和产业的集体行为可以反过来影响和制约需求。通过企业或产业的集体行为，推出几种固定规格的标准化产品，则顾客只能在这几种产品中进行选择，从而使顾客的需求标准化。在产业竞争不激烈的情况下，或顾客的替代能力较差时，这种情况经常发生。最后，使非分散因素规模化，从而克服分散。例如，为扩大规模，某快餐业实施连锁经营和特许经营，其核心内容是非分散因素规模化，通过建立品牌和采购等方面的统一标准，保证对分散经营地的控制和现场服务质量，可以成功地克服分散。

2）需求和产品的专门化、规模化。这是针对需求和产品差异化而采取的克服分散的对策。即在差异化的需求中，选择一种或有限的几种需求为满足对象，从而实现产品生产和经营的规模经济。但其前提是这些细分需求必须有足够的总量，具有较大发展前景。

（2）集中的陷阱。中小企业在成长过程中，需要进入集中的产业领域，同时也可能掉入巨大的陷阱之中，主要表现在以下两点：

1）为寻求支配地位进入陷阱。在不能克服分散的产业中强行克服分散，寻求市场占有率的支配地位，则注定要失败。例如，对没有规模经济或存在重要的规模不经济因素时扩大规模。

2）为管理集中掉入陷阱。在分散与集中的动态变化过程中，未能实现在集中管理下的分散经营，从而不能满足分散产业要求的人员服务、地方联系、近距离控制和快速反应能力等要求。

四、产业竞争力分析

产业竞争力分析是对中小企业所在的产业进行断面式的解剖性分析，通过这种分析可以对一个产业的竞争环境进行结构性的把握。从企业战略管理出发，一个产业可以视为以基本相同的关键活动和关键资源生产相互替代产品的企业群或企业的经营单位群。这样，对于产业的范围，完全可以根据企业竞争的实际情况划定。迈克尔·波特认为，任何一个产业内部竞争激烈的程度以及效益水平受到了五种竞争力量的共同影响，这五种竞争驱动力决定了企业的最终盈利能力。中小企业战略管理必须能够征服这五种力量（如图2-3所示）：潜在进入者的威胁、供应商的议价能力、购买商的议价能力、替代产品的威胁、同业竞争者的竞争强度。波特模型中，每种竞争力量所列举和分析的因素，是以制造业为基准形成的一般的因素。具体到某个产业，其某种竞争力量的各构成因素的重要性是不同的，也可能有一些新的因素。将这些一般因素应用于具体产业的分析，正是波特模型的应用分析过程，也是一个产业竞争力环境的具体分析过程。

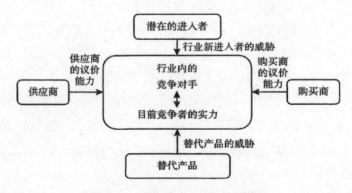

图2-3　波特的"五力"分析模型

1.潜在进入者的威胁

产业之外的潜在进入者的进入威胁受到产业进入障碍因素的影响。一个中小企业在进入新产业领域时，或多或少会遇到这个产业内部竞争力量的抵御。从产业的外部看，这些力量构成了制约该产业的进入障碍。从产业内部看，这些力量是保护产业内部各企业利益的有效屏障。显然，进入障碍越大，进入的威胁越小，反之则越大。除进入障碍之外，产业的吸引力、产业发展的风险和产业内企业的集体报复可能性等，都影响着进入威胁的大小。

当然，最重要的影响因素还是产业的进入障碍，它对具体的产业而言，有确定的大小。构成产业进入障碍的主要因素最终都可以反映到产业的进入资金和进入时间这两种进入障碍的综合因素上。每一个产业都可以分别得到这两种综合因素具体的数字，即至少需要多少资金，需要多长时间可以形成竞争力。许多构成进入障碍的因素也构成企业间对竞争对手的阻碍因素，或称为竞争优势壁垒，使竞争优势具有较好的难以模仿性。因此，对进入障碍的分析，既可以服务于分析产业进入威胁的大小，也可以促进对竞争优势壁垒的分析和决策。构成产业进入障碍的主要因素有如下几点：

（1）规模经济。规模经济指随着经营规模的扩大，单位产品成本下降的产业特性。如果产业内的企业都达到了相当的规模，并通过规模经营获取明显的成本优势，那么规模经济就会成为抵御潜在进入者的制约因素。如果进入者不能达到合理的规模，它将无法承受巨大的竞争压力。只有具备规模经济特性的产业，才能够通过扩大规模来降低成本。产生规模经济的主要因素：一是专业化。从亚当·斯密的著作开始，人们认识到分工可以提高效率。规模越大的企业，其分工也必然越详细。二是学习效应。学习效应是指当一个人或一个组织重复地做某一产品时，做单位产品所需的时间会随着产品数量的增加而逐渐减少，然后趋于稳定。随着产量的增加，工人的熟练程度增加，效率提高。三是可以有效地承担研发费用等。四是运输、订购原材料等方面存在的经济性。五是价格谈判上的强势地位。

当然，实际上大多数产业都具有规模经济特性。特别需要注意的是，中小企业必须认识到，规模经济不仅存在于生产环节，在营销、销售、采购等环节都可能存在规模经济。与规模经济相关的是盈利规模和经济规模。盈利规模是盈亏平衡点对应的规模。盈亏平衡点是产品收入与成本相同的产品数量的大小，高于这一规模则能够盈利，低于这一规模则亏损。企业规模过小或规模过大时的成本都会上升，甚至超过产品的收入。只有在恰当的规模时，产品的成本最低，这时的规模就是经济规模，其是盈利规模之后的某个恰当的规模点。规模经济存在于经济规模之前，在经济规模之后，则反而会出现规模"不经济"。因此，某项企业活动的盈利规模越大、经济规模越大，则规模经济特性越明显。规模经济是动态概念。随着技术的发展，有些产业的最小经济规模在扩大，有些在缩小。规模经济的实现必将受到市场需求大小的影响。需求总量大，中小企业才有可能大量生产、大量销售，规模经济才能够充分地实现。如果需求规模太小，或需求存在差异化等造成细分需求规模太小，都会使规模经济无法充分实现。

与规模经济相关的还有范围经济。范围经济是指企业的某项活动环节能够适用的范围较广，由此而带来的单位产品成本的下降。范围经济也可以称为企业活动的"辐射性"。在不同的产业中，它的表现也是不同的。如果企业的生产环节具有较高的范围经济，则该企业可以运用同样的生产环节生产不同大类的产品，从而使企业在不增设生产环节的条件下进入不同的细分产业，甚至不同的产业。在营销环节也存在范围经济，企业就可以运用同一营销系统销售不同的产品，从而降低成本。范围经济对进入障碍有正反两方面的影响。在节约成本、节省投资方面，范围经济降低该产业的进入障碍。但如果该产业的范围经济有许多产业外企业难以模仿的成分，或这种范围经济是由该产业中各企业特殊的产业布局或细分的产业布局形成，则会增加产业进入的时间，从而加大产业的进入障碍。此外，共享规模也可以提高规模经济的效果。共享规模是指在两个和两个以上产业（或细分产业）之间共同享用某产业中重要企业活动的规模经济。这种不同产业之间共享的规模经济比单一产业享有的规模经济更能进一步降低成本。

因此，分析与识别产业的规模经济特性，可以从市场份额的领先者和追随者之间利润水平的对比来判断。如葡萄酒、软饮料、洗涤用品、家用电器、汽车组装等产业，是产业领先者收益高的产业，也是在生产等环节的规模经济型产业，中小企业存在的空间较小。大量中小企业生存发展的空间较大的产业，主要有两个：一是追随者收益高的产业，是规模经济不存在或不大的产业，或者是产业高度细分，使得细分需求总量不足，规模经济无法充分发挥出来的产业，如肉类产品、烈性酒类、地毯、皮货、医疗等产业。二是领先者与追随者收益相差不大的规模经济不明显的产业，如奶制品业、各类加工业、珠宝产业等。

（2）差异化程度。在市场上存在了很长时间或拥有良好形象而获得的信誉会提高消费者的忠诚度，从而使新进入者难以建立品牌知名度并以此获得新的市场份额。提高客户忠诚度可以通过差异化来实现。差异化的本质是产品或服务所形成的对顾客需求的独特针对性。企业的品牌、形象、独特质量和性能、产品组合、服务等，都可能成为差异化的来源。如果产业内部的企业都具有良好的企业形象或较高的品牌知名度，并且这种信誉、形象成为它们吸引顾客的主要力量，这个产业的差异化程度就达到了较高的水平。新进入者特别是中小企业为了在这一领域开展经营，必须花费很大的代价来树立自己的声望和品牌形象。需要特别注意的是，由差异化所构成的产业进入障碍，往往不仅需要大量的资金成本，而且还需要大量的时间成本。也就是说，产业外的潜在进入者要想进入这种产业，为克服差异化带来的进入障碍，不仅需要大量的资金投入，而且需要一定的时间成本。

（3）转换成本。如果消费者从一个供货商转向另一个供货商的成本较高，那么无论是从时间、金钱方面还是从便利性方面考量，消费者改变购买意向的可能性都较低。制药行业、科技行业要求投入大量的资金来建立公司并进行研究和开发，因而与资金投入相关的巨大的转换成本就会阻碍新公司进入该行业。一般而言，供应商对顾客越重要，顾客的转换成本越高。通常，转换成本包括以下几方面：重新培训自己的员工所需的成本；新的辅助设备的成本；检验考核新购产品所需的时间、风险和成本；需要销售者提供技术上的帮助；新销售的产品需要买方重新设计产品；建立新关系、断绝旧关系的心理代价；回转成本等。实践证明，转换成本是一种十分有效的竞争武器。许多中小企业采用各种方式在顾客身上成功地建立起了转换成本，从而强化了它们与顾客的联系。

（4）技术障碍。在技术障碍中，专利技术是最有效的保护屏障。同样，少数公司专有的技术秘诀、组合技术也可以构成抵御潜在进入者的技术障碍。构成技术障碍的另一个重要因素是学习曲线。学习曲线即随着时间的推移，单位产品成本下降的产业特性。时间的推移也可以表现为积累产量的增加，实际上是企业的学习过程的加深和经验的积累，因此学习曲线也称为经验曲线。学习曲线可以使最早进入某个领域的企业享有特殊的、与规模无关的成本优势，本质上讲，这也是一种技术障碍。在生产活动中，规模经济取决于某期的产量，而学习曲线则取决于产量（时间）的积累。一般所说的学习曲线是指形成低成本的学习曲线，但广义地讲，也存在形成差异化的学习曲线，例如，通过学习过程的积累，使产品的质量更加可靠等。

（5）销售渠道的使用权。进入者想通过已有渠道来销售其产品和服务可能会遇到困难，因为这些渠道已经被现有的竞争对手垄断。原有企业可以通过与销售商建立密切的合作关系来封锁新进入者通向市场的通道，控制渠道的使用权。

虽然这种合作关系本身不具有排他性，但新进入者要么自己建立起有效的通道，要么以更优惠的商业回扣，或承担更高的广告费用等方式打动销售商，否则就难以开拓市场。

（6）政府政策。政府可能会通过限制执照发放和限制外资的方式来限制某些公司进入某行业。特别是政府的经营许可证、资质、从业资格证等行政限制、国家的产业政策或有关的法律构成了一项重要的进入障碍。

以上构成进入障碍的六种因素，是一般情况下分析产业进入障碍的因素。运用这六种因素，可以针对某个产业的进入障碍进行进一步的具体分析。中小企业所处的某个产业的进入障碍可能由上述六种因素构成，也可能只由其中的部分因素构成，甚至只由其中的一两个因素就构成很大的进入障碍。同时，也不排除有些产业还有其他因素构成产业进入障碍。需要注意的是，分析和识别产业进入障碍的目的是分析和预测产业所面临的来自本产业之外的潜在进入者进入本产业参与竞争的威胁，这种威胁的存在和发生，对产业内企业的竞争有深远的影响。如果判断出本产业进入障碍不足或充分，中小企业就应当对未来的竞争形势有较好的预见，而不至于被眼前的现状所迷惑。

2. 买方和卖方的议价能力

购买商和供应商之间既存在着合作，又存在着利益冲突。买方和卖方对交易价格的争斗将直接影响到企业的收益水平。购买商和供应商的议价实力高，则会瓜分本产业的利润，从而使本产业的利润水平降低。影响议价能力的因素很多，如交易洽谈的地点、人员素质、日程安排等，但这些都是运作层面的因素。对企业的战略管理而言，重要的是分析和把握能够给企业带来长期、全面和稳定的议价地位的因素。如果企业在这些因素中占据了主动地位，则对方很难通过运作层面的技巧或谋略动摇这种议价地位。

（1）影响买方议价能力的因素。从战略的角度分析，影响买方议价能力的因素主要有以下几点：

1）集中程度。如果买方的数量少于供方的数量，买方在谈判中就可以寻求最有利的供货者；反之，供方就会占据有利地位。

2）后向一体化的能力。有时买方自己拥有一定的加工产品的能力，这样在谈判中就容易占据主动。有时买方协助竞争者进入或引入这种威胁，也形成自己的议价实力。

3）转换成本。转换成本降低买方的议价实力。需要注意，转换成本的控制力常常是无形的、潜移默化的。

4）差异化程度。买卖双方的品牌知名度是谈判的一个重要筹码。

5）价格敏感性。产品对买方的质量性能的影响程度、买方此项外购投入在其总成本中的比例和买方的收益水平等会影响买方的价格敏感性。对买方产品的质量、性能有重大影响时，买方的价格敏感性就会降低，否则价格敏感性会上升。买方此项外购投入在其总成本中比例高则价格敏感。买方或任何一方的收益水平太低时，他们对价格的立场都会表现得异常坚定。

6）买方占供方供应量比重较大。买方占供方供应量比重较大意味着买方事实上成了供应方的主要顾客，在谈判中自然就会处于有利地位。这实际上是一方在另一方购买（或销售）中所占比例大而带来的议价实力。

（2）影响卖方议价能力的因素。卖方是指那些向行业提供产品或服务的企业、群体或个人，也包括劳动力和资本的供应商。供货商的威胁手段有两类：一是提高供应价格；二是降低供应产品或服务的质量。许多因素会提高供应商在行业中的议价能力，从而降低公司在行业中的盈利，这些因素包括以下几点：

1）市场中没有替代品，因而没有其他供货商。

2）该产品或服务是独一无二的，且转换成本非常高。

3）供应商所处的行业由少数几家公司主导并面向大多数客户销售。

4）供应商的产品对于客户的生产业务很重要。

5）企业的采购量占供应商产量的比例很低。

6）供应商能够直接销售产品并与企业抢占市场。

（3）合理选择买方和卖方。合理选择买方和卖方是中小企业在制定竞争战略时必须考虑的问题，其有以下两点内容：

1）卖方合理制定顾客策略。好的战略能够营造出理想的顾客，选择顾客的标准主要是顾客需求与企业产品的根本一致性；顾客需求具有较大的需求量和增长潜力；议价实力低；供货成本合理。

2）卖方合理制定采购策略。采购策略应关注的方面是供应源的稳定性；建立最佳的纵向联合程度；分散购买；促进原材料和部件的标准化等。

3. 替代产品的威胁

替代产品是指可由其他企业生产的产品或提供的服务，它们具有的功能大致与现有产品或服务的功能相似，可满足消费者同样的需求。产品的替代是一种常见的竞争现象。一个产业之内相互竞争的企业之间，之所以构成相互竞争的关系，原因就是他们的产品是相互替代的。需要注意的是，产品替代的威胁不仅来自本产业之内的企业，而且还来自产业之间的替代，即分属不同产业中的企业生产出了同样可以满足顾客需要的产品。这种来自产业之外的替代往往容易处于企业的视线之外，因此要给予特别的关注。不同产业的替代，是产品功能相同或部分相同，而主要或关键的企业活动与资源不同的企业之间的产品替代。同一产业的替代则是产品的功能相同或部分相同，而主要或关键的企业活动与资源相同的企业之间的产品替代。实际上，很多情况下，同产业替代和产业之间的替代并没有绝对鲜明的界限，而是一种程度的变化。对企业的经营管理实践而言，最重要的是比较不同产品之间的替代程度，而不是界定是同产业替代还是产业间替代，不能将扫描的范围局限于关键活动与资源相同的产品替代，还应当从关键活动和资源不同的产业中识别产品替代及替代程度。产业替代意味着关键活动或关键资源的变化，这也是应当高度重视产业替代的根本原因。

识别替代产品的步骤：一是列出一张完整的替代清单。替代发生在性能（功能）相近的产品之间，应根据产品的使用全过程、顾客的使用标准来识别替代品。不同产品之间可以相互替代的原因在于它们能够满足同一顾客群体的同一类需求，因此两种产品的性能是否相近，要根据顾客的需求来判断。二是分析性能相近的程度。三是适当关注广义替代。即由于产业发展和顾客需求及其满足方式的变化等各种因素引起的产品需求的减少。波特列举了四种广义替代：二手产品对原产品的替代；产品消耗率的下降；顾客自己完成了一部分生产任务；顾客购买倾向的变化。

替代是否发生以及替代的程度如何，取决于以下三种因素：一是相对价值价格比。相对价值价格比即通常所说的性能价格比。当价格的差异与价值相符时，就会发生替代。也就是说，替代产品之间性能或价格的变化会改变替代进程的方向。因此，替代品的存在使替代品和被替代品之间相互间设定了价格上限。当一方降低价格或提高价值时，就会对另一方产生替代。同样，当一方过高地提高价格，就会面临另一方的替代威胁。二是转换成本。转换成本越高，越可以减缓替代过程。三是顾客的替代欲望。也可以称为顾客的替代倾向，是顾客需求的变化。顾客可能由于其自身的各种原因而产生替代的欲望和一定的倾向。例如，中小企业用户如果受到竞争压力，可能希望使用替代产品来获取竞争优势。

一般情况下，替代是一个渐进的过程。如果把原产品和替代产品看作是同一市场上的两种产品,则被替代品的市场份额逐渐减少,替代品的市场份额逐渐增多。一般认为,替代全过程的速度呈反"S"型。开始替代的速度较慢,因为人们对新出现的替代品尚不熟悉。替代中间的过程速度较快,即多数顾客认识到替代品的价值,较快地转而购买替代品。在替代即将完成时,可以或准备转而购买替代品的顾客人数明显减少,替代速度降低。最终,在原产品与替代产品之间一般会出现平衡状态,即原产品会保留较小的一个市场份额。

4. 同业竞争者的竞争强度

同业竞争者的竞争强度,是指行业现有竞争者之间的竞争程度。竞争产生利弊结果:利,促进自身进步;弊,被别人打败。竞争强度取决于下列因素:①竞争者的数量。市场中的竞争者越多,就必然有一定数量的企业为了占有更大的市场份额和取得更高的利润,而突破本行业约定俗成的一致行动的限制,采取排斥其他企业的竞争行为,则竞争强度就高。因此,竞争者之间较难进行有效的合作。②产业增长率。③固定成本高低。④产品差异大小。如果产品缺乏差异性或具有标准化,购买商可轻易地转换供应商,则供应商之间就会相互竞争。⑤库存的不确定性。当一个企业不确定同行业中另一个企业的库存大小情况时,便可能会通过制定更具竞争力的战略来应对这种不确定性。⑥战略重要性。如果企业最重要的战略目标是获得成功,则可能会采取具有竞争力的行为来实现目标。⑦生产能力调整难度。现有供应商退出某个行业的障碍较大,生产能力调整比较困难,只会加剧同行业的竞争激烈程度。总之,面对比较激烈的同行业竞争时,中小企业可以通过发展协作,实施市场分割、战略联盟等战略,实现自身的生存与发展。

第三节　企业内部环境分析

中小企业内部环境分析是基于企业自身的资源与能力条件,研究企业内部结构,提出战略要解决的问题,为战略管理指明方向,从而为构建竞争优势奠定坚实的基础。事实上,支撑竞争优势的企业内部结构,也是竞争优势构建过程中的一个关键环节。这是因为战略管理的本质在于适应,这种适应其实也就是企业内部结构与外部环境的相容关系。当企业通过改造内部结构并构建起合理的资源与能力结构、业务活动结构和业务组合结构的时候，这种适应关系就自然地产生了，竞争优势也相应地建立起来了。从管理者制定和实施战略的角度出发，我们把这些结构分析分成三个主要层面：一是企业的资源与能力结构分析，包括企业的资源与能力构成和相互转化以及战略资源与核心能力的识别、积蓄和有效运用等，管理者可以利用基于资源和能力的竞争理论来分析企业的资源与能力结构。二是业务活动结构分析，主要包括企业通过哪些活动来创造价值和这些活动之间的相互联系，管理者可以利用波特价值链方法对企业的价值活动进行分析。三是业务组合结构分析，包括不同的产品、经营领域以及它们之间存在的相互比例关系。

一、中小企业资源与能力分析

1. 企业内部资源分析

大多数学者都把彭罗斯（1959）的《公司成长理论》作为资源理论的早期著作，她提出了企业是一个资源集合的观点。但对这种理论有着重要贡献的当属伊丹敬之（1987）和沃纳菲尔特（1984）。不过，是在格兰特（1991）在《基于资源的竞争优势理论——对战略制定的启示》中提出了基于资源分析与能力评估的企业战略制订框架以后，这种资源与能力理论才产生了较大影响。

（1）企业资源。企业资源是指企业所拥有或控制的创造价值过程中的各种投入，是可以用来创造价值的资料，包括资产、生产或其他作业程序、技能和知识等。每个企业都拥有一定的资源与能力，其中，资源是企业战略的基础。企业资源论的前提假设是每个企业在许多方面都存在着本质差异。由于许多资产和能力并不是瞬间就能积累起来的，因而一家公司的战略选择受到了现有资源存量及其获取或积累新资源的速度所限。如果不存在资源存量的不对称和变化比率的限制，任何公司都可以选择它所擅长的战略。如此一来，成功的战略很快就会被模仿，利润也会很快下降为零。因此，资源是战略的实质，是持久竞争优势之本。基于资源理论的基本观点主要包括资源是战略基础和回报的基本来源；企业是一组异质的资源、能力与核心能力，它们能够创造独有的市场竞争优势；资源和能力不能在企业之间有效地流动，一个企业具有其他企业没有的一些资源和能力，至少是它们的组合；资源和能力的开发和积蓄有其自身的规律。

（2）企业资源的主要类型。企业的资源贯穿于整个企业经营、技术开发、生产制造、市场营销等各个环节。中小企业资源的存在形式很多，从普遍存在的普通投入要素，到高度差别化的资源，形式多种多样。相应地，不同资源的独特价值、获取途径和主要特征也千差万别。一般来看，企业资源大体上可以分成三大类，分别是有形资产、无形资产和组织资源。

1) 有形资产。有形资产是可以在公司资产负债表上体现的易于计量和评估的唯一资源。有形资产包括房地产、生产设施、原材料等。虽然有形资源也是公司战略所必需的，但是由于它们本身所具有的标准化属性，使其很少成为竞争优势的来源。

2) 无形资产。无形资产主要是指知识产权、依赖于人的或主观的各种资源，具体来说主要包括公司的声望、品牌、文化、网络、技术知识、专利和商标以及日积月累的知识和经验等。这些资产通常具有更难于理解、购买、模仿或替代等特点，因而在竞争优势和公司价值中发挥着重要作用。例如，当品牌构成竞争优势的重要来源时，许多公司都以各种方法开发其品牌资源，广告就是建立品牌资源的最有效的途径之一。同时，无形资产在使用中不会被消耗，如运用得当，在使用中不仅不会萎缩，相反还可以获得增长。基于这一原因，无形资产可以为多元化战略提供一个价值基础。

3) 组织资源。组织资源不同于有形资产和无形资产，组织资源是历史、关系、信任、文化以及正式的权力结构、控制系统和激励模式，是资产、人员与组织投入产出过程的复杂结合。如果把组织资源运用到公司的物理生产技术上，将决定公司活动的有效性。精心培养的组织资源可以成为竞争优势的一个来源，它们可以使一个公司在与竞争对手投入要素相同的情况下，以更高的生产效率或更好的产出方式来将这些要素转化为产品或服务。组织资源反映了组织能力，它可以体现在公司的任一活动中，从产品开发到生产再到营销的全过程，有助于创造突出的效率优势，在公司的竞争力上发挥着重要作用。

此外，不同的理论研究者与实践者，出于不同的动机，往往对资源进行不同的分类。美国管理学教授格兰特把企业资源划分为七种类型：①财务资源。现金及企业的融资能力，创造现金收益的能力。②物化资源。生产设备及其布局，原料以及采购渠道。③技术资源。各种知识产权以及与之相关的技术知识。④创新资源。技术人员和研究开发所需的设备。⑤商誉资源。顾客和供应商所认可的品牌、信誉及合作关系。⑥人力资源。员工的培训水平、适应力、判断力和工作态度。⑦组织资源。企业的组织结构和它的计划、控制、协调系统。在格兰特等人列出的资源中，除了资金和原材料等属于对所有企业有着同等意义的同质性资源外，其他资源所含有的活性因素如知识、经验、技能、判断力、适应力以及企业组织系统内外的各种联系等，使每一种资源都富于变化而呈现出千差万别的形态。也就是说，这些资源基本上属于异质性资源，同一种资源在任何两个企业中都不尽相同。不仅商誉资源和人力资源、组织资源如此，就连设备资源也会表现出一定的异质性。认识到资源的这一根本属性十分重要。资源形态存在差别的根本原因就在于资源的异质性，是这种异质性为企业"独占"某些资源提供了可能，企业的持久竞争优势正是来源于此。

（3）企业资源的价值。企业资源是支撑企业取得持续竞争优势的重要条件，但公司通常需要花费较大的精力去识别和评估自己的资源，评定这些资源是优势还是劣势，弄明白它们是否可以作为持续竞争优势的源泉。事实上，当企业评估它们所拥有的一系列资源时，它们将发现这是一项极其复杂的工作。一些幸运的公司拥有能作为成功战略基础的资源；而另一些公司可能会发现自己的资源地位实际上是十分不利的；还有一些公司可能会发现，相对于竞争对手而言，自己拥有的资源优势并不明显，或者并不受顾客欢迎。因此，管理者面临的挑战就是，弄清楚划分有价值资源和平庸资源的依据，并据此制定一套可以营造持续竞争优势的战略。

企业资源的价值评估在很多情况下仍然是比较困难的，但长期的理论研究与实践探索已经建立了一些客观原则。企业资源的价值主要体现在企业与其赖以竞争的环境在需求、稀缺性和可获得性这三个原则的交互作用结果：

1）顾客需求。资源价值的第一个决定因素处于产品需求市场中。一种有价值的资源必须是能够以顾客愿意支付的价格来满足其需求。在任何时候，价格都取决于顾客的偏好、可用替代物和相关或互补产品的供应等因素。这样的组合力量随着顾客偏好和竞争对手供应能力的发展而相应地发生改变。因此，公司必须不断地重新评估它们赖以竞争的行业所具有的吸引力以及它们的资源对当前或未来需求的满足程度。事实上，存在着许多不利于顾客需求得到满足的资源，如餐厅选址的失误可能损害对客户的吸引力，不稳定的质量或服务势必降低公司产生重复交易的可能性。因此，从顾客需求的角度来讲，只有当公司的资源能够比竞争对手的资源更好地满足客户需求，公司的资源才具有价值。即使一种资源是实施某项战略所必须的条件，但如果该项资源与竞争对手的产品提供方式或商业方法并无差别的话，它也不是竞争优势资源。对公司资源的分析不应仅仅局限在公司活动的内部分析上。只有当某种资源有利于形成产品市场的竞争优势时，这项资源才具有价值。

2）资源稀缺性。资源价值的第二个决定因素是资源是否处于供应短缺状态。如果资源供应充分，任何竞争对手都能够获得，此时的资源也就不称其为竞争优势。对公司资源的分析必须包括一项重要的评价指标，即公司的资源与竞争对手的资源相比是否不寻常，也称其为独特能力，更多的时候体现出不可模仿性。如果一项资源可以轻易地被竞争对手模仿，则不可能作为长期战略的基础。一般来说，以下四种特征可以使资源难以模仿：①物理上的独特资源：这种资源被定义为不可能复制资源，多数资源在短期可能不具有模仿性，但长期来看是可复制的。②路径依赖性：有些资源难以复制且不可能立刻获得，必须通过长期的积累，需要花费大量的时间来逐渐积累经验。因此，该企业资源延迟了模仿进程，进而保护了先行者优势。③因果含糊性：其含义就是潜在复制者不可能弄清楚这项有价资源的价值究竟何在，或者不可能找出准确的复制方法。在企业的经营实践中，具有因果含糊性的资源是组织中最常见的一种能力。它们体现在复杂的社会机构和相互作用上，甚至可能取决于一些特殊人员的个性。④经济制约：市场领导者的竞争对手拥有复制其资源的能力，但由于市场空间有限而只好作罢。在围绕大量的资本投入而制订的战略中，在需要投入复杂的处理机器时，这种情况最有可能发生。大规模的投入通常具有规模敏感性，必须针对专门的市场。如果此类资产不能被重新配置，则明确表明公司将长期占领该市场，并随时准备打击那些企图复制这种投入的竞争对手。面对这种威胁，如果市场太小而不足以支撑两个竞争者的盈利，则潜在的模仿者只好放弃复制这种资源。因此，在现实竞争中，如果同时存在着多种模仿壁垒，资源的独特性就会越强，资源就会越稀缺，那么其价值也会越大。作为一种可持续竞争优势的源泉，该资源必须长期具有稀缺性。

3）可获得性。即使一项资源能够满足消费者的需求，同时也的确处于短缺状态，还必须考虑究竟是谁拥有关键资源的所有权，是哪种资源在多大程度上创造了利润和其他一些能影响利害关系人争夺实力的因素。

（4）战略资源与资源位障碍。竞争一旦延伸到资源层面的竞争，如何独占某些战略资源或打破竞争对手对战略资源的独占就成为竞争的焦点。所谓独占，既包括因排除竞争对手占用同一资源的可能性而形成的狭义上的独占，也包括通过赋予资源以竞争对手难以模仿的特性而形成的广义上的独占。所谓战略资源就是企业拥有的有独特价值的、不易模仿和替代的、能够产生竞争优势的资源。资源论的先驱者之一巴尔奈（1986）列举出战略资源的五个基本特征：①价值，即在创造价值过程中发挥着重要作用，使企业在所处环境中能更好地把握机遇或减少威胁。②具有稀缺性，即资源的数量限定了它不能被多家企业共同使用。③具有不可模仿性，指竞争对手为模仿或复制这类资源需要投入大量的时间、人力和财力。④具有不可替代性，即竞争对手无法用其他资源取代这类资源的效用。⑤企业能够以低于竞争对手的成本来获取这类资源。在这些特征中，除了第一个以外，其他特征事实上保证了企业对一些资源在一定程度上的独占，企业因此将独享这些资源产生的战略性收益，如形成独一无二的经营特色，赢得超额利润，或实现超速成长。格兰特（1991）提出评价战略资源的四个特性：①占用性，公司资源和能力中个人的占用性会降低公司保持利润的能力。②耐久性，增强竞争优势的持久性。③转移性，降低竞争优势的持久性。④复制性，降低竞争优势的持久性。值得指出的是，即使一种资源本身不是战略资源，但当对其进行组合与整合之后，其战略价值会增大，并有可能成为一项战略资源。

　　为了实现对战略资源的独占，对率先拥有某项资源的企业来说，竞争方式之一就是为竞争对手设置一道障碍，使得竞争对手为模仿行为付出更大的代价。这种障碍，沃纳菲尔特（1984）称之为"资源位障碍"，它维持了率先拥有者与其他企业的差别，延长了资源优势的时效。这些障碍包括以下几点：①使用权的隔离。先进的制造设备、优越的地理位置、矿产开采权、技术专利与商标等资源，由于它们的使用权与所有权紧密联系在一起，企业只要取得资源的所有权，也就排除了竞争对手使用这些资源的可能性；而像企业的供应商或销售商等客户资源，通过建立互惠互利与长期信任的合作关系，也有可能形成一定程度的使用权的隔离机制，比如，取得优惠的、排他性的合作条件，使竞争对手与这些客户合作时处在不利的地位。在房地产经营中，抢先购买地产也属此列。②认识上的隔离。有效模仿的前提条件是准确认识被模仿对象的主要内容，如果竞争对手无法获取必要的信息，那么认识上的局限就会限制它们的模仿行为。建立这种隔离机制的主要方法有健全内部保密制度，阻断竞争对手获取信息的渠道；将各种资源要素融合为一个有机整体，使得融合后的资源特性更为复杂。③时间上的隔离。如果资源的积累受到企业历史因素的影响，或者积累过程受到学习曲线的强烈支配，模仿行为将会遭遇到时间的障碍。时间上的隔离机制还表现在其他方面，如有些大型成套设备的制造周期较长，货源又十分有限，率先购买设备的企业就可能在设备资源上领先竞争对手一段时期。这种短期的优势尽管不具有持久性，却能为企业的战略调整赢得必要的时间。④收益上的隔离。这种障碍的作用是使模仿行为成为降低收益水平的起因，竞争对手一旦认识到经济上的不利性，就会放弃模仿的企图。

2. 企业能力分析

（1）企业能力结构分析。企业能力是指以整合的方式，通过企业活动过程来配置企业资源以实现预期目标的技能。企业能力是以信息处理为基础的资源运用和操作过程，它是企业专有的，并通过企业资源间复杂的互动作用逐渐发展起来的。由于这一过程与价值活动的完成过程基本相同，故对企业能力进行分解、分项评价并根据战略目标确定改进的重点的分析方法，实际上和价值链起着相同的作用。同时，对不同时期企业能力进行比较分析，也有助于说明一些认识到的问题。

任何企业都存在一套独特的能力结构，并且在企业所特有的能力结构中，不同性质、不同类型和不同层次的能力在营造和维持企业竞争优势中的作用是不同的。企业能力集中体现在各职能领域的管理能力。

1）研发能力。随着市场需求的不断变化和科学技术的持续进步，研发能力已成为保持企业竞争活力的关键因素。研发能力的作用是提高产品适应性、加快产品的更新换代速度、提高产品质量、降低产品成本等。衡量研发能力的标准是研发计划、研发组织、研发过程和研发效果。

2）生产管理能力。生产是指将投入（原材料、资本、劳动等）转换为产品或服务并为消费者创造效用的活动。生产活动是企业最基本的活动，生产管理能力主要涉及五个方面：生产过程、生产能力、库存管理、人力管理和质量管理。

3）营销能力。企业的营销能力是指企业引导消费、争取竞争优势以实现经营目标的能力。企业的营销能力可以分解为以下三种能力：产品竞争能力、销售活动能力和市场决策能力。其中，产品竞争能力主要可以从产品的市场地位、收益性、成长性等方面分析。销售活动能力是对企业销售组织、销售绩效、销售渠道、销售计划等方面的综合考察。市场决策能力是以产品竞争能力、销售活动能力的分析结构为依据，领导者对企业市场进行决策的能力。

4）财务能力。企业的财务能力主要涉及两方面：一是筹集资金的能力；二是使用和管理所筹资金的能力。筹集资金能力可以用资产负债率、流动比率和已获利息倍数等衡量；资金使用和管理能力可以用投资报酬率、销售利润率和资产周转率等衡量。

　　5）组织管理能力。组织管理能力主要可以从以下方面进行衡量：职能管理体系的任务分工；岗位责任；集权和分权的情况；组织结构（直线职能、事业部等）；管理层次和管理范围的匹配以及企业价值观和行为规范。

　　（2）核心能力分析。任何企业都拥有自己的能力结构，管理者应该且必要给予关注的仅仅是那些能够为公司的长期繁荣真正作出贡献的、处于核心地位的能力，而不是外围能力。因此，有必要对核心和非核心能力进行区分并对核心能力进行单独分析。

　　为了便于理解，我们将核心能力宽泛地分成以下三种基本类型：①市场进入能力，即对品牌开发、销售与营销、分销和后勤进行管理，使企业充分接近顾客的技能。②声誉相关能力，即诸如质量、周期管理、及时库存管理等可以使企业比竞争对手更快、更具柔性、更富有可靠性地开展各项活动的技能。③功能相关能力，即那些使公司对具有独特功能的产品和服务或可以为顾客带来特殊利益的产品进行投资的技能。其中，从作为中小企业竞争差异化来源的角度看，第三类核心能力正变得比其他两类核心能力更为重要。

　　虽然存在着不同种类的核心能力，但一种能力要成为核心能力所必须具有的基本特征却大致相同，其主要表现在：①核心能力是多种技能的整合体。核心能力是相互联系的一组技能和技术的综合体，是许多单项技能的整合体。一方面，核心能力不可能完整地存在于单个团队或小组当中；另一方面，在某项特定技能及由其构成的核心能力之间很难划出一条清晰的界限。因此，在界定已经形成或刚刚形成的核心能力时，如果团队经理列出几十种能力，那么他们很可能是在描述单项技能，而不是核心能力；如果只列出 1～2 种能力，那么他们很可能是在描述更广泛的总体能力，而不是我们所说的核心能力。最理想的情况是为每项单独的业务识别出 5~15 种核心能力。②核心能力不是一种资产。核心能力是一种活动，是无序的知识积累活动，由显性知识和隐性知识构成。因此，它不是一种会计意义上的资产，但管理资产的某些才能却可以构成一项核心能力。如丰田公司的精益制造能力。③核心能力可以为顾客创造大量价值。核心能力是一组使公司能够为顾客提供根本利益的技能。这里所说的根本利益可能是核心功能、对复杂事物的管理、可靠性、用户界面的友好性等。因此，核心能力与非核心能力的划分主要取决于核心顾客利益与非核心顾客利益的区分。如我们把本田在发动机方面的专长界定为核心能力，而把其管理与交易商关系的技能视作次要能力（非核心能力）。但这种区分核心能力的方法并不意味着顾客可以很容易地看到或理解核心能力，顾客所能直接看到的只是其获得的利益，而不是提供这些利益的能力之间所存在的细微差别。实际上也存在着例外情况，如存在成本优势的企业不一定需要把这种好处传递给消费者。因此，在向顾客提供某种特定利益的过程中，能够为企业带来大量成本优势的一组技能也是核心能力。④核心能力是竞争差异化赖以展开的基础。一项能力要成为中小企业的核心能力，它必须在竞争中具有独一无二性，具有不可模仿性、不可替代性和稀缺性，从而保证拥有该种核心能力的企业可以利用它开展盈利性很高的活动，而其他企业只能望尘莫及。⑤核心能力是中小企业赢得市场的奠基石。由于核心能力在竞争中是独一无二的，并且能够大幅度地增加价值或降低成本，所以它是竞争优势的源泉。但尽管核心能力是竞争优势的源泉，但并不是所有的竞争优势都是核心能力。实际上，相对于竞争对手而言，企业完全有可能拥有许多不依靠特定技能和才能的优势，这并不影响其对经营成败的重要作用。为了增加潜在的机会范围，企业应该超越传统的、基于产品的能力观点，必须努力使特定能力可以移作他用，充分发挥能力的杠杆作用。核心能力就具有这样的特性，它支撑的不是单项产品，而是包括多种产品的多项业务。通过把现有产品或业务中的核心能力应用于新的市场机会，可以在很大程度上降低企业开拓新市场的进入成本。以前，公司战略关注的往往是业务组合管理，但基于同样的理由，把公司视作能力的组合也同样具有重要意义。典型的业务单位是根据特定的产品领域来划分的，但如果公司不能够超越产品观念，其潜在的机会范围就会在很大程度上受到限制。在实践中，仅仅努力寻求以新的方式应用核心能力的机会是不够的，企业还必须设法营造出一种机制，并靠这种机制把拥有核心能力的员工或资源进行重新分配，从一项业务分配到另一项业务，从一个机会分配到另一个机会。

核心能力是企业占领市场、取得竞争优势的源泉，任何旨在谋求竞争成功的企业都必须重视和加强核心能力的管理。具体而言，管理企业核心能力的主要工作：①选择核心能力。对企业核心能力界定的清晰性和管理者对这种界定的认同性，是测试企业对核心能力进行管理能力的最重要的两个方面。因此，管理者应该首先明确企业的核心能力到底是什么，即开列一张核心能力的清单。这就要求把能力从其载体——产品或服务中分离出来，进一步区分出核心能力和非核心能力，并以有意义、有价值的方式对其进行归类和整合。培养核心能力是个长时期过程，企业应该跳出原有产品的局限，及早根据顾客的基本利益选择核心能力。企业面向的是在为顾客提供某种根本利益方面达到领先的地位，而不是面向特定的产品计划或业务。因此企业需要估价某一特定利益对顾客的重要性，并分析其技术上的可行性。②构建核心能力。核心能力的构建要求组织内部和组织外部的知识积累和整合，要求多个领域人士的沟通和相互学习。其目标不仅是要构建出核心能力，而且必须是比竞争对手更快、更廉价地构建核心能力。不过，虽然核心能力穿越了传统的部门界限，但这并不是说构建核心能力必须以改变组织结构为前提。企业无论怎样改造，它的内部永远存在着组织边界，存在着权责关系和岗位责任，否则企业将无法正常运行。为了开展这项跨部门的工作，首先，企业领导有必要把整个工作分解为一项项具体任务，把这些任务落实到部门，设法在企业选定的战略方向和能力之间建立起必然联系。其次，清楚地表达出每项能力的特殊性。使用过于一般化的语言来描述企业想要发展出的能力，极有可能导致一组含混不清的目标。如关于百货公司的优质服务，必须重点表达出：对于家用电器和电子产品，优质服务意味着向顾客提供专业技术支持；对于服装、家具类商品，则要求这种服务带有浓厚的文化或美学色彩，介绍消费潮流的变化趋势，帮助顾客选择款式，等等；对于日用杂货，这种服务可能更多地表现为友善的接待和帮助。再次，明确关键环节，并保证高层管理者的直接参与和授权组织成员学习，鼓励他们大胆探索，允许他们犯错误。最后，企业应力争在广泛的地区市场和产品类别中运用核心能力和分担核心能力的构建成本。此外，企业还可以考虑从其他公司借鉴或购买某些技能和技术，如许可协议、收购、合资企业、联盟和竞相聘请核心能力的携带者。企业通过何种途径构建核心能力，都必须对创造、整合和吸收某些技能和技术给予足够的重视。③使用核心能力。就是要把这些能力用好用活，把它们转化为可观的直接或间接的经济效益，具体包括两方面的内容：加速企业内部的技术扩散和发掘多样化经营的机会。也就是说，为了在多项业务之间、在众多的新市场上运用核心能力，企业必须在组织内部展开核心能力，即把核心能力从一个部门或业务单位移植到另一个部门或单位。④核心能力的保护。企业在核心能力方面的优势可能会由于以下原因而丧失：缺乏投资支持、泄露给伙伴、业务剥离等。为此，企业可以采取如下防范措施来保护核心能力：一是策略性防范。从积蓄资源的角度看，有效的积蓄过程应该是持续稳定的，避免企业在战略决策中的短期行为。二是制度性防范。企业需要设立严格的保密制度，要求掌握企业机密的人员签订必要的承诺书，通过申请专利保护自己的技术成果以及运用法律手段解决知识产权纠纷，等等。三是竞争性防范。争夺关键部件市场这一制高点，通过竞争来保证核心能力的领先地位，可被视为优势企业的一种含蓄且持久的战略。与此同时，企业还必须审慎地挖掘出隐藏于一般业务之中的、具有潜在价值的能力，以防止核心能力的丧失。

二、中小企业业务活动分析

1.将企业资源转化为价值链

由于企业的发展历史、所处的经营环境、实施的战略和推行战略的途径各不相同，致使每个成功企业的竞争优势也有多种多样的表现形式。实际上，企业的竞争优势来源于企业在设计、生产、营销、交货等过程和辅助过程中所进行的许多相互分离的活动。正是这些活动为企业的相对成本地位和差别化程度奠定了基础。企业经营就是为顾客和股东创造价值，需要企业为了满足长期的市场目标以及整个链条的共同利益而进行战略协作。企业资源需要通过使用才能发挥作用，企业业务活动是利用资源创造价值，客户看重的是企业一系列活动的结果，而不是某个活动。企业与企业的竞争，不只是某个环节的竞争，而是整个价值链的竞争。一个企业的竞争优势就在于它能比竞争对手更好地使用各种企业资源，更好地安排其在战略上的非常重要的活动。因为驱动企业创造价值并取得竞争优势的因素主要：一是低成本。企业能够以较低的成本推出自己的产品。二是市场差异化。即企业成功地塑造出产品功能、服务、质量、品牌形象等方面的特色，瞄准时机发展差异化市场，例如，规模较小的企业可以发展专业性市场。三是质量保证。即建立详细的从初级生产到零售的质量保证系统。四是链条组织。设立链条组织的目的在于减少交易、存货及运送费用，找出价值链中的瓶颈部分以及对无效率部分进行改进。由此可见，无论企业的竞争优势具有何种表现形式，它都来源于企业比竞争对手更廉价地或更出色地开展其使用资源的战略活动。

2.波特的价值链理论

价值链是指每一个企业都是在设计、生产、销售、发送和辅助其产品的过程中进行种种活动的集合体，这些活动按一定的顺序联结在一起，彼此相互支持，以确保企业经营目标的达成。所有这些活动可以用一个价值链来表示。波特认为，企业每项生产经营活动都是创造价值的经济活动，那么，企业所有的互不相同但又相互关联的生产经营活动，便构成了创造价值的一个动态活动。价值链反映出企业生产经营活动的历史、重点、战略、实施战略的方法以及生产经营活动本身所体现的经济学观念。上下游关联的企业与企业之间存在行业价值链，企业内部各业务单元的联系构成了企业的价值链，企业内部各业务单元之间也存在着价值链联结。企业与企业的竞争，不只是某个环节的竞争，而是整个价值链的竞争，而整个价值链的综合竞争力决定企业的竞争力。价值链中一般包含的活动有原料的获取、产品的设计、生产设备的采购、合作协议的制定以及顾客服务的供给。企业的经营涉及各种各样的价值活动，虽然这些活动都是在为顾客创造价值，但这些价值活动在实物和技术上都是不同的。任何一条基本价值链一般都包括基本活动和支持活动这两大类活动。波特的价值链模型如图 2-4 所示。

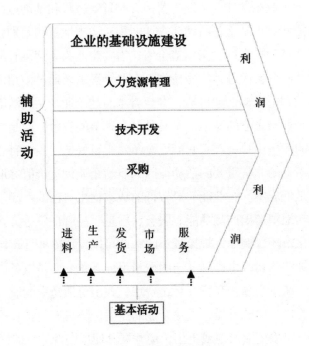

图 2-4　波特的价值链模型

（1）五种基本活动。企业基本活动是指生产经营的实质性活动，一般可以分为进货后勤（原料供应）、生产加工、发货后勤（成品储运）、市场营销和售后服务五种活动。这些活动与商品实体的加工流转直接有关，是企业的基本增值活动。五种基本活动中的任何一种都是企业获取竞争优势的源泉。

1）进货后勤。进货后勤是指与提供产品或服务的接收、存储和分配相关联的各种活动。例如，进货、仓储及存货控制等。

2）生产加工。生产加工是指将各种投入品转化为最终产品或服务的各种活动。例如，机械加工、组装及测试包装等。

3）发货后勤。发货后勤是指产品集中、存储以及配送最终产品的活动。例如，产品库存、搬运、送货等。如果企业提供的是服务，那么发货后勤则更多的涉及引导顾客消费。

4）市场营销。市场营销是指提供一种买方购买产品的方式、引导买方进行购买的各种活动。例如，营销管理、广告宣传、销售渠道选择、定价和促销等。

5）服务。服务是指向顾客提供能使产品保值增值的各种服务。例如，安装、维修、使用培训、零部件供应、产品生命周期结束后的回收等。

（2）四种辅助活动。辅助活动是指用以支持基本活动而且内部之间又相互支持的活动，包括企业投入的采购管理、技术开发、人力资源管理和企业基础结构（组织结构、控制系统以及文化等活动）。辅助活动分别与每项具体的基本活动有着密切的联系，支持整个价值链的活动。与基本活动紧密联系的辅助活动包括以下四种：

1）企业的基础设施建设。企业的基础设施主要是指常规管理系统和管理活动。例如，计划、财务、会计、组织机构、法律服务、信息管理系统、办公自动化等管理行为支持着整个价值活动。从职能上看，它们相互独立，各自发挥特有功能；从功能和效率上看，它们之间相互作用。

2）采购。采购是指购买各种投入的活动，包括了所有与供货商有关的活动。采购活动不仅仅限于企业的采购部，它涉及整个企业，如计划、技术、工艺、质量等。

3）人力资源管理。

4）技术开发。

3. 价值链的分析

价值链是认识企业竞争优势和内部各项活动的有力工具，对其进行分析主要包括三项基本内容，分别是识别和界定活动、描述价值链的技术经济特性和确定每项活动的驱动因素。

（1）识别和界定企业的价值活动。在基本价值链中，我们已经列出了一些基本活动和辅助活动。但针对不同产业、不同企业、甚至是不同时期的同一企业而言，这些活动又存在着或大或小的差别，并且每一类活动都可以根据具体情况和实际需要进一步细分为一些相互分离的活动。在进行具体的分解之前，管理者应该对企业的各种内部环境因素有一个比较清晰的理解。在此基础上，管理者可以根据一定的原则和逻辑对各类基本活动进行更细的分解。

识别和界定有关价值活动的方法和步骤：

1）企业要将技术上和经济效果上的活动分解出来。根据活动成本与相应增加值的匹配原则，识别企业的关键活动。这些关键活动是成本高的活动、创造价值多的活动、影响价值链效率和质量的活动。通过分解，可以使一些活动达到范围日益狭窄的活动层次，并且这些活动在一定程度上相互分离。在实践中，我们甚至可以把公司活动分解成一张几乎没有穷尽的明细表。例如，营销管理活动可以分解为广告、销售队伍管理、销售业务、技术文献、促销；制造活动可以细分成组装和加工活动等。

2）确定企业价值活动的分解程度。如果按照上述逻辑持续下去，能够进一步分解的潜在活动数量通常十分巨大，这就产生了合理的分解程度问题。如果活动分解得不细，往往不利于对活动进行足够的详细分析，不能挖掘出竞争优势的真正来源；如果过细，又可能因琐碎的枝节而扰乱了分析的思路。我们认为，分解的适当程度依赖于价值链的分析目的和活动本身的经济性及其在价值链中的地位。具体而言，我们应该遵循四个基本原则：即不同的活动之间应有清楚的界限、应分离出对产品价值有重要贡献的活动、分离出占成本比重较大或费用正在迅速上升的活动以及将具有不同驱动因素的活动分开。但无论是出于什么目的，我们都必须把价值链进行充分分解，以使不同活动的差异更加明显。

价值链的分析为每一个企业都留有很大的自由空间，企业可以根据自身的特点和构建竞争优势的需要进行价值活动的识别和划分。但需要指出的是，无论怎样识别和界定活动，在企业的每一类基本和辅助活动中，都有三种类型的活动分别对竞争优势起不同的作用。一是直接活动。直接涉及为买方创造价值的各种活动，例如，总装、零部件加工、销售业务、广告、产品设计和招聘等；二是间接活动。使直接活动的持续进行成为可能的各种活动，例如，维护、进度安排、设施管理、销售管理、科研管理和销售记录等；三是质量保证活动。确保其他价值活动质量的各种活动，例如，监督、视察、检测、复查、核对、调整和返工。企业无论进行哪一种价值活动，都必须使用外购投入、人力资源、技术和信息等资源，并使其发挥功效。

（2）描述价值链的技术经济特性。识别出企业的价值活动仅仅是价值链分析的第一步，为了便于以后的分析和寻求竞争优势的根源，企业还要对各项价值活动本身进行描述，特别是描述其技术经济特性。具体包括以下内容：

1）明确每项活动对价值的贡献。在企业的一条价值链中，不同的价值活动对价值增加的贡献是不一样的。对于属于不同产业的企业而言，不仅构成价值链的各项价值活动不同，而且其价值活动的地位更是大相径庭。例如，对于批发企业而言，进货和发货后勤活动在价值链中最重要、价值贡献最大。因此，为了充分理解构成价值链的各个环节，把握竞争优势的来源，企业必须在识别和界定活动的基础上，明确各项活动的价值贡献。

2）分析每项活动的技术水平。价值链也是理解技术在竞争优势中所起作用的基本工具。作为各种活动集合体的企业，也是各种技术的集合体。其中，技术包含于企业的每个价值活动当中，并且技术变革会对所有的价值活动产生影响。实际上，每种价值活动都运用某一技术并作用于购买的投入品、人力资源、基础设施、研究与开发等来生产某一产品。因此，所购置的各种投入品内含的技术与其他分支技术相互作用确定了价值活动的技术性能水平。同时，不同价值活动的技术还存在着某种程度的相互关联，从而构成了价值链中各种联系的一个主要源泉。更为甚者，价值链中某一部分采用的技术选择还可能会对价值链的重大重构产生影响。由此可见分析各项活动的技术水平的重要意义。

3）分析每项活动的成本费用。由于企业展开经营活动的主要目的之一就是要获取利润，而利润与成本之间存在着此消彼长的关系。因此，企业在识别和界定了价值活动以后，在对活动进行分析时，还必须对每项活动的成本进行分析。对于实施低成本战略并希望获取成本优势的企业，这项分析活动更具有十分重要的意义。规模经济和范围经济的发挥状况能够对企业价值创造活动和成本费用水平产生重要影响。对于价值链的上游环节而言，除了在研究与设计活动中存在共享一些比较一般的要素以外，作为拥有较宽的产品线的厂商并不能获得额外利益。对于价值链的下游环节而言，范围经济非常明显。当大规模地处理全部产品线上的产品时，分销、品牌、规模和服务都变得更富有效率。

（3）确定每项活动的成本驱动因素。所谓驱动因素，是指影响价值活动的成本状况或差异化程度的主要因素，例如，当规模影响到单位产品的广告成本时，规模就成为广告这一环节的驱动因素。确定驱动因素的目的在于对企业相对成本地位或差异化优势的来源以及如何才能改变它们有一个深刻的认识，以便找到增强竞争优势的具体措施。

价值链分析把一家公司的所有职能分解成许多具体活动，使每项活动都有自己的成本驱动因素，并为满足不同的顾客需求作出贡献。企业的实践表明，有10种主要成本驱动因素决定了价值活动的成本行为，它们分别是规模经济、学习、生产能力利用模式、相互关系、整合、配套、时机选择、自主政策、地理位置和机构因素。企业成本地位常常是几种驱动因素共同作用的结果，这些成本驱动因素是经济活动成本的结构性原因，在一定程度上都能够置于企业的控制之下。各驱动因素之间的相互作用既包括相互对抗作用，也包括相互加强作用。企业可以通过控制成本驱动因素来达到控制活动成本乃至总成本的目的。

企业的价值链也为差异化优势提供来源。企业的任何经营差异性都来自其所从事的各种具体活动和这些活动影响买方的形式。实际上，任何一种价值活动都是差异性的一个潜在来源。例如，原材料采购能影响最终产品的性能并由此影响差异性。具体而言，差异化的驱动因素主要包括企业的政策选择、价值链内部的联系或企业与供应商和销售渠道的联系、时间性、地理位置、相互关系、学习与过分模仿、整合、规模和制度因素等。

4. 虚拟价值链分析

上述价值链分析认识的是企业的有形价值链。如果不是把信息看成是价值形成过程的一种支持要素，而是把它看成一种本身就具有价值的资源，那就产生了一条虚拟的价值链。从企业实践来看，每个企业实际上都在两个世界参与竞争：由管理者能看得见、摸得着的资源所组成的有形世界和由信息所构成的虚拟世界。我们把这个新的信息世界称之为三维市场以区别于有形世界的二维市场。例如，快餐业在接受柜台的定单的同时，越来越多地通过计算机、手机网络来接受订单。这样，管理者必须考虑如何在有形与虚拟两个世界都创造价值，同时开发有形和虚拟两条价值链。

（1）虚拟价值链的含义。在越来越多的实践中，大量中小企业试图在二维和三维两个市场上都有所作为，它们管理着两种价值增加过程。传统的关于经济规模和范围的理解，不能像在有形价值链中一样应用于虚拟价值链，而且两种价值链的管理既存在区别又必须相互协调。

所谓虚拟价值链，就是顺应上述经营背景而产生的，在三维市场上利用信息创造顾客价值的各项活动，它们按一定的顺序联结在一起，彼此相互支持。虽然虚拟价值链能够反映出有形世界的经济活动，但企业必须努力把原始的信息转换成三维市场中的产品和服务，这个价值形成过程在信息世界是独特的。换句话说，由于价值增加的过程是以信息形式完成的，它是无形的（虚拟的）。虚拟价值链中任何一个环节的价值形成包含一系列的五种活动：积累信息、编组、挑选、合成与分类。例如，顾客在因特网上通过与公司网址链接直接跟踪包裹，查找运送途中的包裹和责任人的名字，虽然快递公司提供这些服务是免费的，但却为顾客创造了新增价值，从而在激烈竞争的市场中提高了顾客的忠诚度。

（2）虚拟价值创造过程。有形的价值链是由一系列线性的预定的投入产出活动构成的。在虚拟世界中，企业通过信息创造价值的过程是非线性的，主要包括以下内容：

1）企业用信息获得一种更为有效地控制有形操作的能力。在这个阶段，企业用大规模的信息技术系统协调其有形价值链的活动并在此过程中建立虚拟价值链的基础。

2）企业用虚拟活动代替有形活动，在三维市场创造平行的价值链。如经理人员把信息汇聚成一个过程，围绕顾客来组织、选择恰当的价值活动，并进行整合和分销，就形成了独特的价值增值。

3）企业利用信息建立新的顾客关系。企业是把有形价值链活动延伸到虚拟价值链活动中去，管理者利用虚拟价值链中的信息流在新的方面向顾客传递价值。在虚拟世界，企业研发团队能超越有形世界典型管理所具有的时间和空间限制。他们可以一天24小时在世界范围内通过模拟环境与同事建立联系和测试设计样品，共享设计思想和技术数据。在信息的虚拟世界里，他们建立全球性的制造工艺说明书，把各组成部分整合起来，甚至把供应商也拉进设计过程。这样，企业价值增加的关键活动存在虚拟价值链上。

（3）虚拟价值链开发。企业应该怎样构建虚拟价值链和开发价值源的信息空间呢？实际上，要想在这个新的经济领域中取得成功，管理者必须懂得在二维市场和三维市场上创造和提炼价值的区别，并进行有效的管理和协调。为此，许多以前指导管理者的商业原则在三维市场已不再有效的情况下，管理者必须接受企业虚拟价值链开发的管理思想。

1）认识数字资产的定律。数字资产与有形资产不同，主要表现在消费时不会被耗光，创造数字资产的公司可以在无数潜在的场合重复使用它们，因而改变了行业竞争态势。同时，使用数字信息资产创造价值的各种成本是零或接近于零，那些采用根据原材料消耗量决定价格的传统变量定价模型提供产品和服务的企业，同开发虚拟价值链并执行进攻性定价策略和创造利润的企业展开竞争。

2）重新定义规模经济和范围经济。新的规模经济，使得小企业在大企业占支配地位的市场上能实现较低的单位产品和服务成本。如新的规模经济使得快递能够为每一个顾客设立一个微型小店，使得在某一特定时刻不管是成千上万、还是一个顾客所提出的服务要求，都能得到满足。在三维市场上，通过利用同一套数字资产为分散市场提供价值，建立起与顾客的新型关系，并在广泛的范围内提供高质量的产品和服务，企业的业务范围不断扩大，从而企业能够重新定义范围经济。

3）降低交易成本。虚拟价值链上的交易成本同有形价值链上相对应的成本相比要低得多。由于每隔一段时间，单位成本的微处理机的数据处理能力增加一倍，这种成本还在急剧下降。

4）改进需求管理。企业界越来越需要从供应方管理转向需求方管理。由于公司在三维市场上收集、编组、挑选、合成和分类信息，在二维市场上管理原材料和制成品，他们比仅仅简单地制造和出售产品和服务更有机会了解顾客的需求并作出反应。在生产能力日益过剩的市场，稀缺的是需求而不是供应，经理人员必须转向从需求方出发的战略思考。总之，管理者必须实现有形世界和无形世界的价值链活动的有机结合，来评估本企业的优势与劣势、机会与威胁。

三、中小企业业务组合分析

企业的业务组合分析是战略分析的内容之一。中小企业的业务组合是指组成企业的业务或产品的集合。企业业务经营组合方式与企业的任务密切相关。彼得·德鲁克认为，一个成功的公司必须时常向自己提出下列五个问题：我们的企业是干什么的？顾客是谁？对顾客的价值是什么？我们的业务将是什么？我们的业务应该是什么？在明确了这五个问题的基础上，我们可以采用资源配置矩阵法和波士顿矩阵法对企业的业务组合进行分析。

1. 资源配置矩阵分析

（1）业务经营领域的评价标准。一般认为，我们可以从企业两方面分析业务经营领域：一是产业吸引力；二是公司的相对竞争地位。中小企业如果进入富有吸引力的业务经营领域，并拥有在这些领域中获胜所需要的各种业务实力，它就可能成功。如果缺少其中的某个条件，它就很难取得显著成效。因此，问题的关键在于如何衡量这两个变量，从而要求管理者必须认真识别构成每个变量的各种因素，寻找科学的分析方法。

1）产业吸引力。产业吸引力是表明某业务经营领域自身的获利特征的一个变量，是企业进行战略决策时必须考虑的环境变量。它主要与市场容量、份额增长率、行业平均收益率、历史盈利率、竞争结构、市场的差别化程度、技术要求、对通货膨胀的承受力、社会政治环境等因素有关。因此，在具体评价某一业务经营领域的吸引力时，企业可以分配给每个相关因素以适当的权重，然后再进行综合。但需要注意的是，最好根据企业当时的实际情况自行设定指标，而不要简单地套用别人的"成果"，而且对每个因素进行分析评价的权重分值也要根据企业的具体情况确定。

2）相对竞争地位（相对竞争力）。相对竞争地位是用来表明企业相对于竞争对手而言所具有的内部实力的一个指标。因此，相对竞争地位分析，实际上是与竞争对手的一种比较分析。它主要与经营规模、销售增长率、市场占有率、营利水平、技术水平、产品质量、分销网络、生产能力、生产效率、单位成本、物质供应、研究与开发实绩、地理位置、人员水平、商誉等指标有关。显而易见，这些指标之间不是相互独立的。在具体分析评价时，企业可以分配给每个相关指标以适当的权重，然后再进行综合。但切记要使所选用的指标能够真正反映企业的实力情况。

（2）资源配置矩阵分析。根据产业吸引力和相对竞争地位分析结果，企业可以使用矩阵的方法绘制出企业内部资源的配置矩阵，如图2-5所示。

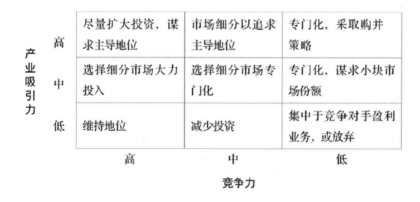

图2-5　企业业务与资源配置矩阵

在业务结构下的企业资源矩阵中，实际上主要包括三个部分。左上角的三个格子表示最强的战略性业务经营领域，中小企业应调动几乎全部的资源和能力，进行重点投资和扩张，大力培育竞争优势，加快自身发展；在左下角到右上角这条对角线上的三个格子表示企业业务经营领域的产业吸引力与相对竞争地位处于比较平衡的姿态，企业应该有选择地求得业务发展；右下角的三个格子表示战略经营领域的总吸引力偏低，企业应该采用减少投资、专业化或放弃部分业务的策略。

2. 波士顿矩阵分析

（1）概念。波士顿矩阵，简称 BCG 矩阵模型，是指由市场增长率与市场份额组成的分析矩阵。该方法由波士顿咨询集团的布鲁斯于1960年创立。他认为，公司若要取得成功，就必须拥有增长率和市场份额各不相同的业务产品组合，组合的构成取决于现金流量的平衡。波士顿矩阵的实质是为了通过业务的优化组合实现企业的现金流量平衡。该矩阵的主要作用：一是波士顿矩阵能够根据潜在的现金产生能力和需要的现金支出来评价企业的产品；二是用来帮助管理层对企业多种产品业务的组合进行分析，以提高企业整体的财务业绩。

（2）特点。波士顿矩阵法的主要特点：①它需要考虑外部市场因素，如增长率和市场份额。②矩阵中可以有不同产品的组合。③将市场份额设定为一种估计指定产品成本的方法。因为成本和市场份额都和生产经验有关，如果符合某个特定市场需要的经验在增加，市场份额也会增加，成本就会相应降低。

（3）模型假设。波士顿矩阵（如图 2-6 所示）认为规模优势很重要，市场份额大的公司不仅获得了更多的收入，还实现了更高的单位运营利润，优势在于更高的边际利润、在广告和分销上更低的单位支出，其实质就是成本领先战略。为此，波士顿模型的主要假设如下：

假设1：评价各项业务的前景——"市场增长率"。

假设2：评价各项业务的竞争地位——"相对市场份额"（某企业的收益除以其最大竞争对手的收益）。

假设3：表明各项业务在波士顿矩阵图上的位置——以业务在二维坐标上的点为圆心画一个圆圈，圆圈的大小表示企业每项业务的销售额。

假设4：确定纵坐标"市场增长率"的一个标准线，将"市场增长率"划分为高、低两个区域，其中高市场增长要求销售额至少达到10%的年增长率（扣除通货膨胀因素后）。标准线确定的方法有把该行业市场的平均增长率作为界分点；把多种产品的市场增长率加权平均值作为界分点。

假设5：确定横坐标"相对市场份额"的一个标准线，将"相对市场份额"

划分为高、低两个区域。布鲁斯的经验性结论：任何两个竞争者之间，2比1的市场份额是一个均衡点。明星业务的市场份额必须是仅次于它的竞争者的两倍，即市场份额之比小于2，竞争地位就不稳定，企业就不能回收现金，否则其表面业绩只是一种假象。

假设6：公司的四种业务是独立的。

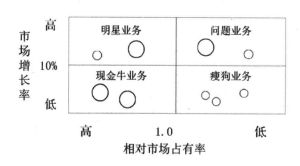

图 2-6 波士顿矩阵

（4）业务说明。波士顿矩阵对于企业业务所处的四个象限具有不同的含义，具体说明如下：

1）明星业务。代表在高增长的市场中占有高份额。特征：市场份额有足够大的开发机会；必须再次大量投入现金以维持企业现有的地位并加以巩固；短期需要资本投入超过产生的现金，企业整体的现金净流量比较低。

2）现金牛业务。企业在低增长的市场中占有高份额，即明星业务会变成金牛业务。特征：不需要大量资本投入，却能产生大量的现金收入。

3）问题业务。问题业务是高增长市场的产物，但市场份额较低。特征：要判断业务是否需要大量的资本投入，以增加其市场份额，或者它们是否应当被淘汰。

4）瘦狗业务。瘦狗业务是应当死亡或者被淘汰的业务。特征：只能带来一般的现金流入或者流出，是融资的现金陷阱，并且投资回报不高；它们可能是一个完成业务整个系列或者将竞争者驱赶出去的有用工具；市场中有很多较小的业务很难进行合并，虽被视为瘦狗，但是仍然很成功；还有一些业务可能被称作婴儿业务（如发展早期阶段的业务）、战马业务（过去是金牛业务，现在仍然销售良好并且产生了很高的利润）或者是现金神业务。

（5）业务组合分析。在波士顿矩阵方法的应用中，企业经营者的任务是通过四象限法的分析，掌握业务或产品结构的现状及预测未来市场的变化，进而有效地、合理地分配企业经营资源。企业四种业务组合的具体分析如下：

1）明星型业务分析。这个领域中的业务处于快速增长的市场中并且占有支配地位的市场份额，但也许会、也许不会产生正现金流量，这取决于新工厂、设备和产品开发对投资的需要量。明星型业务是由问题型业务继续投资发展起来的，可以视为高速成长市场中的领导者，它将成为公司未来的现金牛业务。但这并不意味着明星业务一定可以给企业带来源源不断的现金流，因为市场还在高速成长，企业必须继续投资，以保持与市场同步增长，并击退竞争对手。企业如果没有明星业务，就失去了希望，但群星闪耀也可能会"闪花"企业高层管理者的眼睛，导致作出错误的决策。这时必须具备识别"行星"和"恒星"的能力，将企业有限的资源投入在能够发展成为现金牛的"恒星"上。同样的，明星型业务要发展成为现金牛业务，适合于采用增长战略。

2）现金牛型业务分析。处在这个领域中的业务产生大量的现金，但未来的增长前景是有限的。如果只有一个现金牛业务，说明财务状况是很脆弱的。这是成熟市场中的领导者，它是企业现金的来源。由于市场已经成熟，企业不必大量投资来扩展市场规模，同时作为市场中的领导者，该业务享有规模经济和高边际利润的优势，因而给企业带来大量现金流。企业往往用现金牛业务来支付账款并支持其他三种需大量现金的业务。现金牛业务适合采用稳定战略，目的是保持市场份额。

3）问题型业务分析。到了这一步公司就可以诊断自己的业务组合是否健康了。一个失衡的业务组合就是有太多的瘦狗类或问题类业务，或太少的明星类和金牛类业务。例如，有三项问题业务，不可能全部投资发展，只能选择其中的一项或两项，集中投资发展。处在这个领域中的是一些投机性业务，有较大风险。这些业务或产品可能利润率很高，但占有的市场份额很小。这往往是一个公司的新业务，为发展问题业务，公司必须建立工厂，增加设备和人员，以便跟上迅速发展的市场，并超过竞争对手，这些意味着大量的资金投入。"问题"非常贴切地描述了公司对待这类业务的态度，因为这时公司必须慎重回答"是否继续投资，发展该业务"这个问题。只有那些符合企业发展长远目标、具有资源优势、能够增强企业核心竞争力的业务才得到肯定回答。得到肯定回答的问题型业务适合于采用战略框架中提到的增长战略，目的是扩大市场份额，甚至不惜放弃近期收入来达到这一目标，因为要将问题型业务发展成为明星型业务，其市场份额必须有较大的增长。得到否定回答的问题型业务则适合采用收缩战略。如何选择问题型业务是用波士顿矩阵制定战略的重中之重，也是难点，这关乎企业未来的发展。根据增长战略中各种业务增长方案来确定优先次序，波士顿矩阵提供了一种简单的方法。

4）瘦狗型业务分析。这个剩下的领域中的业务或产品既不能产生大量的现金，也不需要投入大量现金，这些业务或产品没有希望改进其绩效。一般情况下，这类业务常常是微利甚至是亏损的。如果有两项瘦狗业务，这是沉重的负担。瘦狗型业务存在的原因更多的是由于感情上的因素，虽然一直微利经营，但像人养了多年的狗一样恋恋不舍而不忍放弃。其实，瘦狗型业务通常要占用很多资源，如资金、管理部门的时间等，多数时候是得不偿失的。瘦狗型业务适合采用收缩战略，目的在于出售或清算该业务，以便把资源转移到更有利的领域。

第四节　企业外部环境与内部资源能力的匹配性分析

在前述宏观环境、产业环境等企业外部环境分析以及企业资源条件、能力与核心能力、价值链活动与业务组合等内部环境分析的基础上，中小企业需要深入考虑这两个方面的适应性与匹配性，为制定和实施科学合理的企业战略服务。

一、SWOT 分析方法

1. 概念及作用

SWOT 分析方法最早由勒利德（Learned）等学者于 1965 年提出，在战略管理领域中被广泛运用。该方法是将企业内部环境的优势与劣势、外部环境的机会与威胁，列在一张"十"字形图表中加以对照，作为制定和实施科学的企业战略的工具之一。优劣势分析主要是着眼于企业自身的实力及其与竞争对手的比较，而机会和威胁分析将注意力放在外部环境的变化及对企业的可能影响上。

通过 SWOT 分析，可以帮助企业把资源和行动聚集在自己的强项，并让企业的战略变得更加明朗。战略应是一个企业"能够做的"和"可能做的"之间的有机组合。企业内部环境的优势和劣势是企业独有的信息，而外部环境的机会和威胁则是市场中每个企业所共有的信息。SWOT 分析的目的在于明确企业在市场中所处的地位，有利于企业选择最好的战略来实现企业目标。

2.SWOT 的四个要素

中小企业发展离不开主客观环境因素，对其分析一般包括以下四个因素：

（1）优势。优势是指能为企业带来重要竞争优势的积极因素或独特能力。如企业设备先进、经验丰富、关系良好、资金充足等。

（2）劣势。劣势是指限制企业发展且有待改正的消极方面。

（3）机会。机会是随着企业外部环境的改变而产生的有利于企业的时机。

（4）威胁。威胁是随着企业外部环境的改变而产生的不利于企业的时机。

这四个因素的主要内涵如表 2-1 所示。

表 2-1　SWOT 分析因素的内涵

优势（Strengths）	劣势（Weaknesses）
● 企业专家所拥有的专业市场知识	● 缺乏市场知识与经验
● 对自然资源的独有进入性	● 无差别的产品和服务（与竞争对手相比较）
● 专利权	● 企业地理位置
● 新颖的、创新的产品或服务	● 竞争对手进入分销渠道的优先地位
● 企业地理位置	● 产品或服务质量低下
● 由于自主知识产权所获得的成本优势	● 声誉败坏
● 质量流程与控制优势	
● 品牌和声誉优势	
机会（Opportunities）	威胁（Threats）
● 发展中的新兴市场（中国、互联网）	● 自己的市场上出现新的竞争对手
● 并购、合资或战略联盟	● 价格战
● 进入具有吸引力的新的细分市场	● 竞争对手发明新颖的、创新性的替代产品或服务
● 新的国际市场	● 政府颁布新的规则
● 政府规则放宽	● 出现新的贸易壁垒
● 国际贸易壁垒消除	● 针对自己产品或服务的潜在税务负担
● 某一市场的领导者力量薄弱	

二、中小企业内部资源能力与外部环境的匹配性分析

1. 企业内外部环境分析评价

企业的内部环境分析评价主要是内部资源与能力的优势和劣势分析，重点是确定便于战略利用的企业优势，一般考察的主要领域：①产品。例如，产品的年龄、寿命、所处的生命周期阶段以及质量比较等。②生产过程。例如，估价、生产能力以及存货水平等。③分销。例如，交货以及仓库的位置等。④人力资源。例如，人员培训、管理技能、人力资源利用以及员工士气等。⑤市场营销。例如，成功的促销、广告、市场份额、进军目标细分市场、可确认和不可确认的收益以及产品的受欢迎程度等。⑥财务。例如，现金供应、财务风险、短期和长期债券等。⑦研究开发。例如，商业上可行的产品数量、新的系统设计等。⑧能力与核心能力。

企业外部环境分析评价主要是研究企业的机会和威胁，寻找企业可利用的机会（例如，市场需求的增长或经济环境的改变等）以及帮助管理层预测来自外部的威胁。机会和威胁主要产生于政治和法律、技术、经济、社会和文化四个领域，在某一特定行业中，这不是某个企业所独有的，所有企业都有可能遇到。

2. 企业外部环境与内部资源能力的匹配性分析

优劣势分析主要是着眼于企业自身的实力及其与竞争对手的比较，而机会和威胁分析将注意力放在外部环境的变化及对企业的可能影响上。在匹配性分析过程中，企业高层管理人员应在确定内外部各种变量的基础上，采用杠杆效应、抑制性、脆弱性和问题性四个匹配性概念，分别生成 SO 战略、ST 战略、WO 战略和 WT 战略。这四种战略仅仅是思考问题的途径或线索，本身还不是具体的战略方案，而具体的战略方案的形成则还需要根据这四条线索，运用"头脑风暴"法来获得。匹配性分析如下：

（1）杠杆效应（SO 战略，优势＋机会）。杠杆效应产生于内部优势与外部机会相互一致和适应时。在这种情形下，企业可以用自身内部优势撬起外部机会，使机会与优势充分结合发挥出来。然而，机会往往是稍瞬即逝的，因此企业必须敏锐地捕捉机会，把握时机，以寻求更大的发展。

（2）脆弱性（ST 战略，优势＋威胁）。脆弱性意味着优势的程度或强度的降低、减少。当环境状况对公司优势构成威胁时，优势得不到充分发挥，出现优势不优的脆弱局面。在这种情形下，企业必须克服威胁，以发挥优势。

（3）抑制性（WO战略，劣势＋机会）。抑制性意味着妨碍、阻止、影响与控制。当环境提供的机会与企业内部资源优势不相适合，或者不能相互重叠时，企业的优势再大也得不到发挥。在这种情形下，企业就需要提供和追加某种资源，以促进内部资源劣势向优势方面转化，从而迎合或适应外部机会。

（4）问题性（WT战略，劣势＋威胁）。当企业内部劣势与企业外部威胁相遇时，企业就面临着严峻挑战，必须使劣势最小化以规避威胁。如果处理不当，可能直接威胁到企业的生死存亡。

📖 本章复习思考题

1. 基于PEST模型的企业宏观环境分析的主要内容有哪些？

2. 基于五力模型的产业竞争力分析的主要内容是什么？

3. 基于价值链模型的企业活动分析的主要内容有哪些？

4. 基于波士顿矩阵模型的企业业务组合分析过程是什么？

5. 基于SWOT分析方法的企业外部环境与内部资源能力的匹配性分析的主要内容有哪些？

📖 本章案例

小米科技公司发展历程及其战略环境分析

一、小米科技公司发展历程

北京小米科技有限责任公司（以下简称"小米科技"）成立于2010年4月。公司以智能手机为核心业务，短短6年时间发展成为国内知名手机供应商。公司成立以来，销售收入以指数式增长，2011年达到5.5亿元，2012年达到126.5亿元，2013年达到316亿元，2014年达到743亿元，2015年达到780亿元。

小米科技的成功与创始人雷军息息相关。2007年，带领金山软件公司成功上市以后，雷军离开公司做了一段时间的全职天使投资人。截至2014年5月，雷军共投资过30多家公司，其中不少公司都在各自的领域中有所建树，如拉卡拉、凡客诚品、Ucweb、多玩、乐淘等。从成功的投资生涯中，雷军总结出两点重要原因：一是企业要懂得如何在战略环境及发展趋势下获得成功；二是企业要学会如何做一款完美的移动互联网产品。身为手机控的雷军看好互联网手机的爆发之势，他认为，伟大的公司总是诞生在伟大的环境趋势之中，智能手机应该是这个时代最大的机会了。为此，一方面，雷军深刻分析了国内智能手机市场存在的两种主要态势：一是高价格、高性能，如苹果和三星；二是低价格、低性能，如酷派、华为、VIVO 等国产安卓机以及众多山寨机。小米科技如果能够把握这中间的空白地带，以低价格、高性能、好服务的姿态进入，是能够借这一股智能手机的风暴迅猛发展的。另一方面，雷军及时制定出公司发展的战略蓝图：搭建一个融合谷歌、微软、摩托罗拉和金山的专业团队；先做移动互联网，1 年之后再做手机；用互联网的方式做研发，培养粉丝，塑造品牌形象；手机定位是发烧友手机，坚持做顶级配置，并强调性价比；手机销售不走线下，在网上销售；在商业模式上，不以手机盈利，借鉴互联网的商业模式，以品牌和口碑积累人群，把手机变成渠道。6 年来，小米科技沿着所制定的战略坚定地走过来。

二、小米科技战略环境的 SWOT 分析

1. 优势（Strengths）

（1）市场定位明确。市场上绝大多手机的市场定位主要是面向普通消费者，手机的主要功能是针对用户的使用体验而设计的。然而市场上还有数目巨大的热衷于玩手机、刷机的手机发烧友没有一款真正适合他们的手机，小米科技正是发现了这一点，设计生产了一款真正为发烧友打造的手机。

（2）优秀的技术与管理团队。小米团队由前谷歌、微软、金山等公司的顶尖高手组建，小米手机的设计全部由小米内部来自摩托罗拉的硬件团队完成。众多来自知名企业的管理和技术人员使小米能够更好地与其他厂商合作，并得到更加完备和优秀的技术支持，为小米手机的面世奠定了良好的基础。特别是小米科技的七位创始人形成的团队非常优秀，这七个人分别是前金山软件公司管理运营负责人雷军；前金山词霸总经理黎万强，专长是用户页面和人机交互；前微软中国工程院开发总监黄江吉，专长是软件工程；前谷歌中国高级产品经理洪峰，专长是移动互联网应用研究和产品设计；前摩托罗拉研发中心高级总监周光平，专长是硬件设计；前北京科技大学工业设计系主任刘德，专长是工业设计；前谷歌中国工程研究院副院长林斌，与雷军构成了小米科技管理运营的双核心。

（3）快捷而独特的销售方式。小米手机采用线上销售方式，小米手机官方

销售网站——小米网将在未来很长一段时间内为小米手机的最重要销售渠道。同时，小米手机选择了电子商务销售，并且依托资源优势，借助凡客诚品公司的平台和物流。此外，小米科技会随时响应尖端用户在小米论坛上的反馈，由此积累了大量的论坛粉丝，诞生了一批忠实粉丝——"米粉"，积累了可观的用户群，大大降低了市场风险。

（4）强劲的配置和 MIUI/Android 双系统。在国内同类厂商中，小米科技在研发方面的实力非常突出。在研发投入上，小米科技的投入比例已达到国际高技术公司的平均水平之上。市场领先度与跨国公司基本达到一致，公司 80% 以上的主要产品采用前沿技术。小米科技坚持每年以不低于销售额 10% 的资金投入研发，这一比例在全国电子百强中排列第一。小米科技能够在高端市场上站住脚靠的是自主研发了全球尖端核心技术，其通信产品大多是基于自己研发的独立产权产品。小米科技根据中国人的习惯，将安卓系统进行了深度优化、定制和开发，让用户上手操作更容易、更贴心。设计生产出最快的双核智能手机，在硬件配置方面具有双核、大屏幕、大电池、信号好四个特点。

（5）价格优势。小米科技利用国内劳动力及设备较为廉价的优势，使小米在产品成本上比国外其他厂商明显更具优势，甚至比华为手机产品在价格上更具有竞争力。小米手机售价一般低于 2000 元，凡客诚品公司支持小米手机的仓储与配送。与传统手机行业相比，这无形中节省了大量门店和雇员费用。正是因为采用这种新型渠道，小米省去了昂贵的推广费用和渠道费用。

2. 劣势（Weakness）

（1）品牌价值低。小米科技的品牌意识还不是很强烈，没有设置专门部门和人员研究品牌价值，在顾客心中没有树立起鲜明、独特的企业品牌形象，没有运用品牌价值来拓展市场的思路。

（2）缺少硬件管控能力和知识产权战略思想。小米科技并非硬件厂商，对于上游成本压缩能力有限，在终端机的制造环节上，也没有具备完善的研发、采购与生产能力。小米手机没有太多的原始创新，更多的是集合和整合创新。小米科技专注于安卓等新一代智能手机软件开发，自主研发出 MIUI 手机操作系统，但是 MIUI 系统也不过是稍微优化了的安卓系统。从小米手机的 CPU、内存、原始操作系统、芯片等，均为"拿来主义"。但是如果没有自己的核心技术支持，没有将核心技术申请专利进行保护，一旦危及到一些跨国公司的利益时，这些跨国公司势必会利用一贯的做法对小米手机发动专利攻势，不得不缴纳专利许可费、入门费、技术使用费等高额的费用以及可能带来的专利侵权诉讼。

（3）面临营销和售后服务压力。一是销售渠道覆盖能力有限。由于网购人群以一线城市为主，其线上销售模式难以对二、三线城市全面覆盖。二是用户群体单一化。上网购买手机的前提是基于对手机品牌的足够了解及信任，而现阶段小米的用户以技术发烧友为主，用户群体单一，对大众消费者能否产生足够吸引力仍需观察。整体来看，小米在智能手机的市场表现面临竞争压力，单独依靠手机终端很难赚钱。三是未能细分市场。每一个消费者群就是一个细分市场，每一个细分市场都是具有类似需求倾向的消费者构成的群体。小米手机营销需要对目标消费者年龄、职业特点、生活形态、购买习惯、消费心理、购买决策等方面进一步研究。四是小米科技售后服务系统并不健全。由于小米手机自身缺陷以及用户对其售后服务的质疑，推动了媒体以及大众对小米手机的热烈讨论。小米手机的低价、低门槛进入，使用户不仅仅局限于手机发烧友，而一些使用不当导致的问题也逐渐频繁，这些问题直接带来售后服务压力。

（4）财力资源比较薄弱。由于小米科技没有上市，其财力与阿尔卡特、思科等相比要薄弱得多。这在一定程度上会阻碍其国际化进程，而且也限制了它的研发支出。

3. 机会（0pportunity）

通信业的快速发展，给小米带来了机遇，我国 3G、4G 手机市场商机无限。由于全球 4G 手机市场发展速度非常快，与 3G 手机相比，4G 手机的使用数量仍然不足。全球 3G 网络已经基本普及，4G 网络正处于大规模商用时期。依据国外的经验来看，在以数据增值应用服务为主的 4G 市场，4G 手机终端作为运营商语音与数据服务载体和差异化竞争优势的集中体现，将会越来越多地走向定制，这将提高手机终端产业的门槛，拥有研发技术优势等核心竞争力的国内外手机厂商将迅速抢占先机。

4. 威胁（Threats）

（1）与思科、阿尔卡特等企业相比，小米科技在设计、制造、人力资源等方面处于劣势。随着手机运营商更加考虑网络功能和性能，小米手机的价格"撒手锏"有可能失去吸引力。

（2）全球电信提供商正把更多业务活动转移到中国，以利于中国低成本的工程和制造能力。阿尔卡特分别与上海贝尔（Shanghai Bell）以及 TCL 建立了合资企业。北电网络已与电子产品集团中国普天（China Putian）结盟，制造 3G、

4G 移动设备。这将使小米手机的低价优势不再明显，竞争压力加大。

案例思考题：

1. 小米科技成功的战略环境因素有哪些?
2. 小米科技发展可能面临的问题是什么?

第三章　中小企业成长战略

战略制定与实施需要从企业使命出发，考虑企业的内外部环境条件，选择最符合企业实际并能实现企业目标的战略。中小企业在制定和实施总体战略时，需要关注的问题：①企业计划扩充规模吗？②企业计划生产什么样的产品和服务？③企业的目标市场是什么？④企业赢得市场的资源与能力有哪些？⑤企业计划在未来行业中如何定位？

企业总体战略一般分为三种基本类型，分别是成长型战略、稳定型战略和收缩型战略。中小企业应以发展壮大为基本导向，致力于使企业在产销规模、资产、利润或新产品开发等某一方面或几方面获得增长。因此，成长型战略是中小企业最普遍采用的企业总体战略。

第一节　密集型成长战略

一、密集型成长战略的概念和特征

1. 概念

密集型成长战略，也称为加强型成长战略，是指企业在原有业务范围内，充分利用在产品和市场方面的潜力来求得成长的战略；是指企业充分利用现有产品或服务的潜力，强化现有产品或服务竞争地位的战略；是将企业的营销目标集中到某一特定细分市场，这一特定的细分市场可以是特定的顾客群，可以是特定的地区，也可以是特定用途的产品等。即在原来的业务领域里，加强对原有产品与市场的开发与渗透来寻求企业未来发展机会的一种发展战略。这种战略的重点是加强对原有市场或原有产品的开发。密集型成长战略由安索夫于1975 年提出，主要包括三种类型：市场渗透战略、市场开发战略和产品开发战略（如图 3-1 所示）。

图 3-1　企业成长矩阵（安索夫矩阵）

2. 特征

密集型成长战略的基本特征：①增长速度一般比企业所在的产品市场需求增长率要快。②超过社会平均利润率的利润水平。③采用非价格手段与竞争对手竞争。④创造以前并不存在的事物来影响或改变环境条件，使外环境的发展变化趋势有利于自身。

二、密集型成长战略的形式

1. 市场渗透战略

市场渗透战略是指增加现有产品或服务的市场份额，或增长在现有市场中经营业务的战略。

（1）市场渗透战略的途径。市场渗透战略的成功取决于市场性质（成长率）与竞争对手的地位。市场渗透战略的主要途径有以下几种：

1）扩大市场份额。扩大市场份额的方法特别适用于整体正在成长的市场。中小企业可以通过提供折扣、增加广告、改进销售和分销方式以实现成长，具体包括以下几点：①扩大产品使用者的数量，其主要有三种方式：转变非使用者；努力发掘潜在的顾客；吸引竞争对手的顾客。②扩大产品使用者的使用频率，其主要有三种方式：增加使用次数；增加使用量；增加新产品的新用途。③改进产品特性，其主要有三种方式：提高产品质量；增加产品的特点；改进产品的式样。

2）开发小众市场。开发小众市场是在行业中的一系列小众目标市场中获得增长，从而扩大总的市场份额。与竞争对手相比，中小企业的规模较小，这种方法尤为适用。

3）保持市场份额。特别是当市场发生衰退时，保持市场份额具有重要意义。

（2）市场渗透战略的适用情况。企业运用市场渗透战略的难易程度取决于市场的性质及竞争对手的市场地位。市场渗透战略主要适用于以下几种情况：

1）当整个市场正在增长，或可能受某些因素影响而产生增长时。

2）如果一家企业决定将利益局限在现有产品或市场领域，即使在整个市场衰退时也不允许销售额下降，那么企业必须采取市场渗透战略。

3）如果其他企业由于各种原因离开了市场。

4）企业拥有强大的市场地位，并且能够利用经验和能力来获得强有力的独特竞争优势。

5）市场渗透战略对应的风险较低、高级管理者参与度较高，且需要的投资相对较低的时候，市场渗透策略也会比较适用。

2. 市场开发战略

市场开发战略是指将现有产品或服务打入新市场的战略。市场开发的战略成本和风险也相对较低，是中小企业实现密集增长的重要战略之一。

（1）实施市场开发战略的原因。中小企业将现有的产品打入新的市场，可以取得快速的成长，其主要原因包括以下几种：

1）企业发现现有产品的生产过程的性质导致难以转而生产全新的产品，因此他们希望能开发其他市场。

2）市场开发往往与产品开发结合在一起，例如，将工业用的地板或地毯清洁设备做得更小、更轻，这样可以将其引入到民用市场。

3）现有市场或细分市场已经饱和，这可能会导致竞争对手去寻找新的市场。

（2）市场开发战略的途径。市场开发战略包括以下几种途径：

1) 将本企业原有产品打入从未进入过的新市场。

2) 要在新市场寻找潜在用户，激发其购买欲望，扩大新市场的占有率。

3) 企业也可以考虑增加新的销售渠道，灵活运用各种中间商的销售途径，开发新的市场。

（3）市场开发战略的适用情况。市场开发战略适用范围比较广泛，适用情况可以概括为以下几个方面：存在未开发或未饱和的市场；可得到新的、可靠的、经济的和高质量的销售渠道；企业在现有经营领域十分成功；企业拥有扩大经营所需的资金和人力资源；企业存在过剩的生产能力；企业的主业属于正在迅速全球化的产业。

3. 产品开发战略

产品开发战略是通过改进或改变产品或服务以增加产品销售量的战略。企业开发新产品可能会极具风险，特别是当新产品投放到新市场中时。新产品开发战略是中小企业实现发展的重要战略之一。

（1）实施产品开发战略的原因。企业采用产品开发战略的主要原因有以下几种：

1）充分利用企业对市场的了解。产品开发战略是建立在市场观念和社会观念的基础上，企业向现有市场提供新产品，以满足顾客需要，增加销售的一种战略。

2）保持相对于竞争对手的领先地位。这种战略的核心内容是激发顾客的新需求，以高质量的新品种去引导消费潮流，并保护人类赖以生存的环境和实现可持续发展所必需的资源。如企业以现有顾客为其新产品的销售市场，应特别注意了解他们对现有绿色产品的意见和建议，根据他们的需要去开发新的绿色产品，增加产品性能或者开发不同质量、不同规格的绿色产品系列，充分满足他们的需要，达到扩大销售的目的。

3）从现有产品组合的不足中寻求新的机会。产品开发战略是由企业现有市场和其他企业已经开发的而本企业正准备投入生产的新产品组合而产生的战略，即对企业现有市场投放新产品或利用新技术增加产品的种类，以扩大市场占有率和增加销售额的企业发展战略。

4）使企业能继续在现有市场中保持安全的地位。产品开发战略是企业对市场机遇与挑战、内部资源能力的优势和劣势所进行的全面的、前瞻性的思考和认识，也是经过深思熟虑的选择和决定。产品开发战略能避免企业临时地、随意地、盲目地开发一些没有市场价值的产品，而忽视了那些真正能够提升市场竞争力的产品机会。产品开发战略是企业产品开发的军事路线图，指引产品开发的方向和路标。

（2）产品开发战略的类型。企业开发什么样的产品，这是一个重大的战略选择。产品开发的角度不同，会形成不同的产品开发战略类型。按产品开发的新颖程度进行分类有以下几种：

1）全新型新产品开发战略。全新型新产品是指新颖程度最高的一类新产品，它是运用科学技术的新发明而开发和生产出来的，具有新原理、新技术、新材质等特征的产品。企业选择和实施此战略，需要投入大量资金，拥有雄厚的技术基础，开发实力强，同时花费时间长，并需要一定的需求潜力，故企业承担的市场风险比较大。调查表明，全新产品在新产品中只占 10% 左右。

2）换代型新产品开发战略。换代型新产品使原有产品发生了质的变化。企业选择和实施换代型新产品开发战略，只需投入较少的资金，费时不长，就能改造原有产品，使之成为换代新产品，具有新的功能，满足顾客新的需要。

3）改进型新产品开发战略。所开发的新产品与原产品相比，只发生了量的变化，即渐进的变化，同样能满足顾客新的需求。这是代价最小、收获最快的一种新产品开发战略，但容易被竞争者模仿。

4）仿制型新产品开发战略。开发这种产品不需要太多的资金和尖端的技术，因此比研制全新产品要容易得多，但企业应注意对原产品的某些缺陷和不足加以改造，并结合市场的需要进行改进，而不应全盘照抄。

（3）产品开发战略的途径。根据市场需求和企业内部条件，中小企业实施新产品开发战略的主要途径有以下几种：

1）领先型开发战略。采取领先型开发战略，企业需努力追求产品技术水平和最终用途的新颖性，保持技术上的持续优势和市场竞争中的领先地位。当然它要求企业有很强的研究与开发能力和雄厚的资源。

2）追随型开发战略。采取追随型开发战略，企业并不抢先研究新产品，而是当市场上出现较好的新产品时，进行仿制并加以改进，迅速占领市场。这种战略要求企业具有较强的跟踪竞争对手情况与动态的技术信息机构与人员，具有很强的消化、吸收与创新能力，但容易受到专利的威胁。

3）替代型开发战略。采取替代型开发战略，企业有偿运用其他单位的研究与开发成果，替代自己研究与开发新产品。研究与开发力量不强、资源有限的企业宜于采用这种战略。

4）混合型开发战略。以提高产品市场占有率和企业经济效益为准则，依据企业实际情况，混合使用上述几种产品开发战略。

（4）产品开发战略的层次。产品开发战略包括产品战略愿景、产品平台、产品线、产品开发项目四个层次。

1）产品战略愿景。产品战略愿景是企业关于产品定位和市场目标的理念和愿景，它为下一层次产品平台的性质、演化和竞争地位提供指导。

2）产品平台。产品平台是企业核心技术的集合，是使企业所有产品线和产品根植于此的公共平台。产品平台开发包括产品平台概念评估、产品平台规划和产品平台开发。

3）产品线。产品线是基于产品平台的同类产品集合。产品线规划是一个分时段的，基于市场、竞争要求和资源状况的有条件的产品开发计划，它决定具体产品的开发路标和升级替代策略。

4）产品开发项目。产品开发项目是基于产品线规划的单项新产品的开发与实施。

（5）产品开发战略的适用情况。产品开发战略适用于以下几种情况：企业产品具有较高的市场信誉度和顾客满意度；企业所在产业属于适宜创新的高速发展的高新技术产业；企业所在产业正处于高速增长阶段；企业具有较强的研究和开发能力；主要竞争对手以相近价格提供更高质量的产品。

三、密集型成长战略的优势和风险

1. 优势

中小企业实施密集型成长战略的根本目的是实现快速发展。该战略的主要优势：一是有利于企业实现规模经济和学习效应，获得较高的运作效率；二是能建立起较强的竞争力和成本领先或差异化优势。同时，管理人员也会在业务、技术、市场、管理诸方面有更深的了解和更丰富的经验；三是该战略对追加资源要求低，有利于发挥企业已有资源的价值。

2. 风险

密集型成长战略将全部资源投入到单一行业、集中在单一市场上从事经营，使竞争范围变窄，这犹如"将所有鸡蛋放入一个篮子里"。当市场变得饱和或缺乏吸引力或因新技术、新产品出现使消费者快速转移导致其业务需求下降，行业发生萎缩时，采取这一战略的企业容易受到极大的打击。

第二节　多元化成长战略

多元化成长战略，又称为多样化或多角化成长战略，指企业的发展、扩张是在现有产品或市场的基础上增加新的产品或市场的战略。这是一种新产品或新市场战略，中小企业实行这种战略是为了长期稳定增长和追求最大的经济效益。

一、企业多元化成长战略的类型

1. 按照经营业务领域之间的关联程度分类

（1）相关多元化战略。相关多元化战略指企业新发展的业务与原有业务相互间具有战略上的适应性，它们在技术、工艺、销售渠道、市场管理技巧、产品等方面具有共同或相似的特点。该战略又可分为两种形式：同心多元化战略和水平多元化战略。该战略适用条件是企业在产业内具有较强的竞争优势，而该产业的成长性或吸引力逐渐下降。

（2）不相关多元化战略。不相关多元化战略指企业从与现有的业务领域没有明显关系的产品、市场中寻求成长机会的策略，即企业所开拓的新业务与原有的产品、市场没有相关之处，所需要的技术、经营方法、销售渠道必须重新取得。该战略适用于企业当前产业缺乏吸引力，而企业也不具备较强的能力和技能转向相关产品或服务领域的情况。

2. 按照产品组合的特点分类

（1）单一产品战略。单一产品战略指企业的一项产品的销售收入占销售总收入的95%以上。

（2）优势产品战略。优势产品战略指企业的一项产品的销售收入占销售总收入的70%～95%。

（3）相关产品战略。相关产品战略指企业的一项产品的销售收入低于销售总收入的70%，但其相关联的产品群的销售收入高于销售总收入的70%。

（4）非相关产品战略。非相关产品战略指企业的市场相关产品的销售收入和技术相关产品的销售收入之和低于总销售收入的70%。

二、企业选择多元化战略原因

1. 外部原因

在现代市场经济条件下，企业所处的外部客观的经济、政治、文化、技术环境对企业的生存、发展都具有某种程度的决定性影响。就其对企业多元化战略选择的影响来说，可以归结为以下几点：

（1）社会需求的多元化。随着人们物质生活水平的不断提高，人们的生活要求越来越丰富多彩，消费需求呈现出多层次、多方位、多样化的特点，需求的多元化已成为现代生活的一个标志。这种社会需求的多元化影响企业行为，为企业发展提供了众多的市场机会，促使企业进行多元化经营以适应人们物质文化生活不断增长的需要。

（2）技术的突飞猛进。由于技术的飞速发展，导致了新材料、新工艺、新能源及新产品层出不穷，因而导致了一批新兴产业的出现，这为企业多元化经营提供了丰富的物质技术基础，使企业有可能从原有的产品技术逐渐向新兴产业拓展，这样就可以使企业从增长较慢、收益率较低的行业逐步向增长较快、附加值较高、收益率较高的新兴行业转移。

（3）行业的特点。在高集中度、竞争激烈的行业内，企业希望获得更高的成长性和收益性时多采用多元化战略。因为处于此种行业的企业要获得好的成长和收益就必须挤占其他企业的市场，通常采用的策略是降低价格、增加促销、开发新产品等。这些策略的运用通常会遭到其他企业的激烈反击，造成挤占市场的代价提高而且风险加大。因此，高集中度、竞争激烈行业的企业为了追求更高的成长性和收益性，试图开拓或进入新领域。同时在高集中度、竞争激烈的行业中，一个企业在新行业或开辟的新领域取得成功时，其他企业处于竞争战略的考虑，也会跟随模仿。

（4）政府的反垄断措施。现代市场经济是法制经济，要求维持市场竞争的公平性。而垄断则破坏了市场竞争的公平法则，造成市场价格的垄断性、虚假性与不合理性。因此，当代世界大多数国家特别是经济发达国家，都在同各种垄断作不同程度的斗争，几乎所有经济发达国家都制定反垄断法，以维护市场的自由公平竞争。对于在某一行业已处于领导地位的企业来说，采用多元化战略不但可以规避政府的限制，而且可以很好地利用企业剩余资源。

2. 内部原因

企业最终选择多元化战略，是由于企业内部具备了实行多元化战略的条件，有实行多元化战略所必需的资源、资金和人才。否则，外部条件再好，企业也难以实行多元化战略。一般来说。从企业内部来看，企业多元化战略的内部因素是纠正企业目标差距、挖掘企业内部资源潜力、实现企业规模经济、实现范围经济、转移竞争能力、企业重建、协同效应原理、形成内部资本与人力资源的市场效益等。概括起来主要有以下三点：

（1）企业多余资源的利用。一个正常运营的企业在长期的经营过程中会不断产生并积蓄超过满足日常生产经营需要的资源，当这种资源积累到一定程度时，必然会产生向新的领域开发的强烈冲动，从而走上企业多元化经营的道路。多余资源一般指企业潜在的或可以利用而未开发利用的资源、资金、设备、人员、研究开发、广告宣传及企业管理能力，是企业完成目前任务所节余或多余的有形资产、无形资产和人力资源与人的能力的总和。企业可以把它们充分地调动起来，扩大经营范围，从事多元化经营，使企业获取利润。

（2）经营目标的差距。当实际完成目标与原定目标有差距，也即当企业无法完成原定目标而形成目标差距时，迫使企业选择多元化战略，期望通过多元化经营实现预期目标。

（3）分散经营风险。企业生产单一产品，经验成熟，利润较大，但这样做风险很大，特别是在生产技术单一或较高集中度的行业更是如此。一旦该产品的社会需求减少或者几个大企业操纵市场，一般实力较弱、技术水平较低、抗市场震荡能力较差的中小企业将面临巨大风险。因此，"不把所有鸡蛋都放进一个篮子"这一人们所熟悉的古老哲理，成为企业选择多元化战略的原动力之一。即使原来从事多元化经营的企业，当原有产品市场需求有很大风险时，为分散风险也不得不考虑资产增量的多元化，扩大风险损失分布，用相对缩小每一风险单位的风险损失预期的办法来减少风险损失，并进而争取以一种风险利益抵补另一种风险损失，达到企业取得最大利润的目的。

三、企业多元化战略失败的原因

在中小企业战略管理实践中，尽管实施多元化战略可以充分利用企业内部优势，有效规避企业经营风险，但也可能面临着多元化过度的问题。企业多元化战略失败的具体原因包括以下几个方面：

1.过分追求多元化经营存在财务风险

众所周知，企业实施多元化战略的投资资金的绝大部分是借贷资金，部分来自银行，部分来自非金融机构，部分来自于其他渠道。一些企业确实采取了多元化经营战略，但他们这样做时，一方面，有雄厚的资金实力为基础，主导产业已发展到相当规模，不得不横向发展；另一方面，企业在定位上过分看重投资运作。一些中小企业有一点物资采购人员和经验就办贸易公司，有一点流动资金就办投资管理公司，有一点房地产就办房地产公司，有一点广告业务就办广告公司，往往把有限的资金分散在多个经营项目上，结果哪一个项目也达不到规模经济，以致经营亏损，难以还本付息。事实上，这种过分追求多元化经营的做法，不是分散风险，而是自我扩大风险。如果能有限度地进行多元化经营，不仅会减少资金筹措与配置的压力，而且可以增加连带作用，提高成功率，使企业集团稳定持续发展。

2.过分追求多元化经营容易出现决策失误

过分追求多元化经营容易出现决策失误，这在企业实行无关联多元化经营战略时表现得尤为明显。无关联多元化经营大多是通过购并行为实现的，这种购并使企业所有者与高层经理进入了一个全新领域。由于对购并对象所在行业不太熟悉，在这种情况下，他们所作的决策难以保证是明智的。失误的决策不仅会使更多的支柱产业难以建立起来，反而为原有的支柱产业增加了许多负担。研究成果表明，与同行业兼并相比，对其他行业、特别是对无关联行业的企业进行兼并，成功率很低。一般来说，每个行业都有程度不同的发展潜力，但又都不同程度地出现阶段性的供过于求。过分追求多元化经营，不仅会使企业分散风险的能力递减，而且会造成为此付出的代价递增，从而导致企业的资产收益率下降。

3.过分追求多元化经营会造成管理质量下降

过分追求多元化经营会造成管理质量下降，这是因为，购并行为，特别是无关联多元化中的购并，使企业的分支机构迅速增多，导致做好企业管理工作的难度大大增加。在这种情况下，企业高层管理人员不仅可能没有时间熟悉产品专门知识，而且可能无法运用既有知识恰当评价业务单位经理的建议与业绩。企业管理负荷过重而导致的管理质量下降往往使无关联企业在兼并之后无法获得规模经济效益。

四、集团多元化战略

在一定条件下，中型企业可能迅速发展成企业集团。集团多元化战略是企业多元化的高级形式。企业决定采用集团多元化战略可能的原因是多方面的，主要是企业希望寻找高利润的市场机会；现有产品和市场存在缺陷；企业的某个部门能力过于薄弱，必须进行企业集团多元化；从增加产品市场广度和灵活性中获得好处；可避免与垄断有关的限制，这些限制使企业不能从现有产品和市场以外获得发展；但能更容易地获得资金，部分原因是可以从更广泛的活动组合中获得资金；管理层的偏好和所受培训可能会使他们倾向于选择企业集团多元化。

在战略实践中，企业集团多元化体现出诸多优势，主要是分散风险；获得高利润机会；从现有的业务中撤离；能更容易地从资本市场中获得融资；在企业无法增长的情况下找到新的增长点；运用盈余资金；利用未被充分利用的资源；获得资金或其他财务利益；运用企业在某个市场中的形象和声誉来进入另一个市场。同时，企业集团多元化战略也存在一些缺点，主要包括如果企业进入一个具有低市盈率的成长型产业中，其股东收益会被稀释；企业集团式收购不会给股东带来额外的利益，因为不产生协同效应；企业集团缺乏共同的身份和目的，各种负责联合经营的总部没有足够优秀的管理能力和财务能力；某项业务的失败会将其他业务拖下水，因为它会耗尽资源；对股东来说这不是一个好办法，股东通过购买多样化的股票组合就可以轻而易举地分散投资风险，不需要管理层越俎代庖。

第三节　一体化成长战略

一、一体化成长战略概述

1. 一体化成长战略的概念

一体化成长战略是指企业对具有优势和增长潜力的产品或业务，沿其经营链条（价值链条）的纵向或横向扩大业务的深度和广度，以扩大经营规模，实现企业增长的战略。

从外部形式看，一体化成长战略简单地认为就是联合化，把两个或两个以上的原来并不相联系的企业或业务联合起来，形成一个经济组织。但是需要指出的是，一体化并不是企业之间的简单联合，这些企业在生产过程或市场上应该有一定的联系。企业一体化成长可以充分利用企业内外信息技术、资源、管理等形成自己的竞争优势。

2. 一体化成长战略的理论基础

（1）市场内在化理论。市场内在化理论是指在可能的情况下，企业有将外部市场活动内部化的冲动。这是因为对绝大部分中小企业而言，它们在外部市场活动中并不容易占据支配性地位，由此造成企业投入和产出很难在较长时期中保持数量、价格及交货时间等方面的平衡，影响企业稳定发展。这种经营的不平衡性带来企业成长的风险。如果企业能通过纵向一体化战略，使原来受制于其他企业的前后向业务活动成为企业能够进行有效控制的内部业务，企业生产经营中所受到的环境限制和风险就能有所减少，经营成本也会降低。

（2）设施的不可分理论。设施的不可分理论是建立在设施基本产出规模和规模经济性原理基础上。企业的每种固定设施都有一个最低产出规模，当企业的产出规模小于固定设施的最低产出规模时，设施利用效率低，甚至导致企业产出的市场价值不能补偿其投入的市场价值的负效率状态。即使在经济景气年代，单个企业也无法承受长期的设施利用低效率和负效率状态。为了提高固定设施利用率，很多企业不得不选择产出规模较低的设施，使设施的产出与企业现有市场占有率一致。这种做法的实质是企业放弃利用新技术和扩展市场机会，同时也放弃了规模经济性。通过横向一体化战略的实施，企业产出规模得以扩大，因而能充分利用固定设施的产出能力，或使用效率更高的设施。与此同时，企业的利润余量会因为成本结构的改变而扩大，使企业的市场竞争能力相应增强。

（3）协同效应理论。协同效应理论是指企业将不同业务单位的某些共同职能活动集中起来，用较少的投入资源完成同样的，甚至更多的业务量，而且取得较好的协调和沟通。采用一体化战略产生的协同效应表现得格外明显。采用横向一体化战略对企业业务种类没有任何改变，原来两个或两个以上企业的同类业务活动甚至不需要调整就可以实现集中。采用纵向一体化战略时，同类业务在不同企业虽然有差别，但它们之间有一定的联系，当不同企业类别业务之间联系较密切时，集中这些业务活动就会产生协同效应。当然，在纵向一体化情况下集中这些业务活动，需要对这些业务活动的运行及其相应的组织结构进行一定的调整。

3. 一体化成长战略的目的

基于理论研究与战略管理实践，中小企业特别是中型企业制定并实施一体化成长战略，其主要目的：一是有助于增强企业凝聚力。由于企业确定了未来一定时期内的战略目标，从而使企业的各级人员都能够知晓企业的共同目标，进而可以增强企业的凝聚力和向心力。二是有助于保持企业组织结构与战略的匹配。由于企业明确了未来各个阶段的工作重点和资源需求，从而使组织机构设计和资源整合更具有目的性和原则性，进而可以保持组织机构与战略的匹配性，更好地优化资源，有利于实现资源价值最大化。三是有助于企业战略目标的实现。由于企业明确了未来一定时期内各区域公司（包括本地和异地公司）、各业务单元的职能战略，从而使各职能部门、各公司都能够清楚地了解自己该做什么，进而可以激励他们积极主动地完成目标。四是有助于应对战略风险。由于企业明确了企业的利益相关者、竞争者和自身的优势、劣势、机会、威胁，从而使企业可以从容地应对机遇诱惑和市场变化，有利于企业改进决策方法，提高风险控制能力和市场应变能力，进而提升企业的竞争力。

二、企业一体化成长战略的模式

企业一体化成长战略按照业务拓展的方向，形成纵向一体化和横向一体化的战略模式，如图 3-2 所示。

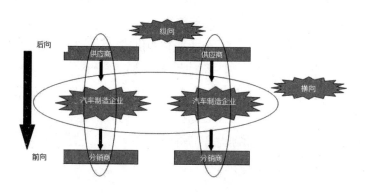

图3-2 企业一体化战略示意图

1. 纵向一体化战略

纵向一体化战略是指企业沿着产品或业务链（原材料—加工—销售）向前或向后延伸和扩展企业现有业务的战略。任何产品和服务的生产，通常都需要包括组成纵向链条的许多活动。纵向一体化战略是企业经营在纵向链条上的延伸，替代以前由供应商或分销商承担的功能。这样做是为了降低成本，控制稀缺资源，保证关键投入的质量或者获取新客户。对那些在高吸引力产业中处于强势竞争地位的企业来说，纵向成长导致纵向一体化，这是顺理成章的战略。

现实中，多数大型企业均有一定程度的纵向一体化。但中型企业要得到发展，也可以通过纵向链条的扩张，使企业通过内部组织和交易方式将不同生产阶段联结起来，以实现交易内部化。企业制定与实施纵向一体化战略的优点在于节约与上、下游企业在市场上进行购买或销售的交易成本；控制稀缺资源；保证关键投入的质量；获得新客户。其缺点是不熟悉新业务领域所带来的风险，如增加内部管理成本；纵向一体化，尤其是后向一体化，一般涉及的投资数额较大且资产专用性较强，增加了企业在该产业的退出成本，进而可能增加企业的内部管理成本。

（1）前向一体化战略。前向一体化战略是指获得分销商或零售商的所有权或加强对他们的控制权的战略。其优点是有利于企业控制和掌握市场；增强对消费者需求变化的敏感性；提高企业产品的市场适应性和竞争力。

前向一体化战略的适用条件：企业现有的销售商销售成本较高或者可靠性较差而难以满足企业的销售需要；企业所在产业的增长潜力较大；企业具备向前一体化所需的资金、人力资源等；销售环节的利润率较高。

（2）后向一体化战略。后向一体化战略是指获得供应商的所有权或加强对其控制权的战略。其优点是有利于企业有效控制关键原材料等投入的成本、质量及供应可靠性，确保企业生产经营活动稳步进行。

后向一体化战略的适用条件：企业现有的供应商供应成本较高或者可靠性较差而难以满足企业对原材料、零件等的需求；供应商数量较少而需求方竞争者众多；企业所在产业的增长潜力较大；企业具备后向一体化所需的资金、人力资源等；供应环节的利润率较高；企业产品价格的稳定对企业十分关键，后向一体化有利于控制原材料成本，从而确保产品价格的稳定。

2. 横向一体化战略

横向一体化战略是指企业收购或兼并同类产品生产企业以扩展现有生产活

动，并由此导致现有产品市场份额的扩大，实现企业成长的战略。该类增长战略可以从三个方向进行：①扩大原有产品的生产和销售。②向与原产品有关的功能或技术方向扩展。③与上述两个方向有关的国际市场扩展或向新的客户类别扩展。

企业横向一体化增长与原有生产活动有关，比其他类型增长更易于实现。一般来说，企业早期的增长多以此为主。横向一体化战略的优点是实现规模经济；减少竞争对手；较容易实现生产能力扩张。其缺点是可能产生内部管理问题；产品质量难于保证；政府法规限制。

横向一体化战略较适宜采用的条件：企业所在产业竞争较为激烈；企业所在产业的规模经济较为显著；企业的横向一体化符合反垄断法律法规，能够在局部地区获得一定的垄断地位；企业所在产业的增长潜力较大；企业具备横向一体化所需的资金、人力资源等。

三、企业一体化成长战略的新动向

1. 供应链管理与一体化战略

20 世纪 90 年代以来，供应链管理 (SCM) 逐步成为企业新的发展战略。企业从原材料和零部件的采购、运输、加工制造、分销直至最终送达顾客手中的业务流程，被看作是一个环环相扣的链条，这就是供应链。供应链管理就是对整个供应链中各参与者之间的物流、信息流、资金流进行计划、协调和控制，其目的是通过优化提高所有相关过程的速度和确定性，最大化所有相关过程的净增加值，提高组织的运作效率和效益。

随着供应链管理的重视和加强，传统的一体化战略，尤其是纵向一体化战略将受到很大冲击。因为传统的纵向一体化战略需要投入大量的资本，实现紧密联合，风险较大。而供应链中的各个组织的关系较为松散，供应链管理是通过对业务链中的各个参与者进行信息和技术控制来达到的，投资少、风险小。因此，传统的纵向一体化战略将面临考验。

2. 虚拟经营与一体化战略

虚拟经营是指在有限的资源条件下，为了取得竞争优势，仅保留企业中最关键的功能，而将其他的功能虚拟化，即通过各种方式借助外力进行整合弥补，其目的是在竞争中最大效率地利用企业有限的资源。虚拟经营的发展使传统的一体化战略可能向虚拟一体化发展，将供应链上各个环节的企业通过信息技术实现资源共享，使得企业与企业之间传统的界限变得模糊。虚拟一体化的实质是最大限度地保留产品生产中的协作关系，同时又充分利用信息技术有效地降低利用市场的协调成本和交易成本。

第四节　中小企业成长战略的途径

每一种中小企业成长战略都有着不同的发展途径，这些途径可以分为三种类型：内部发展（新建）、外部发展（并购）与战略联盟。新建方式的实质是运用"市场规制"实现企业的市场交易，即以市场组织形态取代企业组织形态。并购方式的实质是运用"统一规制"方式实现企业一体化，即以企业组织形态取代市场组织形态。企业战略联盟是这两种组织形态中的一种中间形态。

一、内部发展

内部发展，也称内生增长，是指企业在不收购其他企业的情况下利用自身的规模、利润、活动等内部资源来实现成长。

1. 内部发展的动因及缺点

（1）内部发展的动因。企业采取内部发展的动因是多方面的，包括以下因素：①开发新产品的过程使企业最深刻地了解市场及产品。②不存在合适的收购对象。③保持同样的管理风格和企业文化，从而减轻混乱程度。④为管理者提供职业发展机会，避免停滞不前。⑤可能需要的代价较低，因为获得资产时无须为商誉支付额外的金额。⑥可以避免收购中通常会产生的隐藏的或无法预测的损失。⑦可能是唯一合理的、实现真正技术创新的方法。⑧可以有计划地进行，易从企业资源获得财务支持，并且成本可以按时间分摊。⑨风险较低。

（2）内部发展的缺点。内部发展的缺点：①与购买市场中现有的企业相比，它可能会激化某一市场内的竞争。②企业无法接触到另一知名企业的知识及系统，可能会更具风险。③从一开始就缺乏规模经济或经验曲线效应。④当市场的发展非常快时，内部发展会显得过于缓慢。⑤可能会对进入新市场产生非常高的壁垒。

2. 内部发展的条件

当企业在具有美好发展前景时，可以通过充分利用现有产品及服务和市场机会或通过多元化来实现内生发展。实现内部发展的主要条件包括：①产业处于不均衡状态，结构性障碍还没有完全建立起来。②产业内现有企业的行为性障碍如报复措施容易被制约。③企业有能力克服结构性壁垒与行为性壁垒。企业内部的资源较多，能力及核心能力较强，内部有条件影响行业结构，大力发展现有业务。

二、并购战略

通过并购实行优势互补、联合发展，企业能够以内部发展无可比拟的速度迅速壮大企业实力，扩张企业规模。

并购战略是兼并与收购战略的总称。兼并通常是指在市场机制作用下，企业通过产权交易获得其他企业的产权，使这些企业的法人资格丧失，并获得其控制权的经济行为。收购是指对企业的资产和股份的购买行为。收购涵盖的内容较广，其结果可能是拥有目标企业全部的股份或资产，从而将其吞并，也可能是获得企业相对较大部分的股份或资产，从而控制该企业。并购是实现企业一体化战略的有效途径，也是企业拓展新业务领域最通行的一种做法。

并购按并购前企业间的市场关系，可分成三种形式：横向并购（水平并购），纵向并购（垂直并购）和混合并购。

1. 并购的动机

一起并购活动往往是几方面动机共同作用的结果：①避开进入壁垒争取市场机会，规避各种风险。②获得协同效应。协同效应产生于互补资源，而这些资源与正在开发的产品或市场是相互兼容的，协同效应通常通过技术转移或经营活动共享来得以实现。并购后的两个企业的"作用力"的时空排列得到有序化和优化，从而使企业获得"聚焦效应"。并购后的企业内部不同"作用力"发生转移、扩散、互补，从而改变了公司的整体功能状况。并购后两个企业内的"作用力"发生耦合、反馈、互激振荡，改变了作用力的性质和力量。③克服企业负外部性，减少竞争，增强对市场的控制力。微观经济学的理论表明，企业负外部性的一种表现是"个体理性导致集体非理性"。两个独立企业的竞争表现出这种负外部性，其竞争的结果往往是两败俱伤，而并购战略可以减少残酷的竞争，同时还能够增强对其他竞争对手的竞争优势。

2. 并购失败的原因

企业并购战略取得成功，必须体现出具有互补资产或资源、收购能够填补当前竞争力的不足、友好收购、精心筛选、细心的评价和谈判、保持财务上的宽松、具备管理变革的经验等特点。在并购实践中，企业因准备不足或过于自信，许多企业并没有达到预期的目标，甚至遭到了失败。企业并购失败的主要原因有以下几个方面：①并购后不能很好地进行企业整合。②决策不当的并购。③支付过高的并购费用。④跨国并购面临的政治风险。

三、企业联合与战略联盟

1. 企业联合

企业联合是指两个或两个以上企业之间，为了发挥群体优势、实现某种共同目标，通过协议或联合组织等方式而结成的一种联合体及其所发生的经济联系与合作关系。联合是一种与并购相比较为松散的实现一体化战略的有效途经。

企业兼并和收购涉及产权的变化，而企业联合一般不改变产权关系。联合相对于并购来说，具有以下优点：①对企业的资本要求较低，因为企业之间的联合往往不是通过购买其他企业的产权实现的。②关系松散，弹性大。③企业的退出壁垒小。④操作的障碍较小。⑤在技术和信息日益发展的今天，联合有着更广泛的发展前景，如虚拟联合等。当然，相对于并购来说，联合也存在合作各方的关系松散、协同效应不明显等不足。

通过企业联合，实现企业一体化成长，从而使企业竞争从无序走向有序，从分散走向集中，从过度竞争变为适度竞争，实现规模经济效应。企业联合应向以下方向发展：从行政性联合到经济性联合；从弱弱联合到强强联合；从联合走向并购，实现从经营联合到资产联合，从资产联合到资本联合；从本地区的联合到跨地区乃至跨国联合。企业联合的过程也就是企业一体化组织形成和发展的过程，也是一体化从企业内部拓展到企业之间的过程。发达国家的企业联合大多经历了一个由卡特尔、辛迪加、托拉斯、康采恩、企业集团和企业战略联盟的发展过程。

2. 战略联盟

企业战略联盟是指两个或两个以上的企业，为了达到某种战略目标，通过协议或联合组织等方式而建立的一种合作关系。它具有明显的战略性，注重于长期的目标和企业的整体发展。

（1）企业战略联盟的基本特征。企业战略联盟有以下特征：

1）从经济组织形式来看，战略联盟是介于企业与市场之间的一种"中间组织"（边界模糊）。科斯和威廉姆森从交易费用理论出发，认为企业组织的存在是对市场交易费用的节约，企业和市场是两种可以相互替代的资源配置组织。战略联盟属于"中间组织"，联盟内交易是既非企业的，因为交易的组织不完全依赖于某一企业的治理结构；亦非市场的，因为交易的进行也并不完全依赖于市场价格机制。战略联盟的形成模糊了企业和市场之间的具体界限。

2）从企业关系来看，组建战略联盟的企业各方是在资源共享、优势相长、相互信任、相互独立的基础上通过事先达成协议而结成的一种平等的合作伙伴关系。这既不同于组织内部的行政隶属关系，也不同于组织与组织之间的市场交易关系。联盟企业之间的协作关系主要表现为相互往来的平等性；合作关系的长期性；整体利益的互补性；组织形式的开放性。

3）从企业行为来看，联盟行为是一种战略性的合作行为（运作高效）。它并不是对瞬间变化所作出的应急反应，而是着眼于优化企业未来竞争环境的长远谋划。因此，联合行为注重从战略的高度改善联盟共有的经营环境和经营条件。

（2）战略联盟的主要类型。从股权参与和契约联结的方式角度来看，可以将企业战略联盟归纳为以下几种重要类型：

1）合资企业。合资企业是战略联盟最常见的一种类型。它是指将各自不同的资产组合在一起进行生产，共担风险和共享收益。

2）相互持股投资。相互持股是指合作各方为加强相互联系而持有对方一定数量的股份。这种战略联盟中各方的关系相对更加紧密，而双方的人员、资产无须全部合并。

3）功能性协议。这是一种契约式的战略联盟，与前面两种有股权参与的方式明显不同，它主要是指企业之间决定在某些具体的领域进行合作。最常见的形式包括技术性协议；研究开发合作协议；生产营销协议；产业协调协议。

（3）战略联盟形成的动因。促进企业实施联盟的主要动因是企业促进技术创新；避免经营风险；避免或减少竞争；实现资源互补；开拓新的市场；降低协调成本。

📖 本章复习思考题

1. 中小企业密集型成长战略的主要形式有哪些？
2. 中小企业多元化成长战略的类型及其选择原因有哪些？
3. 中小企业制定一体化成长战略的主要模式是什么？
4. 中小企业制定成长战略时考虑的主要途径有哪些？

📖 本章案例

福特公司成长战略

福特公司进入汽车工业行业是在当时汽车公司快速发展与快速淘汰的时代。1903 年 6 月，亨利·福特和 11 个加盟者成立公司。公司成立时只有 10 个员工，资产主要是一些工具、宏伟的蓝图、计划、专利和来自 12 个投资者的 28000 美元的现金。

亨利·福特坚持认为公司前途就在于面向大众市场生产廉价车。在早期，福特公司的发展是集中生产单一产品——轿车。公司早期生产的轿车中最成功的是 N 型车，它是一种小型、轻便的四缸车，市场售价为 500 美元。在 1908 年制造的 T 型轿车相比以前所有的车型有相当大的改进。在它生产的第一年，就销售出 10000 多辆。1927 年，T 型轿车开始将市场丢给了它的竞争对手。福特公司又推出了 A 型轿车，该型车推出了几种车体款式和富于变化的颜色。当 A 型轿车开始失去市场、输给它的竞争对手的时候，在 1932 年，福特汽车公司又推出了 V—8 型汽车。同时，在 1917 年，福特公司开始生产拖拉机。福特新荷兰有限公司现在是世界上最大的拖拉机和农用设备制造商之一，它于 1978 年 1 月 1 日成立。福特新荷兰有限公司是由福特公司的拖拉机业务和新荷兰有限公司联合而组成的。后者是从 Sperry 公司收购来的农用设备制造商。福特新荷兰有限公司随后兼并了万能设备有限公司，它是北美最大的四轮驱动拖拉机制造商。

如今，福特公司不只是生产小汽车和卡车，公司业务涉及汽车生产之外的多个生产领域，包括与汽车有关的和与汽车无关的业务：①气候控制事业部。②塑料产品事业部。③Rouge 钢铁公司。④铸造事业部。⑤福特玻璃事业部。⑥电子事业部。⑦电工和燃料处理事业部。⑧建筑事业部。

案例思考题：

1. 福特公司早期制定和选择了什么总体成长战略，该战略的优缺点是什么？
2. 现在公司制定和选择了哪些类型的发展战略，它们的原因是什么？

第四章　中小企业竞争战略

　　竞争战略又称为经营战略，是指在给定的一个业务或行业内，企业用于区分自己与竞争对手业务的方式，或者说是企业在特定市场环境中如何营造、获得竞争优势的途径或方法。战略管理学家波特认为，竞争战略就是要在产业中建立一个可以防守的位置，使公司业绩能够超出竞争对手。为此，企业可以选择三种一般战略模式（如图 4-1 所示）：成本领先战略、差异化战略和集中化战略。中小企业必须从这三种战略中选择一种，作为其主导战略。要么企业致力服务于某一特定的市场细分、某一特定的产品种类或某一特定的地理范围；要么把成本控制到比竞争者更低的程度；要么在企业产品和服务中形成与众不同的特色，让顾客感觉到其提供了比其他竞争者更多的价值。

		竞争优势的基础	
		低成本	差异化
竞争范围	整体产业	成本领先	差异化
	细分市场	集中成本领先	集中差异化

图 4-1　波特竞争战略模式

第一节　集中化战略

一、集中化战略的概念与特征

1. 概念

集中化战略，又称专一化战略、目标集中战略、目标聚集战略，是企业主攻某个特殊的顾客群、某产品线的一个细分区段或某一地区市场的战略。显然，该战略是中小企业面向某一特定的目标市场开展经营和服务活动，以期能比竞争对手更有效地为特定的目标顾客群服务。

2. 特征

在特定的目标市场内，中小企业可以通过集中成本领先战略和集中差异化战略取得竞争优势。因为，公司业务的集中化能够以更高的效率、更好的效果为某一细分市场的目标服务，从而超过在较广阔范围内竞争的对手。波特认为，公司要么通过满足特定群体的需求而实现差异化，要么在为特定群体提供服务时降低成本，或者可以二者兼得。这样，企业的盈利潜力会超过行业的平均盈利水平，企业也可以借此抵御各种竞争力量的威胁。

二、集中化战略的实现途径

集中化战略的根本目标是取得某种对特定顾客有价值的专一性服务，侧重于从企业内部建立竞争优势。实现这一目标的途径包括以下几点：

1. 单纯集中化

单纯集中化是企业在不过多考虑成本差异化的情况下，选择或创造一种产品、技术和服务为某一特定顾客群体创造价值，并使企业获得稳定可观的收入。

2. 成本集中化

成本集中化是企业采用低成本的方法为某一特定顾客群提供服务。企业通过低成本集中化战略可以在细分市场上获得比领先者更强的竞争优势。实践上，绝大部分小企业都是从集中化战略开始起步，只不过其不一定都能意识到它的战略意义，并采取更具有战略导向的行动。我国的中小企业众多，急需提高对集中化战略的认识和运用能力。

3. 差别集中化

差别集中化是企业在集中化的基础上突出自己的产品、技术和服务的特色。企业如果选择差别集中化，那么所采取的主要措施应该是如何集中化。但不同的是，集中化战略只服务更小的细分市场，而差别化战略要同时服务于较多的细分市场。同时，由于集中化战略的服务范围较小，企业可以较之差别化战略对所服务的细分市场的变化作出更为迅速的反应。

三、集中化战略的优势与风险

1. 集中化战略的优势

（1）便于集中使用整个企业的力量和资源。为更好地服务于某一特定的目标市场，中小企业需要把有限的资源与能力投入到细分市场需求的产品和服务之中。企业可以更好地调查研究与产品有关的技术、市场、顾客以及竞争对手等各方面的情况，在低成本的特殊产品方面形成优势。能同时拥有产品差别化和低成本优势则企业一定可以获得超出产业平均水平的高额利润。

（2）以特殊的产品和服务范围来抵御竞争压力。集中化战略往往利用地点、时间、对象等多种特殊性来形成企业的专门服务范围，以更高的专业化程度构成强于竞争对手的优势。企业选择适当的产品线区段或专门市场是集中化战略成功的基础。如果选择广泛市场的产品或服务而进行专门化经营，反而可能导致企业失败。

（3）便于战略管理。企业目标集中明确，经济成果易于评价，战略管理过程也容易控制，从而带来管理上的简便。根据中小型企业在规模、资源等方面所固有的一些特点以及集中化战略的特性，集中化战略对中小型企业管理来说可能是最适宜的战略。

2. 集中化战略的风险

（1）企业对环境变化适应能力差。实行集中化战略的中小企业往往是依赖特殊市场而生存和发展的，一旦出现有极强替代能力的产品或者市场发生变化时，这些企业容易遭受巨大损失。如旱冰鞋产品受到竞争者模仿，对市场销量构成极大的威胁；高档餐饮企业因严格控制公款消费而亏损严重。

（2）成本压力使集中化优势被抵消。当为大范围市场服务的竞争对手与集中化战略企业之间的成本差额变大时，会使针对某一狭窄目标市场服务的企业丧失成本优势，或者使集中化战略产生的差别化优势被抵消。因为这种成本差额的增大将降低买方效益或者降低买方使用替代品的转移成本，而使集中化市场与广泛市场之间的渗透增大，集中化战略所构成的成本优势或差别化优势则会逐渐消失。

（3）容易受到整体市场份额的变化影响。集中化战略目标市场具有一定的特殊性，目标市场独立性越强，与整体市场份额的差距就越大。实行集中化战略的企业总是处于独特性与市场份额的矛盾之中，选择不恰当就可能造成集中化战略的失败。很多企业在获得集中化优势的同时又进入了广泛市场，这种矛盾的战略最终会使企业丢失其专有的市场。例如，企业为愿意支付高价的顾客专门设计加工服装，可能失去中低档服装市场。同时，因新进入者涌入细分市场、替代品出现等原因，企业集中化的市场份额可能迅速下降。

四、集中化战略的适用条件

集中化战略一般是集中一点进攻对手的弱点，或是通过专有的业务活动方式以低成本形成对竞争对手的优势。中小企业要获得这方面的优势，需要去寻找和创造以下条件：

1. 拥有细分市场上受欢迎的产品

企业资源和能力有限，难以在整个产业实现成本领先或差异化，只能选定个别细分市场，而且企业产品在目标市场具有较大的需求空间或增长潜力。

2. 开发了专有技术

企业开发了专有技术，形成了某项产品的专门知识、操作经验和技术的独占。如瑞士手表以其高质量的生产技术始终控制名贵手表市场，专有的胶粘接技术形成了稳定的车辆减震器市场。

3. 不渗透的市场结构

由于地理位置、收入水平、消费习惯、社会习俗等因素的不同，将形成专门化市场。这些市场之间的隔离性越强，越有利于专一化战略的实施。同时目标市场的竞争对手尚未采用统一战略。

4. 不易模仿的生产与服务

不易模仿的生产与服务，例如，为顾客开辟服装专门设计、定制服务的服装企业将拥有自己的专门化市场。

第二节 成本领先战略

面对激烈的市场竞争，中小企业特别是中型企业应该适时运用成本领先战略。因为成本领先战略是现代企业生产经营活动发展趋势的必然要求，是现代市场经济竞争的必然结果，是企业可持续发展的保证。企业要成功实施成本领先战略，关键是要使企业在内部加强成本控制，在生产经营各个环节控制好成本，同时改造价值链的结构。企业只有这样才能构建竞争优势，切实地使成本领先于对手，赢得竞争胜利，努力成为行业的领先者。

一、成本领先战略的概念与分类

1. 概念

成本领先战略又称为低成本战略，是指企业通过有效的途径降低经营过程中的成本，使企业以较低的总成本赢得竞争优势的战略。当成本领先的企业产品价格相当于或低于其竞争厂商时，它的低成本地位就会转化为高收益。

成本领先者的竞争优势基础是总成本比竞争对手要低。成本领先战略一定要使企业的某项业务成本最低，这是因为任何一种战略之中都应当包含成本控制的内容，它是管理的任务，但并不是每种战略都要追求成为同行业的成本最低者。按照波特的理论，成本领先战略应该体现为相对于对手而言的低价格，但这并不意味着仅仅获得短期成本优势或仅仅是削减成本，而是一个"可控制成本领先"的概念。该战略成功的关键在于满足顾客认为最重要的产品特征与服务的前提下，实现相对于竞争对手的可持续性成本优势。换言之，实施低成本战略的企业必须找出成本优势的持续性来源，能够形成防止竞争对手模仿的障碍，这种低成本优势才可能长久。

2. 分类

根据企业获取成本优势的方法不同，我们把成本领先战略概括为如下几种主要类型：①简化产品型成本领先战略，就是使产品简单化，即将产品或服务中添加的花样全部取消。②改进设计型成本领先战略。③材料节约型成本领先战略。④人工费用降低型成本领先战略。⑤生产创新及自动化型成本领先战略。

二、成本领先战略的目标与条件

1.目标

成本领先战略在不同的企业和同一企业的不同发展阶段，所追求和所能达到的目标是不同的，其目标是多层次的。企业应当根据自身的具体情况，整体谋划，循序渐进，努力实现各层次目标。

（1）成本领先战略的最低要求是降低成本。以最低的成本实现特定的目标是每个企业都应当追求的。当影响利润变化的其他因素不变时，降低成本始终是第一位的。但成本又是经济活动的制约因素，降低成本意味着对企业中每一个人都有成本约束，而摆脱或减轻约束是人的本性所在。因此，实施成本控制、加强成本管理是企业的一个永恒的主题。在既定的经济规模、技术条件和质量标准条件下，不断地挖掘内部潜力，通过降低消耗、提高劳动生产率、合理的组织管理等措施降低成本，是成本领先战略的基本前提。

（2）成本领先战略的最低目标是增加企业利润。在其他条件不变时，降低成本可以增加利润，这是降低成本的直接目的。在经济资源相对短缺时，降低单位产品消耗，以相同的资源可以生产更多的产品、可以实现更多的经济目标，从而使企业获得更多的利润。但成本的变动往往与各方面的因素相关联，如果成本降低导致质量下降，即价格降低销量减少，反而会减少企业的利润。因而成本管理不能仅仅着眼于成本本身，要利用成本、质量、价格、销量等因素之间的相互关系，以合适的成本来维系质量、维持或提高价格、扩大市场份额等，使企业能够最大限度地获得利润。同时成本还具有代偿性特征，在不同的成本要素之间，一种成本的降低可能导致另一种成本的增加；在成本与收入之间，降低成本可能导致收入下降，通过高成本维持高质量可提高收入，也有可能获得高利润。

（3）成本领先战略的高级形式是改变成本发生的基础条件。成本发生的基础条件是企业可利用的经济资源的性质及其相互之间的联系方式，包括劳动资料的技术性能、劳动对象的质量标准、劳动者的素质和技能、企业的管理制度和企业文化、企业外部协作关系等各个方面。在特定的条件下，生产单位产品的劳动消耗和物料消耗有一个最低标准，当实际消耗等于或接近这个标准时，再要降低成本只有改变成本发生的基础条件。企业可通过采用新设备、新工艺、新设计、新材料等，使影响成本的结构性因素得到改善，为成本的进一步降低提供新的平台，使原来难以降低的成本在新的平台上进一步降低，这是降低成本的高级形式。

这一点在一些对安全和质量要求高的产品上，显得尤为重要和困难。

（4）成本领先战略的最终目标是使企业保持竞争优势。企业要在市场竞争中保持竞争优势，在诸多的战略措施和战略组合中，成本领先战略是其中重要的组成部分，同时其余各项战略措施通常都需要成本管理予以配合。战略的选择与实施是企业的根本利益之所在，降低成本必须以不损害企业基本战略的选择和实施为前提，并要有利于企业管理措施的实现。成本管理要围绕企业为取得和保持竞争优势所选择的战略而进行，要适应企业实施各种战略对成本及成本管理的需要，在企业战略许可的范围内，在实施企业战略的过程中引导企业走向成本最低化，这是成本领先战略的最终目标，也是成本领先战略的最高境界。

2. 条件

（1）思想条件。成本领先战略的基本思想产生于达到成本领先的相关因素中，主要思想条件包括以下几个方面：

1）保持竞争优势思想。从竞争的角度看，不论企业采取何种战略，成本问题始终是企业战略制定、选择和实施过程中需要考虑的重点问题。如何为企业赢得成本优势和竞争优势，是企业战略管理的重要内容，也是成本领先战略的动因。

2）节约思想。节约可以以相同的资源创造更大的价值，可以使有限的资源延长使用时间。在市场经济条件下，节约是买方和卖方所追求的。正是人类这种追求，形成了成本领先战略的原动力。

3）全员参与思想。在影响成本的诸因素中人的因素占主导地位，人的素质、技能、成本意识以及降低成本的主动性都对成本产生重要影响。并且，在企业的经济活动中，每个人都与成本有关。因此，降低成本必须全员参与，树立起全员的成本意识，调动全员在工作中时刻注意节约成本的主动性，这是成本领先战略的基础。

4）全过程控制思想。成本产生于企业经营活动的各个环节，从产品设计、材料采购、产品制造到产品销售及售后服务的全过程中，时刻都有成本发生。因此，必须全过程控制，从而达到综合成本最低。只有综合成本最低，才能保障成本领先战略的实施。

（2）资源和技能条件。成本领先战略的实施，企业需要要具备一定的资源和技能。主要包括持续的资本投资和获得资本的途径；生产加工工艺技能；严格的生产管理；设计容易制造的产品；低成本的分销系统；培养技术人员。

（3）外部条件。成功的成本领先战略一般要具备一些企业外部条件。我们可以概括为现有竞争企业之间的价格竞争非常激烈；企业所处产业的产品基本上是标准化或者同质化的；实现产品差异化的途径很少；多数顾客使用产品的方式相同；消费者的转换成本很低；消费者具有较大的降价谈判能力。

三、成本领先战略的优势与风险

1.优势

（1）扩大盈利空间。由于企业的成本低于同行业中的其他企业，所以产品在以行业平均价格进行销售时，企业取得的利润就高于同行业的平均水平，这一优势在行业内进行削价竞争时尤其明显。由于销售价格的降低，其他企业的盈利降低，这时低成本的企业还存在盈利空间，其低成本的地位即转为高效益。另外，如果企业的产品销售保持在行业的平均盈利率上，那么企业的产品市场表现则是更低的销售价格，这无形中能够增加产品的竞争力，所以成本领先战略是企业最普遍、最通用的竞争战略之一。

（2）吸引价格敏感客户。如果价格敏感的购买者较多，可能迫使成本领先者降低价格，以吸引到更多客户。如果因其价格的下降幅度大于行业内第二成本领先者，那么，顾客将被大量地吸引到第一成本领先者那里，并使其进一步巩固其成本领先优势，也可能造成第二成本领先者退出市场，这对顾客长远来看是极为不利的。因为，任何购买者都不期望自己只有一种选择，也说明顾客的讨价还价能力对成本领先战略的影响不大。

（3）构成进入壁垒。新进入者由于受到技术、管理、经验等诸多方面的限制，无法达到足够低的成本和效率，也就无法有效地与成本领先者进行竞争。企业应用成本领先战略，在遇到市场竞争时，就会以较低的利润水平进行产品销售，这样对新进入者的冲击是毁灭性的。同时，企业能够有效防御竞争对手的攻击，因为竞争对手无法在价格上与成本领先者进行比拼。但是竞争对手不会放弃，他们会采取差异化战略与成本领先者进行较量。因此，成本领先者要时刻注意捕捉市场信息，制定有效的防御体系，丰富战略结构，巩固成本领先战略的市场地位。例如，面对竞争对手和地方家电零售企业的竞争，国美、苏宁等家电零售巨头，在继续巩固其成本优势的同时，不断加强其服务体系的建设，其送货、安装、维修等服务及时有效，形成其他中小型家电零售商无法追逐的销售服务系统，从而大大提升了企业的竞争力，这种差异化战略的有效应用，逐渐巩固并扩大其成本领先优势。

（4）可以迫使供应商稳定价格。相对于成本较高者，企业应用成本领先战略可以有效地抵消供应商价格上的上调。因为成本领先战略使企业可以比其他竞争对手赚到更多的毛利。

2. 风险

成本领先战略尽管具有许多优点，但也面临着巨大的风险，主要包括降价过度引起利润率降低；新加入者可能后来居上；丧失对市场变化的预见能力；技术变化降低企业资源的效用；容易受外部环境的影响。

四、成本领先战略的方法体系

实施成本领先战略必须有一套实用的方法体系。构建一套科学、完整的方法体系，既是实施成本领先战略的手段，也是成本领先战略的重要组成部分。中小企业实施成本领先战略的方法和措施多种多样，但总体上可归结为分析类和控制类。

1. 成本分析方法体系

成本分析的目的在于揭示企业成本的优势和劣势，从而为确定目标成本和实施成本控制提供科学的依据。实施成本领先战略，从企业自身考虑，价值链分析、战略定位分析和成本动因分析是最基本的方法。从企业和顾客两方面考虑，还应进行产品寿命周期成本分析。

（1）价值链分析。所谓价值链是指企业一系列互不相同但又相互关联的经营活动所形成的创造价值的动态过程。价值链反映了企业经营活动的历史、重点、战略、实施战略的方法以及未来的发展趋势。企业反映在价值链上所创造的价值，如果超过成本便盈利，如果低于竞争对手的成本便有竞争优势。因此，价值链分析成为成本领先战略的基本出发点。实施成本领先战略就要了解企业在行业中所处的位置，了解自身的劣势和竞争对手的优势。通过行业价值链分析可以明确企业在行业价值链中的位置，分析自身与供应商和顾客价值链的关系，充分利用供应商和顾客的价值链活动，促进成本降低，调整企业在行业价值链中的位置与范围，把握成本优势。通过企业内部价值链分析可以找出最基本的价值链，然后分解为单独的作业，考虑该作业成本所占的比重，揭示哪些是增值作业、哪些是非增值作业，可以提高增值性作业的效率，达到降低成本的目的。通过竞争对手价值链分析，企业可以摸清竞争对手的产品成本水平、成本构成与成本项目支出情况，与企业产品成本对比，找出差距，采取措施，以达到或低于竞争对手的产品成本，并据此确定自己的产品定价策略，把握竞争主动权。

（2）战略定位分析。企业战略同其竞争环境相协调是企业战略管理的基本原则。一个行业的竞争环境是决定企业战略的重要因素，企业的战略必须同行业中各竞争要素的特点及其组合相匹配，如价格、产品质量、性能、特色和服务等。如果竞争环境发生了变化，企业应该作出积极的反应，采取恰当的战略行动，捍卫其竞争地位。从战略成本管理的角度看，战略定位分析就是要求通过战略环境分析，确定应采取的战略，从而明确成本管理的方向，建立起与企业战略相适应的成本管理战略。在确定了企业的战略定位后，企业实际上也就确定了资源配置方式及相应的管理运行机制。因此，只有通过战略定位分析，将成本管理同具体的战略相结合，企业才能体现出战略成本管理应有的效果。

（3）成本动因分析。在经过价值链分析和战略定位分析后，还需要通过成本动因分析进一步明确成本管理的重点。所谓成本动因是指引起产品成本发生变动的原因，即成本的诱致因素。首先，要尽可能把成本动因与特定价值作业之间的关系量化，并识别成本动因之间的相互作用，从而对成本动因进行战略上的权衡与控制。其次，要从战略上分析、查找、控制一切可能引起成本变动的因素，从战略上考虑成本管理，以控制日常生产经营中大量潜在的问题。

（4）产品寿命周期成本分析。对产品寿命周期成本的全面计量和分析，有助于企业更好地计算产品的全部成本，做好产品的总体成本效益预测；有助于企业根据产品寿命周期的成本各阶段分布状况来确定进行成本控制的主要阶段；有助于扩大对成本的理解范围，从而在产品设计阶段考虑顾客使用成本与产品报废成本，以便有效地管理这些成本。

2. 成本控制方法体系

成本控制的目的在于确定战略成本目标，并采取一系列的日常成本控制方法实现目标。通常采用目标成本规划法确定成本目标。所谓目标成本规划法就是通过市场研究，预测市场需求量及可能的价格，了解竞争者的产品功能和价格，根据企业中长期的目标利润计划，确定由市场驱动的目标成本。目标成本规划法的核心工作是制定目标成本。产品的目标成本确定后，可与企业目前相关产品成本相比较，确定成本差距，逐步明确实现成本降低目标的具体途径，最后运用质量功能分解、价值工程、流程再造等方法来寻求满足需求的产品与工序设计方案。

第三节　差异化战略

差异化战略被认为是在全产业范围内企业提供的产品或服务差异化。企业就客户广泛重视的一些方面在产业内独树一帜，或在成本差距难以进一步扩大的情况下，生产比竞争对手功能更强、质量更优、服务更好的产品以显示经营差异。应当强调，差异化战略并不意味着企业可以忽略成本，但此时成本不是公司的首要战略目标。

一、差异化战略概述

1. 概念

差异化战略，又称差别化战略或标新立异战略，是指企业在整个产业内针对大规模市场，通过提供与竞争者存在差异的产品或服务以获取优势的战略。

实现产品差异化有时会与争取更大的市场份额相矛盾。如果建立差异化的活动总是成本很高，如企业深入的调查研究、产品设计、高质量的材料或周密的顾客服务等需要付出很高的费用，那么实现产品差异化将意味着以牺牲成本地位为代价。波特认为，推行差异化战略往往要求公司对于这一战略的排他性有思想准备。如果差异化战略成功地实施了，它就成为在一个产业中赢得高水平收益的积极战略，因为它建立起防御阵地对付五种竞争力量，虽然其防御的形式与成本领先有所不同。

2. 分类

差异化战略主要是指产品差异化和服务差异化。更完整的来看，企业差异化战略可以划分为以下几种类型：

（1）产品差异化战略。产品差异化的主要因素有产品特征、工作性能、一致性、耐用性、可靠性、易修理性、式样和设计。

（2）服务差异化战略。服务的差异化主要包括送货、安装、顾客培训、咨询服务等因素。

（3）人事差异化战略。训练有素的员工应能体现出以下六个特征：胜任、礼貌、可信、可靠、反应敏捷、善于交流。

（4）形象差异化战略。塑造不同的产品形象以获得差别优势，主要工具有：名称、颜色、标识、标语、环境、活动等。

3. 意义

企业实施差异化战略的意义在于：①建立起顾客对企业的忠诚。②形成强有力的产业进入障碍。③增强了企业对供应商讨价还价的能力。这主要是由于差异化战略提高了企业的边际收益。④削弱购买商讨价还价的能力。企业通过差异化战略，使购买商没有可比较的产品选择，降低了购买商对价格的敏感度。另外，通过产品差异化使购买商具有较高的转换成本，使其依赖于企业。⑤缓解企业所面临的竞争压力，这使得替代品无法在性能上与之竞争。

二、产品或服务差异化战略的内容

中小企业可以通过使用具有独特性能的原材料和其他投入要素、开展技术研发活动、严格的生产作业活动、特别的营销活动和扩大经营范围等途径，实现产品或服务的差异化。产品或服务差异化的内容体现在以下几个方面：

1. 产品或服务质量的差异化

产品或服务质量的差异化战略是指企业为向市场提供竞争对手不可比拟的高质量产品或服务所采取的战略。产品或服务质量优异，能产生较高的经济活动价值，进而提高销售收入，获得比对手更高的利润。中国中小企业应该转型升级，以高质量形象进入国内外市场，从而建立起质量独特的形象，赢得国内外用户的信赖。20 世纪 50 年代前，"日本货"是劣质货的代名词。20 世纪 50 年代中期，日本企业引进美国质量管理专家，开始推行全面质量管理运动。20 世纪 70 年代后，日本企业产品在全球市场上成为优质产品的象征。依靠优质的质量和卓越的市场营销，日本的手表、录像机、半导体等产品先后占领了美国、西欧等国家消费市场。

2. 产品或服务可靠性的差异化

产品或服务可靠性的差异化战略含义是企业产品或服务具有绝对的可靠性，甚至出现意外故障时，也不会丧失商品的使用价值。

3. 产品或服务创新的差异化

大量中小型科技公司，普遍采用以产品或服务创新为主的差异化战略。这些企业拥有优秀的科技人才和执着的创新精神，为市场创造新颖、别致、适用、可靠、效率高的新产品。同时建立了鼓励创新的组织体制和奖励制度，使技术创新和产品服务创新成为公司的自觉行动。实践证明，产品或服务创新差异化战略，不仅可以保持企业在科技领域占有一席之地，而且大大增加企业的竞争优势和获利能力。

4. 产品或服务特性的差异化

如果产品或服务中具有顾客需要，而其他产品服务不具备的某些特性，就会产生别具一格的形象。例如，中小型计算机公司可以在计算机中配置一种诊断性程序，以能自动检测故障来源，也可以包括一整套培训服务，而且这些特性的差异化已被广大顾客所共识。

三、差异化战略适用条件

企业决定实施差异化战略，必须仔细研究顾客的需求或偏好，以便决定将一种或多种差异化特色结合在一起，形成独特的产品、技术或服务中心以满足顾客的需要。同时，差异化与高市场占有率是不相容的，企业实施差异化战略要放弃较高的市场占有率目标。中小企业制定与实施差异化战略的适用条件主要有以下几方面：

1. 外部条件

从企业外部条件来看，主要条件：①存在很多途径创造企业与竞争对手服务的差异，且此差异被顾客认为是有价值的。②顾客对服务的需求和使用要求是多种多样或经常变化的，即顾客需求是有差异的。③采用差异化战略的竞争对手很少。④企业的物流技术尤其是物流信息技术变革很快，市场上竞争的焦点主要集中在不断推出新的特色技术。

2. 内部条件

从企业内部条件来看，适用条件一般有：①企业具有很强的物流研发能力，且研究人员有创造性的眼光。②企业在物流行业中具有服务质量或技术领先的声誉。③企业有很强的物流营销能力。④企业能够得到供应链上各单位强有力的合作。⑤企业的研发部门与各业务部门能够实现密切协作。

四、差异化战略的优势与风险

1. 优势

差异化战略是增强企业竞争优势的有效手段。产品或服务差异化对市场价格、市场竞争、市场集中度、市场进入壁垒、市场绩效均有不同程度的影响。差异化的产品或服务能够满足某些消费群体的特殊需要，这种差异化是其他竞争对手所不能提供的，可以与竞争对手相抗衡；产品或服务差异化也将降低顾客对价格的敏感性，不大可能转而购买其他的产品和服务，从而使企业避开价格竞争。具体可从以下几个方面来看：①差异化可以给企业产品带来较高的溢价。这种溢价应当补偿因差异化所增加的成本，并且可以给企业带来较高的利润。产品的差异化程度越大，所具有的特性或功能就越难以替代和模仿，顾客越愿意为这种差异化支付较高的费用，企业获得的差异化优势也就越大。②由于差异化产品和服务是竞争对手不能以同样的价格提供的，因而明显地削弱了顾客的讨价还价能力。③采用差异化战略的企业在应对替代品竞争时将比其竞争对手处于更有利的地位。因为购买差异化产品的顾客不愿意接受替代品。④产品或服务差异化会形成一定的壁垒。在产品或服务差异化越明显的产业，因产品或服务差别化所形成的进入壁垒就越高。

2. 风险

企业实施差异化战略也可能带来一系列风险，主要表现在以下几个方面：

（1）可能丧失部分客户。如果采用成本领先战略的竞争对手压低产品价格，使其与实行差异化战略的厂家的产品价格差距很大，在这种情况下，用户为了大量节省费用，放弃取得差异的厂家所拥有的产品特征、服务或形象，转而选择物美价廉的产品。

（2）用户所需的产品差异的因素下降。当用户变得越来越老练时，对产品的特征和差别体会不明显时，就可能发生忽略差异的情况。

（3）大量的模仿缩小了感觉得到的差异。特别是当产品发展到成熟期时，拥有技术实力的厂家很容易通过逼真的模仿，减少产品之间的差异。

（4）过度差异化带来的风险。企业投入巨资研发差异化产品进入失去了投资价值的细分市场，最终造成成本高企，那必定会抑制消费者的购买欲望，形成了差异化过度所带来的经营风险。

五、差异化战略及成本领先战略和"五力模型"之间的关系

一般来看，差异产品总能以高价出售。但是，为了增加市场份额，差异产品可能采用与竞争产品一样的售价。同时，在竞争对手的选择上难以做出决定：应与哪些企业形成差异？竞争对手是谁？他们是否为其他细分市场服务？他们是否在同样的基础上竞争？因此，中小企业需要仔细研究，进一步明确差异化战略、成本领先战略与产业中"五力模型"的关系（如表4-1所示）。

表4-1　差异化战略及成本领先战略和"五力模型"之间的关系

竞争力	优点		缺点	
	差异化战略	成本领先战略	差异化战略	成本领先战略
新进入者	品牌忠诚度和被消费者接受的独特性构成了进入壁垒	规模经济进入壁垒		
替代品	消费者忠诚度成为对抗替代品的有力武器	与成本效益较差的竞争对手相比，企业面对替代品时并不像它们一样脆弱		
消费者	消费者在市场中找不到相应替代品；品牌忠诚度能降低对价格的敏感度	消费者无法再压低市场中下一个最具竞争力的企业所提供的价格	消费者可能不再需要差异化因素；消费者迟早会变得对价格敏感	
供应商	高利润可弥补由于供应商价格上升而产生的利润损失	用弹性来应对成本的增长		投入成本的增加可降低价格优势

续表

	优点		缺点	
竞争力	差异化战略	成本领先战略	差异化战略	成本领先战略
同业 竞争	独一无二的特色可降低直接竞争	当竞争对手从价格竞争退出时，企业仍可保持盈利状态	模仿会缩小差异	技术进步要求企业投入资金或使竞争对手降低生产成本； 竞争对手会通过模仿来学习； 对成本的关注会导致忽视产品设计或营销方面的问题

📖 本章复习思考题

1. 简述中小企业集中化战略的实现途径。

2. 简述中小企业成本领先战略的目标和条件。

3. 简述中小企业产品或服务差异化的主要内容。

4. 比较三种企业竞争战略的优势与风险。

📖 本章案例

特步公司的差异化战略

在中国体育用品市场上，耐克、阿迪达斯、李宁属于第一集团的领导者，特步、安踏、锐步、双星属于第二集团的挑战者，在三、四线品牌阵营中，有无数的品牌抢食剩余的市场份额。特步（中国）有限公司旗下的特步品牌身处中国鞋都——晋江，领跑于时尚运动细分市场。晋江大批企业蜂拥而上，克隆特步成功模式，通过简单的模仿、复制，使得本属于一个市场容量较大，前景光明的细分市场，突然充斥了形形色色的市场瓜分者，使这一时尚运动领域，出现了众多娱乐明星担任形象代言人的品牌。在众多企业肤浅理解为签约一个明星代言就是打造出时尚运动品牌的追风下，顾客对时尚品牌的定义和内涵开始模糊起来。为与众多市场的跟随者和三、四线品牌拉开距离，品牌实现突然发力，特步通过对中国体育行业未来的发展趋势精准评估之后，成为"十运会"合作伙伴，着力于深化特步品牌的时尚、运动的核心价值，下面我们来认识一下特步的发展历程。

特步（中国）有限公司的前身是成立于 1987 年福建省泉州市三兴体育用品有限公司，是由丁水波投资 1500 万元人民币创立的。公司以靠承接国外贴牌生产（OEM）订单维生，中国低廉的劳动力成本和优良的产品品质，使三兴体育用品有限公司产品在国外市场畅销无阻，远销美国、英国、日本、澳大利亚、法国等国家。凭借沿海企业的竞争优势，企业迅速进行了资本积累。进而企业又发展了完善的生产链，下设十几个供应链、生产链配套公司，形成企业集团——三兴集团。三兴集团凭借产能优势，企业依靠价值链低端的微利，同样取得了可观的利润。20 世纪 90 年代的亚洲金融危机，让同三兴集团一样靠海外订单生存、发展的晋江企业国外订单大面积缩水，原三兴集团董事局主席、现特步（中国）有限公司总裁丁水波通过对国际、国内市场准确判断，果断把三兴集团的定位由国际贴牌生产商转化为国内市场的品牌推广商。

2001 年，国内市场竞争已非常激烈，高端品牌有阿迪达斯、耐克、锐步等国际品牌，中间有李宁、安踏等国内品牌，还有双星等大众品牌。在批发商手中还有很多闻所未闻的杂牌。国内众多鞋厂前期多为手工作坊，由最初运动鞋生产的一个环节慢慢发展为整鞋生产，运动鞋市场上高、中、低端产品充斥，如果产品的品牌做不到足够的差异化，特步无疑与其他众多牌子命运一样，沦为大路产品。特步高层充分运用市场细分（STP）工具，让产品和品牌在一个份额足够大的市场中做到充分的差异化。公司研究认为，对一个体育用品品牌来说其目标市场有四大块：高端市场的专业运动员装备、大众体育市场、渴望运动而实际很少运动的心灵渴求与安慰群体集合市场、非运动服饰群体转移市场。耐克、阿迪达斯通过对顶尖赛事的长期赞助与推广，树立起高端品牌形象，用专业市场的形象来影响和拉动大众体育市场，非常符合体育用品的品牌次级联想推广规则，国内体育用品品牌如李宁、安踏也拼命往这一市场中挤。特步从中发现到一个细分市场机会，从金字塔尖向下辐射影响有一个漫长的过程，直接针对后面三大市场找到一个定位差异点进行产品研发、品牌定位、传播推广是一个快速建立品牌的途径。通过论断，特步定位于时尚运动品牌，顾客年龄区隔在 13 ～ 20 岁。特步把标志设计成一把叉，与耐克式的运动精神完全对立，表明特步与顾客在不断否定自己的过程中，实现自我超越，这与年轻的消费群体个性、叛逆、特立独行特征非常吻合，品牌个性完美呈现出来。特步与耐克有严格的市场竞争区隔，用特步（中国）有限公司丁水波总裁的一句话可以下结论：耐克应该感谢特步，因为特步在为耐克培养明天的顾客。

　　特步通过科学的市场定位与区隔之后，需要顾客感知特步品牌的区隔与差异化。特步通过产品差异化、形象差异化、推广差异化这三大战略，让特步从严重同质化的产品中跳出来。①产品差异化。产品是建立品牌的基础，顾客通常是通过产品的体验和重复购买行为建立品牌认知的。特步定位于时尚运动品牌，首先需要从产品差异化层面突破。提起篮球鞋顾客第一联想品牌就是耐克，提起阿迪达斯顾客首先的反应就是足球鞋，这就是专业化品牌塑造的产品差异化反应。对于时尚运动产品来说，特步在国内第一家改变了运动产品的专有属性和冷冰冰的品牌形象。根据运动鞋的穿着特点，特步公司在行业中独家引进日本技术，让每一双鞋有一股淡淡的香水味，起到祛味、除臭的作用。在保证产品的优良品质前提下，在产品用色、设计上大胆突破，每年每季均推出自己的主题概念商品，如风火、冷血豪情、刀锋、圣火、先锋、04好玩，款款个性、时尚，其中的第一代风火鞋创下了120万双的中国单鞋销售奇迹，现在已经发展到第五代。时尚元素融入产品设计当中，特步在给顾客带去优良产品品质的同时，满足消费者对时尚、个性的精神渴求。②形象差异化。品牌知名度可以借企业实力，用大量的广告支持来建立，而品牌个性和品牌形象的建立和塑造则需要较长的时间达成。特步是国内第一个体育用品采用娱乐营销的品牌，这非常符合特步作为一个时尚运动品牌的特征。特步以每年500万元人民币的代价与英皇旗下艺人谢霆锋签约，使其成为特步品牌代言人和形象大使。谢霆锋在年轻人一代中有非凡的号召力，是"X一代"的核心领导人物，其叛逆、个性、时尚，与特步品牌特征惊人地相似。谢霆锋集中体现了特步的品牌特征，其成为代言人之后，全国各地谢霆锋的忠实歌迷排队疯抢特步运动鞋，海报、CD、签名画册曾在全国几度断货。特步与英皇紧密配合其中国大陆市场拓展计划，谢霆锋到大陆的每一次媒体见面会，都有特步签售会身影。在代言人深度配合方面，特步成立了专案组跟踪、推广，特步品牌形象和个性深受特步目标消费群的高度认可。特步在品牌形象代言手法上更是无意中成为媒介评论开创中国"立体代言"策略的开山鼻祖。用不同明星的影响力带动目标市场不同个体需求，最终实现目标市场消费者特征集合营销。与QQ、动感地带一样，特步用"X一代"来概括目标市场核心特征，建立"X一代"的核心价值观和品牌归属感，用多明星立体代言方式不断扩充"X一代"阵营成员，建立起个性、时尚、特立独行的品牌形象和品牌个性。③推广差异化。产品同质化是市场营销的难题，推广同质化是市场营销的天敌，前者意味着在自身资源利用上还能够从面上突破，推广要做到差异化除自身资源之外还有很多企业不可控的资源。特步在推广差异化方面做到了与品牌个性相符的特立独行风格。特步从品牌诞生之日起就占据了传播通道制高点，集中在中央电视台进行品牌推广，抢占强势媒介的话语权，为产品建设全国销售网络服务，吸引了大批分销商加入特步连锁系统，中央五套在特步的选择下，后面紧紧跟随了大批晋江运动鞋品牌，高峰时期，曾有三十多个品牌在中央五套投放电视广告，一度被戏称为"晋江频道"。事实上，有很多竞争品牌明显缺乏推广规划，推广目的不明确，造成品牌知名度很高，却总是处于高空不能落地促销，而特步专卖店在全国迅速地由省份中心城市辐射到二、三级城市以及星云密布的中国乡镇。在市场网络开发成功后，特步减少了中央电视台广告投放力度，开始有针对性做区域性的媒体投放，包括与湖南卫视《快乐大本营》、《娱乐无极限》、《金鹰之星》、东方卫视《娱乐星天地》、光线传媒等娱乐时尚媒介合作推广。传统媒介的直白、单一诉求遭遇网络媒介互动、参与、体验乐趣之后，众多企业纷纷建设企业网站进行品牌和产品推广，但是，大量的图片、文字类型网站在海量互联网信息中被淹没。而特步品牌网站再一次显示了特立独行的品牌主张。特步网站完全基于品牌极致体验、产品完全体验、X文化社区三大功能架构，整个网站用纯FLASH制作，与传统的图片、文字堆砌网站不同，让消费者有耳目一新的体验。特步每年用于网络媒介投资预算达到300万元，时时更新网站内容，引进新游戏，在门户网站上对特步网站进行大力推广，网站浏览量在运动用品品牌中位居前列，成为"X新一代"的精神家园。特步在把传统媒介广告、网络广告、企业网站等传播功能发挥到极致的同时，综合SP、PR等活动推进品牌整合营销传播。谢霆锋、TWINS大陆市场推广活动成为特步固定的公关推广资源。极限运动、全国三人篮球赛、区域校园三人篮球赛、全国街舞大赛等冠名赞助，与目标顾客零距离对话取得了非常好的推广效果。

总之，特步的差异化竞争战略是成功的。公司2003年销售收入6亿元，2005年实现销售收入10亿元，2015年销售收入达到53亿元，成为中国体育用品行业一流强势品牌，时尚运动领导品牌。

案例思考题：

1. 特步公司成功的主要原因有哪些？
2. 特步公司差异化竞争战略的优势和劣势是什么？

第五章 中小企业职能战略

职能战略是指中小企业中的各职能部门制定的指导职能活动的战略的总称。职能战略描述了在执行总体战略和竞争战略的过程中，企业中的每一职能部门所采用的方法和手段。企业职能战略不同于总体战略和竞争战略。首先，职能战略的时间跨度要比总体战略短得多。其次，职能战略更具体和专门化，且具有行动导向性。最后，职能战略的制定需要较低层管理人员的积极参与。事实上，在制定阶段吸收较低层管理人员的意见，对成功地实施职能战略是非常重要的。职能战略主要包括财务战略、营销战略、生产战略、技术研发战略、人力资源战略、信息化战略等。

第一节 中小企业财务战略

一、企业财务战略的概念及分类

1.财务战略的概念

财务战略是指为谋求企业资金均衡有效的流动和实现企业整体战略，增强企业财务竞争优势，在分析企业内外环境因素对资金流动影响的基础上，对企业资金流动进行全局性与长期性的谋划，并确保其执行的过程。

财务战略作为企业职能战略的一个重要组成部分，其重要意义有以下三点：

（1）有助于增强企业财务对环境的适应性。通过对企业内外环境分析并结合企业整体战略的要求，它提高了企业财务的能力，即提高了企业财务系统对环境的适应性。

（2）有助于发挥企业协同效应。财务战略注重系统性分析，这提高了企业整体协调性，从而提高了企业的协同效应。

（3）有助于企业保持竞争优势。财务战略着眼于长远利益与整体绩效，有助于创造并维持企业的财务优势，进而创造并保持企业的竞争优势。

2. 分类

（1）按职能分类。按照企业财务战略的不同职能，一般划分为以下几类：

1）投资战略。投资战略是涉及企业长期、重大投资方向的战略性筹划。企业重大的投资行业、投资企业、投资项目等筹划属于投资战略问题。

2）筹资战略。筹资战略是涉及企业重大筹资方向的战略性筹划。企业发行大笔债券、首次发行股票、增资发行股票、与银行建立长期合作关系等战略性筹划属于筹资战略问题。

3）营运战略。营运战略是涉及企业营运资本的战略性筹划。企业重大的营运资本策略、与重要的供应商和客户建立长期商业信用关系等战略性筹划属于营运战略问题。

4）股利战略。股利战略是涉及企业长期、重大分配方向的战略性筹划。企业重大的留用利润方案、股利政策的长期安排等战略性筹划属于股利战略问题。

（2）按照综合要求分类。按照企业财务战略与企业发展战略的综合要求，划分为以下几种类型：

1）扩张型财务战略。扩张型财务战略一般表现为长期内迅速扩大投资规模，全部或大部分保留利润，大量筹措外部资本。

2）稳健型财务战略。稳健型财务战略一般表现为长期内稳定增长的投资规模，保留部分利润，内部留利与外部筹资相结合。

3）防御型财务战略。防御型财务战略一般表现为保持现有投资规模和投资收益水平，保持或适当调整现有资产负债率和资本结构水平，维持现行的股利政策。

4）收缩型财务战略。收缩型财务战略一般表现为维持或缩小现有投资规模，分发大量股利，减少对外筹资，甚至通过偿债和股份回购归还投资。

二、财务战略的内容及影响因素

1. 财务战略的内容

企业财务战略必须适合企业所处的发展阶段并符合利益相关者的期望。一个完整的企业财务战略，主要内容包括以下几点：

（1）投资战略。关于企业投资方向、投资优先方向、其他相关多元化领域中的潜在市场机会等方面的财务谋划。

（2）融资战略。企业融通发展所需要的资金，从战略角度考虑，主要的筹资方式包括以下几种：

1）自我积累融资。要不断提高企业综合经济效益，稳健经营，保持良好的企业自我积累能力。

2）信贷融资。合理使用商业银行及其他金融机构的各种信贷资金。

3）证券融资。通过上市筹集项目发展资金，上市后争取配股、增发等形式进一步筹集未来项目发展资金。

4）国际融资。国际融资一是与国际大公司开展合作项目，借助外企的资金拓展市场；二是寻找国外上市的时机，打开国际融资渠道。

（3）分配战略。分配战略是企业财务活动的必然结果。企业应本着股东财富最大化原则，合理确定股利分配与企业留存收益的比例。

（4）财务管理。企业筹集来的所需资金，必须加强管理，更好地发挥资金使用效率。首先，要从战略高度开展财务管理工作，使财务分析成为企业战略管理的重要内容和重要手段，财务分析要为企业战略决策提供有分量的判断依据。企业应导入战略财务分析体系，要定期和不定期进行战略财务分析，及时向公司高级管理层呈送分析结果。同时要做好一般财务管理。坚持保守的财务政策，努力使财务风险降低到最低水平。同时要做好项目可行性分析，实事求是，严格把关。绝不以追求短期的经济利益而牺牲长期利益。尤其要做好现金流的管理，任何时候都有足够的现金储备。要精打细算，争取最小的投入获取最大的产出，以低成本支持产品在市场中的竞争力，以高效益保持企业活力。

2. 财务战略的影响因素

企业在制定和实施财务战略时，需要结合不同方面的影响与限制，这些相关因素包括以下几个方面：

（1）法律法规的影响因素。首先，要考虑政府的融资管制，熟悉管理融资和限制融资领域。其次，法律法规的约束影响，企业需要了解影响其经营的法规，涉及有关企业经营、税收、员工健康、安全及消费者方面的法规。

（2）经济和金融环境影响因素。影响财务战略的环境因素来自诸多方面，然而对企业财务战略的制定和实施起决定性作用的，还是经济与金融环境。经济金融环境是影响企业生产经营活动最直接的外部因素，也是企业赖以生存和发展的基础。一个国家在不同历史发展时期，其经济环境也是不尽相同的。经济金融环境是企业进行财务活动所面临的金融政策和金融市场，是企业财务活动的重要外部条件。其中，最重要的有三个因素：一是通货膨胀。通货膨胀会通过以下几种方式影响资产价值、成本和收入：由于非流动资产和存货的价值将会上升，因此获取相同数量的资产需要更大金额的融资；通货膨胀意味着更高的成本和更高的售价，从而产生一种螺旋式的成本和售价的上升，并因此削弱境外对本国产品的需求；通货膨胀的结果是以牺牲放款人的利益使借款人从中获益的财富重新分配。二是利率。一个国家的利率会影响到该国货币的价值，是企业股东对回报率预期的导向，也影响企业的借款成本。利率较低时，获得更多的借款，最好为固定利率贷款，以此来提高公司的资金杠杆作用；举借长期贷款而非短期贷款；在企业的能力范围内，还清利率较高的贷款，并以较低利率获得新的贷款。利率较高时，决定减少其债务融资的金额，并替换为权益融资，比如留存收益；拥有大量现金盈余和用于投资的流动资金的公司可能将其一部分短期投资从权益中转出，变成附息证券；如果预计利率近期可能有所下降，则企业可能会选择通过筹集短期资金和变动利率债务，而不是固定利率的长期贷款来融资。三是汇率。有进出口业务的中小企业，汇率变动影响进口成本、出口货物价值及国际借款和贷款的成本和效益，进而影响企业的生存和发展。

（3）企业内部约束的影响因素。通常认为，企业财务战略的威胁往往存在于外部。肯定外部变化的作用是毫无疑问的，但是，企业战略的更大威胁往往来自企业内部。首先，内部相关者的态度和能力，如企业决策者对于财务结构的看法、与投资者关系等。其次，组织结构与企业总体目标的匹配。企业的组织结构不仅在很大程度上决定了目标和政策是如何建立的，而且还决定了企业的资源配置。因此，战略指导下的企业行为演变的同时，其组织结构也应相应地发生变化，以新的组织结构实施新的战略，以使企业行为达到目标最大化。

（4）生产经营规模影响因素。企业生产经营规模的大小也会影响到企业财务战略的制定。一般而言，企业经营规模越大，财务战略制定越复杂，实施也越困难。若企业经营规模小，则企业的财务战略规划制定和实施也相对简单很多。企业应根据自己的实际情况制定适合自己的企业财务战略规划，保证企业目标的顺利实现。

三、企业财务经理的决策

企业财务战略的制定，离不开财务经理的决策。一般来说，中小企业筹资方式的选择、资本结构和股利分配政策等的决策，是财务经理的重要职责，也是财务战略的核心。

1. 筹资方式决策

中小企业特别是小企业在融资渠道上，更多地依赖内源融资。在融资方式的选择上，企业更加依赖债务融资，主要依赖来自银行等金融中介机构的贷款。中小企业的债务融资表现出规模小、频率高和更加依赖流动性强的短期贷款的特征。一般来说，企业财务经理需要明确企业筹资的来源，重点考虑筹资成本、风险和难度，选择相应的筹融资方式。

（1）内部融资。企业可以选择使用自有资金、企业未使用或未分配的专项基金、企业应付税利和利息等进行再投资。内部融资的优点是自主决策、不需要披露相关信息、节省融资成本。缺点是规模有限、增加股东对下期红利的期望、与企业经营效益直接相关。

（2）股权融资。股权融资也称为权益融资，股权融资是指企业为了新的项目而向现在的股东和新股东发行股票来筹集资金。股权融资的优点是规模较大、不需要支付本金和定期利息。其缺点是部分或全部控制权的变更、股权融资成本高。

（3）债权融资。债权融资大致可以分为贷款和租赁两类。企业向商业银行、非银行金融机构、其他企业、民间等贷款机构融资，需要确定贷款的期限、信用贷款或担保贷款、固定利率或浮动利率、指定用途贷款与无指定用途贷款等。贷款的优点是对中小企业的优惠政策多、资金到账较快、利率成本低；其缺点是手续较多、抵押物要求严格、信用要求高。租赁是指企业租用资产一段时期的债务形式，可能拥有在期末的购买期权。租赁融资的优点是不需要为购买运输工具等进行融资、税收优惠（租金从税前利润中扣减，可冲减利润而达到避税）；其缺点是租赁资产的权利是有限的。

（4）销售资产融资。企业还可以选择销售其部分有价值的资产进行融资。其优点是简单易行，并且不用稀释股东权益，不足之处是方式比较激进，一旦操作了就无回旋余地，而且如果销售的时机选择得不准，销售的价值就会低于资产本身的价值。

2. 融资成本与最优资本结构决策

（1）非上市的融资成本。非上市企业融资成本包括以下几个方面：

1）财务成本。融资成本是资金所有权与资金使用权分离的产物，实质是资金使用者支付给资金所有者的报酬。企业融资的财务成本实际上包括两部分，即融资费用和资金使用费。融资费用是企业在资金筹资过程中发生的各种费用；资金使用费是指企业因使用资金而向其提供者支付的报酬，如发行债券和借款时的利息，租赁资产支付的租金等。一般情况下，融资成本指标以融资成本率来表示，其表示如下：

融资成本率＝资金使用费 /（融资总额－融资费用）

2）机会成本。除了财务成本外，企业融资还存在着机会成本或称隐性成本。机会成本是指把某种资源用于某种特定用途而放弃的其他各种用途中的最高收益。我们在分析企业融资成本时，机会成本是一个必须考虑的因素，特别是在分析企业内部自有资金的使用时，机会成本非常关键。因为企业使用自有资金一般无须实际对外支付融资成本。但是，如果从社会各种投资或资本所取得平均收益的角度看，自有资金也应在使用后取得相应的报酬。以留存收益为代表的企业内部融资的成本应该是普通投资者的盈利率，只是没有融资费用而已。

3）代理成本。企业融资还必须支付代理成本。资金的使用者和提供者之间会产生委托—代理关系，这就要求委托人为了约束代理人行为而必须进行监督和激励，如此产生的监督成本和约束成本便是所谓的代理成本。另外，资金的使用者还可能进行偏离委托人利益最大化的投资行为，从而产生整体的效率损失。

4）风险成本。企业融资的风险成本主要指破产成本和财务困境成本。企业债务融资的破产风险是企业融资的主要风险，与企业破产相关的企业价值损失就是破产成本，也就是企业融资的风险成本。财务困境成本包括法律、管理和咨询费用。其间接成本包括因财务困境影响到企业经营能力，至少包括减少对企业产品需求以及没有债权人许可不能作决策，管理层花费的时间和精力等。

（2）上市的融资成本。越来越多的企业在中小板、创业板等平台上市融资。对上市公司来说，债务融资应该是一种通过银行或其他金融机构进行的长期债券融资，而股权融资则更应属长期融资。在这些公司融资资本的成本量的方面，一般采用资本资产定价模型 (CAPM)（顾银宽等，2004），分别计量公司的债务融资成本、股权融资成本和融资总成本。

1）债务成本。大多数上市公司募集资金所投资项目的承诺完成期限为 3 年左右，因此可以将债务融资和股权融资的评估期限定为3年。以DC代表债务融资成本，则DC可直接按照3~5年中长期银行贷款基准利率计算。

2）股权成本。股权融资成本EC必须根据资本资产定价模型来计算。CAPM模型如下：

$$r_i = r_f + \beta_i(r_m - r_f)$$

其中，r_i为股票i的收益率，r_f为无风险资产的收益率（一般选择国债或国内一年期央票利率的加成），r_m为市场组合的收益率，β_i代表股票i收益率相对于股市大盘的收益率。

3）融资总资本。融资总资本包括债务融资资本和股权融资资本，DK代表债务融资资本，EK代表股权融资资本，C代表融资总成本，则分别有：

$$DK = SD_1 + SD_2 + LD$$

其中，SD_1代表短期借款，SD_2代表1年内到期的长期借款，LD代表长期负债合计。

$$EK = \sum_{j=1}^{5} EK_j + \sum_{j=1}^{5} ER_j$$

其中，j=（1，2，3，4，5）。EK_1代表股东权益合计，EK_2代表少数股东权益，EK_3代表坏账准备，EK_4代表存货跌价准备，EK_5代表累计税后营业外支出，ER_1代表累计税后营业外收入，ER_2代表累计税后补贴收入。

$$C = DK + EK$$

或

$$C = DC \times (DK/V) \times (1 - T) + EC \times (EK/V)$$

其中，T代表所得税率，V代表上市公司总价值，并且有：

$$V = E + Ds + DL$$

其中，E代表上市公司股票总市值，Ds代表上市公司短期债务账面价值，DL代表上市公司长期债务账面价值。

在实务中，企业通常使用现在的融资成本来计算加权平均资本成本（WACC），因为这样计算比使用过去的资本能更准确地反映企业使用资金的成本，从而做出合理的战略决策。计算公式：

　　WACC＝（长期债务成本 × 长期债务总额＋权益资本成本 × 权益总额）/ 总资本

　　（3）最优资本结构的决策。在考虑融资总额、各种融资方式的成本的基础上，财务经理需要进行最优资本结构的决策，即确定企业权益资本与债务资本的比例。为此，需要考虑的因素包括以下几个方面：

　　1）贷款融资会增加债务固定成本而给企业带来财务风险。如果杠杆比率高，管理层和股东的利益将会和债权人的利益发生冲突，因为管理层可能会作出对高风险项目进行投资的决策；借款人应当通过引入或增加限制性条款来限制管理层的高风险投资以保护自身的权益。这些限制可能包括限制企业增加额外债务融资，保障可接受的营运资本数额以及其他一些比率等。这些限制可能导致企业效率下降。

　　2）大多数经理倾向于内部融资而不是外部融资。在高盈利的时期，管理层会倾向于通过留存盈余而不是借债来融资；而在盈利比较低的时期，管理层倾向于借债而不是发行新股进行融资。

　　3）其他因素。其他因素如企业的举债能力、管理层对企业的控制能力、企业的资产结构、业务增长率、企业盈利能力、有关的税收成本、其他难以量化的因素。

　　3. 股利分配决策

　　（1）决定股利分配的因素。决定企业盈余分配和留存政策也是财务战略的重要组成部分。保留盈余是企业的一项重要融资来源，财务经理应当考虑保留盈余和发放股利的比例。其影响因素：①留存供未来使用的利润的需要。②分配利润的法定要求，如未缴纳的罚款、亏损弥补、盈余公积金。③债务契约中股利约束。④企业财务杠杆。⑤企业流动性水平。⑥即将偿还债务的需要。⑦股利对股东和资本市场的信号作用。

　　（2）股利分配政策选择。财务经理需要考虑每种股利分配政策的特点，结合企业发展要求以及财务状况，合理选择分配政策，其中有以下几种方案：

　　1）固定股利政策。每年支付固定的或者稳定增长的股利，将为投资者提供可预测的现金流量，减少管理层将资金转移到盈利能力差的活动的机会，并为成熟的企业提供稳定的现金流。但盈余下降时也可能导致股利发放遇到一些困难。

　　2）固定股利支付率政策。股利支付率等于企业发放的每股现金股利除以企业的每股盈余。支付固定比例的股利能保持盈余、再投资率和股利现金流之间的稳定关系。投资者无法预测现金流，也无法表明管理层的意图或者期望，并且如果盈余下降或者出现亏损，这种方法就会出现问题。

3）零股利政策。这种股利政策是将企业所有剩余盈余都投资本企业中。在企业成长阶段通常会使用这种股利政策，并将其反映在股价的增长中。但项目不再有正的现金净流量时，就需要积累现金和制定新的股利分配政策。

4）剩余股利政策。剩余股利政策指只有在现金净流量为正的项目中才会支付股利，即在那些处于成长阶段、不能轻松获得其他融资来源的企业中比较常见。企业的所有经营净收益中如果有剩余就发股利，没有就不发股利。

四、企业财务战略的选择

1.基于发展阶段的财务战略选择

在企业的不同阶段，财务战略相关因素具有不同特征（如表5-1所示）。因为收益和风险不同，资金需求不同，企业财务战略应有所不同。

表5-1　企业发展阶段的财务特征

财务因素	企业的发展阶段			
	起步期	成长期	成熟期	衰退期
经营风险	非常高	高	中等	低
财务风险	非常低	低	中等	高
资本结构	权益融资	权益增加	权益+债务	权益+债务
资金来源	风险资本	权益投资增加	盈余+债务	债务
股利	不分配	分配率很低	分配率高	全部分配
市盈率	非常高	高	中等	低
股价	迅速增长	增长并波动	稳定	下降并波动

（1）起步阶段的财务战略。在中小企业的初始阶段，资金主要用于开拓市场，形成生产能力，所以既需要固定资金。企业也需要流动资金。企业需要的资金多，且无良好经营记录，此时很难从银行取得贷款，资金主要来源于自有资金和风险投资、政府财政投资、担保贷款等。该阶段是经营风险最高的阶段，经营风险高意味着这一时期的财务风险可能比较低，因此权益融资是最合适的，投资者期望的可能是高回报率。由于风险投资家通常希望他们的投资组合获得更高的回报率，

退出是符合各方利益的。由于企业的总风险在从启动到增长的过程中降低了，新的资本回报也必然降低。相应地，原来的风险投资家们可能对未来的融资不感兴趣，因为他们必须支付越来越高的价格。风险投资家要实现他们的利益并将收益投入到更高风险的投资中。

（2）成长阶段的财务战略。在成长阶段，中小企业具备了批量生产的能力，企业规模得以扩大，经营走上正轨，业绩日益提升，品牌形象进一步稳固，企业有了更多的融资自由，可以采用较多的融资组合，如吸收直接投资、利用银行借款、利用融资租赁、商业信用等。该阶段企业风险尽管比初始阶段低了，但在销售额快速增长的阶段仍然很高。为此，要控制资金来源的财务风险，需要继续使用权益融资；需要识别新的权益投资者来替代原有的风险投资者和提供高速增长阶段所需的资金；最具吸引力的资金来源通常是来自公开发行的股票；企业产生的现金如果需要再投资于企业，股利分配率就将保持在一个较低的水平。此外，增长前景已经反映在公司的高市盈率中。

（3）成熟阶段的财务战略。在成熟阶段，中小企业具备一定的生产、销售规模，财务状况良好，内部管理日趋完善，社会信用程度不断提高，企业具备了较强的融资能力，可以从商业银行筹集大笔信贷资金，也可以通过在证券市场发行股票或债券等形式融资。该阶段销售额较大而且相对稳定、利润也较合理，此时企业风险在于能否维持这种稳定成熟的阶段以及企业能否保持它较高的市场价值。战略重点必须转移到提高效率、保持市场份额上来。为此，引入债务融资会使财务风险增大，但却很有用处，这是因为企业需要获得大量现金净流量来偿还债务。正的现金流和使用债务资金的能力在再投资的过程中也很重要，因为投资者允许该企业支付更高的股利。同时，增加股息率是必需的，因为企业未来发展前景远远低于生命周期的早期阶段。较低的增长前景主要体现在较低的市盈率上，因此股票价格下跌。每股收益应当较高并且有所增加，以降低市盈率的倍数。最终的结果应该是更稳定的股价，更多的投资回报来自发放的股利。

（4）衰退阶段的财务战略。维持在早期下跌阶段的净现金流。现有的主要风险是经济能够允许企业生存多久。较低的企业风险应伴随着较高的财务风险。这可以通过高股利支付政策和利用债务融资相结合来实现。在这一阶段支付的红利可能会超过税后利润，股息可能等于利润加上折旧。消极的增长前景表现为衰退阶段较低的市盈率。

（5）各发展阶段的经营风险和财务风险的搭配。从企业筹资者的角度，结合风险的形成原因，企业风险一般包括经营风险和财务风险。经营风险的大小是由企业特定的经营战略决定的，而财务风险的大小则是由企业资本结构决定的，二者共同构成了企业的总风险。企业经营风险和财务风险搭配的方式，可以划分为如下类型：

1）高经营风险与高财务风险搭配。高经营风险与高财务风险搭配具有很高的总体风险。例如，一个初创期的高科技企业，假设能够通过借款取得大部分资金，它破产的概率很大，而成功的可能很小。这种搭配符合风险投资者的要求。他们只需要投入很小的权益资本，就可以开始冒险活动。如果侥幸成功，投资人可以获得极高的收益；如果失败了，他们只损失很小的权益资本。但这种搭配不符合债权人的要求。这是因为债权人投入了绝大部分的资金，让企业去从事风险巨大的投资，如果侥幸成功，他们只得到以利息为基础的有限回报，大部分收益归于权益投资人；如果失败，他们将无法收回本金。因此，实践中，这种搭配往往会因找不到债权人而无法实现。

2）高经营风险与低财务风险搭配。高经营风险与低财务风险搭配具有中等程度的总体风险。例如，一个初创期的高科技企业，主要使用权益筹资，较少使用或不使用负债筹资。这种资本结构对于权益投资人有较高的风险，也会有较高的预期报酬，符合他们的要求。权益资本主要由专门从事高风险投资的专业投资机构提供。他们运用投资组合在总体上获得很高的回报，不计较个别项目的完全失败。这种资本结构对于债权人来说风险很小，因为不超过清算资产价值的债务，债权人通常是可以接受的。因此，权益筹资对于投资人来说风险大，而对于企业来说风险小；债务筹资对于债权人来说风险小，而对于企业来说风险大。这是一种可以同时符合股东和债权人期望的现实搭配。

3）低经营风险与高财务风险搭配。低经营风险与高财务风险搭配具有中等的总体风险，资本结构对于权益投资人来说经营风险低，投资资本回报率也低。对于债权人来说，经营风险低的企业有稳定的经营现金流入，可以为偿债提供保障，可以为其提供较多的贷款。如一个成熟的公用企业，大量使用借款筹资。因此，低经营风险与高财务风险也是一种可以同时符合股东和债权人期望的现实搭配。

4）低经营风险与低财务风险搭配。低经营风险与低财务风险搭配具有很低的总体风险。例如，一个成熟的公用企业，只借入很少的债务资本。对于债权人来说，这是一个理想的资本结构，可以放心为它提供贷款。企业有稳定的现金流，而且债务不多，偿还债务有较好的保障。对于权益投资人来说很难认同这种搭配，其投资资本报酬率和财务杠杆都较低，自然权益报酬率也不会高。因此，这种资本结构的企业是理想的收购目标，绝大部分成功的收购都以这种企业为对象。收购者购入企业之后，不必改变其经营战略，只要改变财务战略就可以增加企业价值。当然，只有不明智的管理者才会采用这种风险搭配。

2.基于创造价值和增长率的财务战略选择

广义的财务战略包括财务管理，而计量价值是财务管理的前提。同时，财务管理与企业价值创造密切关联，而创造价值是财务战略管理的目标。

（1）影响价值创造的主要因素。影响价值创造的主要因素有以下几点：

1）企业的市场增加值计量。市场增加值（MVA）就是上市公司的股票市场价值与这家公司的股票与债务调整后的账面价值之间的差额，或是特定时点的企业资本的市场价值与占用资本的差额，它直接表明了一家企业累计为股东创造了多少财富。严格来说，企业的市场价值最大化并不意味着创造价值，因为企业的管理业绩是判断投入的资本是否是由于企业的活动增加了价值。企业市场增加值计算公式如下：

$$企业市场增加值 = 企业资本市场价值 - 企业占用资本$$

说明：企业资本市场价值可以是权益资本和负债资本的市价，也可以是股票市值或评估价；企业占用资本是指同一时点估计的企业占用的权益资本和债券资本的数额，它可以根据财务报表数据经过调整来获得，调整的主要项目包括坏账准备、商誉摊销、研究与发展费用等。要增加市场价值，需要重点考虑权益资本和负债资本的市场价值和占有资本总额的多少，因此，企业市场增加值公式可以更具体表示为：

企业市场增加值

$$= （权益市场价值 + 债务市场价值） - （占用权益资本 + 占用债务资本）$$

$$= （权益市场价值 - 占用权益资本） + （债务市场价值 - 占用债务资本）$$

$$= 权益增加值 + 债务增加值$$

权益增加值一般由市场决定，债务增加值是由利率变化引起的。如果利率水平不变，举借新的债务使占用债务资本和债务市场价值等量增加，债务增加值为零，企业市场增加值和股东权益市场增加值相等，企业市场增加值最大化等于权益市场增加值最大化；如果利率发生变化，那是宏观经济变动决定的，管理者无法控制，所以债务增加值不是管理业绩，在考核时应当扣除。因此，准确的财务目标定位是股东财富最大化，即股东权益的市场增加值最大化。

2）影响企业市场增加值的因素。如果企业也是一项资产，可以产生未来的现金流量，未来现金流量永远以固定的增长率增长，则企业的价值可以用永续固定增长率模型估计：

$$企业价值 = 现金流量 / （资本成本 - 成长率）$$

其中，现金流量

$$= 息税前利润 × （1 - 税率）+ 折旧 - 营运资本增加 - 资本支出$$

$$= 税后经营利润 - （营运资本增加 + 资本支出 - 折旧）$$

$$= 税后经营利润 - 投资资本增加$$

则企业价值 = （税后经营利润 - 投资资本增加额）/ （资本成本 - 成长率）

假设企业价值等于企业的市场价值，则：

企业市场增加值

= 资产市场价值 - 投资资本

= （税后经营利润 - 投资资本增加额）/ （资本成本 - 增长率）- 投资资本

= [税后经营利润 - 投资成本增加额 - 投资成本 × （资本成本 - 增长率）] / （资本成本 - 增长率）

= [税后经营利润 / 投资资本 - 投资资本增加额 / 投资资本 - 资本成本 + 增长率） × 投资资本] / （资本成本 - 增长率）

由于增长率是固定的，则：

$$增长率 = 投资资本增加 / 投资资本$$

$$投资资本回报率 = 税后经营利润 / 投资资本$$

所以，市场增加值 = （投资资本回报率 - 资本成本）× 投资资本 / （资本成本 - 增长率）

由于经济增加值（即经济利润）是分年计量的，而市场增加值是预期各年经济增加值的现值，则：

经济增加值 = 税后经营利润 - 资本成本 × 投资资本

= （税后营业利润 / 投资资本 - 资本成本）× 投资资本

= （投资资本回报率 - 资本成本）× 投资资本

因此，市场增加值 = 经济增加值 / （资本成本 - 增长率）

企业经济增加值与企业市场增加值之间有直接联系，为企业业绩考核奠定了最为合理的基础，可以使激励报酬计划与增加企业价值保持一致。经济增加值与净现值有内在联系。投资的净现值、投资引起的经济增加值现值、投资引起的企业市场增加值三者是相等的。正因为如此，净现值法成为最合理的财务投资评价方法。

此外，在资产周转率、销售净利率、资本结构、股利支付率不变并且不增发和回购股份的情况下，企业财务管理者还需要考虑销售增长率和可持续增长率带来的现金平衡状况：①销售增长率超过可持续增长率时企业会出现现金短缺。在当期的经营效率和财务政策下产生的现金不足以支持销售增长，需通过提高经营效率、改变财务政策或增发股份来平衡现金流动。②销售增长率低于可持续增长率时企业会出现现金剩余。在当前的经营效率和财务政策下产生的现金，超过了支持销售增长的需要，剩余的现金需要投资于可以创造价值的项目（包括扩大现有业务的规模或开发新的项目），或者还给股东。③销售增长率等于可持续增长率时现金保持平衡。因此，企业应区分两种现金短缺与两种现金剩余：①创造价值的现金短缺。设法筹资以支持高增长，创造更多的市场附加值。②减损价值的现金短缺。提高可持续增长率以减少价值减损。③创造价值的现金剩余。企业应当用这些现金提高股东价值增长率，创造更多的价值。④减损价值的现金剩余。企业应当把钱还给股东，避免更多的价值减损。

综上所述，影响企业创造价值的因素有四个：①投资资本回报率。反映企业的盈利能力，由投资活动和运营活动决定。②资本成本。通过加权平均资本成本来计量，反映权益投资人和债权人的期望值，由股东和债权人的期望以及资本结构决定。③增长率。用预期增长率计量，由外部环境和企业的竞争能力决定。高增长率的企业也可能损害股东价值，低增长率的企业也可以创造价值，关键在于投资资本回报率是否超过资本成本，增长率的高低虽然不能决定企业是否创造价值，但却可以决定企业是否需要筹资，是制定财务战略的重要依据。④可持续增长率。

（2）基于价值创造和增长率的财务战略选择。通过对价值创造的影响因素的认识，我们可以把价值创造（投资资本回报率－资本成本）和现金短缺（销售增长率－可持续增长率）联系起来，组成一个财务战略矩阵（如图5－1所示），作为制定财务战略的分析工具。其中，纵坐标是一个业务单位的投资资本回报率与其资本成本的差额。当差值为正数时，该业务单位为股东创造价值；当差值为负数时，该业务单位减损股东价值。横坐标是销售增长率与可持续增长率的差额。当增长率差为正数时，企业现金短缺；当增长率差为负数时，企业有剩余现金。

财务矩阵有四个象限:处于第一象限的业务,属于增值型现金短缺业务;处于第二象限的业务,属于增值型现金剩余业务;处于第三象限的业务,属于减损型现金剩余业务;处于第四象限的业务,属于减损型现金短缺业务。假设一个企业有一个或多个业务单位。处于不同象限的业务单位应当制定和选择不同的财务战略。

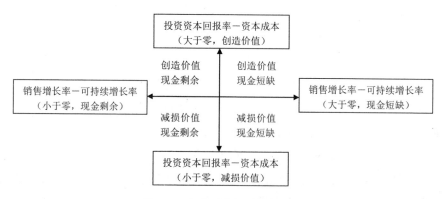

图 5-1 企业财务战略选择矩阵

1)增值型现金短缺条件下的财务战略。处于第一象限的业务(或企业)可以为股东创造价值,但自身经营产生的现金不足以支持销售增长,会遇到现金短缺的问题。企业应判明这种高速增长是暂时性的还是长期性的。如果高速增长是暂时的,企业应通过借款来筹集所需资金,等到销售增长率下降后企业会有多余现金归还借款。如果预计这种情况会持续较长时间,不能用短期周转借款来解决,则企业必须采取战略性措施解决资金短缺问题。解决长期性高速增长的资金问题有两种解决途径:①提高可持续增长率,其具体途径:第一,提高经营效率。提高经营效率是应对现金短缺的首选战略。它不但可以增加现金流入,还可以减少增长所需的资金数额。企业需要改变经营战略,寻求突破性的改善。如降低成本;进行作业分析,重构作业链,消除无增值作业,提高增值性作业的效率;提高价格;改变价格形象,在维持利润的同时抑制销售增长,减少资金需要;降低营运资金;重构价值链,减少资金占用;剥离部分资产,将资产利润率较低的资产剥离出去,用节省出的资金支持核心业务增长;改变供货渠道,增加外购以减少自制;减少资产占用,提高资产周转率。第二,改变财务政策。具体包括停止支付股利;增加借款的比例。②如果可持续增长率的提高仍不能解决资金短缺问题,就需要设法增加权益资本。不能因为资金短缺就降低增长率,那将不利于创造价值。增加权益资本的途径:一是增发股份。在增发股份的同时按目标资本结构增加借款,以维持目标资本结构。增发股份的必要前提是所筹资金要有更高的回报率，否则不能增加股东的财富。增发股份的缺点是分散了控制权，而且会稀释每股收益。二是兼并成熟企业。兼并"现金牛"企业，即那些增长缓慢、有多余现金的企业。

2）增值型现金剩余条件下的财务战略。处于第二象限的业务可以为股东创造价值，但是增长缓慢，自身经营产生的现金超过销售增长的需要，出现现金剩余。因此，关键的问题是能否利用剩余的现金迅速增长，使增长率接近可持续增长率。此时的财务战略选择：①加速增长。由于企业可以创造价值，加速增长可以增加股东财富，因此首选的战略是利用剩余的现金加速增长。加速增长的途径：一是内部投资。扩大产销规模，增加生产线，增加分销渠道等。二是收购相关业务。收购与该项业务相关的业务，迅速扩大规模。不过，经过几次购并浪潮的盲目乐观之后，逐渐积累的证据表明，购买增长并没有给股东带来多少好处。购并所支付的大笔溢价，使买主得到的只是中等或较差的投资。②加快分配。如果加速增长后仍有剩余现金，找不到进一步投资的机会，则应把多余的钱还给股东。分配剩余现金的途径：一是增加股利支付，陆续把现金还给股东。二是回购股份，快速把现金还给股东。

3）减损型现金剩余条件下的财务战略。处于第三象限的业务表明资源未得到充分利用，存在被收购的风险。减损型现金剩余的主要问题是盈利能力差，而不是增长率低，简单的加速增长很可能有害无益。首先应分析盈利能力差的原因，寻找提高投资资本回报率或降低资本成本的途径，使投资资本回报率超过资本成本。此时的财务战略：①首选战略是提高投资资本回报率。应仔细分析经营业绩，寻找提高投资资本回报率的途径。这是一个艰巨的过程，经常要增加开发费用，加快组织结构变动（管理创新）等。提高投资资本回报率的途径：一是提高税后经营利润率，包括扩大规模、提高价格、控制成本等。二是提高经营资产周转率，降低应收账款和存货等资金占用等。②在提高投资资本回报率的同时，审查目前的资本结构政策，如果负债比率不当，可以适度调整，以降低平均资本成本。③如果企业不能提高投资资本回报率或者降低资本成本，无法扭转价值减损的状态，就应当把企业出售。

4）减损型现金短缺条件下的财务战略。处于第四象限的业务单位（或企业）会减损股东财富，并且由于增长缓慢和遇到现金短缺问题。这种业务不能通过扩大销售得到改变。由于股东财富和现金都在被蚕食，需要快速解决问题。此时的财务战略：①重组。如果盈利能力低是本企业的独有问题，应仔细分析经营业绩，寻找价值减损和不能充分增长的内部原因，对业务进行彻底重组。这样做的风险是，如果重组失败，股东将蒙受更大损失。②售卖。如果盈利能力低是整个行业的衰退引起的，企业无法对抗衰退市场的自然结局，应尽快出售以减少损失。即使是企业独有的问题，由于缺乏核心竞争力，无法扭转价值减损的局面，也需要选择出售。在一个衰退行业中挽救一个没有竞争力的业务，成功的概率不大，往往成为资金的陷阱。

第二节　中小企业营销战略

企业市场营销部门要根据总体战略与竞争战略规划，在考虑外部市场机会与内部资源状况等元素的基础上，确定目标市场，选择市场营销策略组合，并予以有效实施。营销战略要求企业把适当的产品，以适当的价格，在适当的时间和地点，用适当的方法销售给尽可能多的顾客，以最大限度地满足市场需要。企业应创造性地制定适应环境变化的市场营销战略，实现持续的竞争优势。

一、市场营销基础理论与核心概念

随着社会经济的发展，今天的市场有很大的不同，无论是竞争格局，还是消费者的思想和行为，都发生了很大的变化。而随着环境的变化，现代营销理念经过不断演进，形成了营销经典理论。市场营销涉及企业以何种产品来满足顾客需求，如何才能满足消费者需求，即交换方式，产品在何时、何处交换，谁实现产品与消费者的联接，由此产生了市场营销的一系列核心概念。

1. 市场营销基础理论

（1）4P营销理论。4P理论产生于20世纪60年代的美国，是在营销组合理论中提出的。1953年，尼尔·博登在美国市场营销学会的就职演说中创造了"市场营销组合"这一术语，其意是指市场需求或多或少的在某种程度上受到所谓"营销变量"或"营销要素"的影响。1957年，菲利普·科特勒在其畅销书《营销管理：分析、规划与控制》中进一步确认了以4P为核心的营销组合方法，即产品（Product）、价格（Price）、渠道（Place）和促销（Promotion）。该理论的核心思想是以满足市场需求为目标，企业以适当的价格、适当的渠道和适当的促销手段，将适当的产品和服务投放到特定市场。

（2）4C营销理论。4C营销理论是由美国营销专家劳特朋教授针对4P营销理论存在的问题提出的。4C营销理论以消费者需求为目标导向，重新设定了市场营销组合的四个基本要素：瞄准消费者的需求和期望（Customer），即要了解、研究、分析消费者的需要与欲求，而不是先考虑企业能生产什么产品；消费者所愿意支付的成本（Cost），即要了解消费者为满足需要与欲求愿意付出多少钱（成本），而不是先给产品定价；消费者购买的方便性（Convenience），即要考虑消费者购物等交易过程如何让消费者方便，而不是先考虑销售渠道的选择和策略；与消费者沟通（Communication），即以消费者为中心实施营销沟通是十分重要的，通过互动、沟通等方式，将企业内外营销不断进行整合，把消费者和企业双方的利益无形地整合在一起。

（3）4R营销理论。4R营销理论是由美国学者唐·舒尔茨在4C营销理论的基础上提出的新营销理论。4R理论是关联（Relativity）、反应（Reaction）、关系（Relation）和回报（Retribution）的简称。该营销理论认为，随着市场的发展，企业需要从更高层次上以更有效的方式在企业与顾客之间建立起有别于传统的新型的主动性关系。4R理论的主要内涵：一是强调企业与顾客在市场变化的动态中应建立长久互动的关系，赢得长期而稳定的市场；二是面对迅速变化的顾客需求，企业应学会倾听顾客的意见，及时寻找、发现和挖掘顾客的渴望与不满及其可能发生的演变，同时建立快速反应机制应对市场变化；三是企业与顾客之间应建立长期而稳定的朋友关系，从实现销售转变为实现对顾客的责任与承诺，以维持顾客再次购买和顾客忠诚；四是企业应追求市场回报，并将市场回报当作企业进一步发展和保持与市场建立关系的动力与源泉。

2. 市场营销核心概念

（1）需求、欲求和需要。对需求、欲求和需要如下阐释：

1）需求(Needs)。需求指消费者生理及心理的需求，如人们为了生存，需要食物、衣服、房屋等生理需求及安全、归属感、尊重和自我实现等心理需求。市场营销者不能创造这种需求，而只能适应它。

2）欲求(Wants)。欲求指消费者深层次的需求。不同背景下的消费者欲求不同，比如中国人需求食物则欲求大米饭，法国人需求食物则欲求面包，美国人需求食物则欲求汉堡包。人的欲求受社会因素及机构因素的影响，诸如职业、团体、家庭、教会等影响，因而欲求会随着社会条件的变化而变化。市场营销者能够影响消费者的欲求，如建议消费者购买某种产品。

3）需要 (Demand)。需要指有支付能力和愿意购买某种物品的欲求。可见，消费者的欲求在有购买力作后盾时就变为需要。许多人想购买奥迪牌轿车，但具有支付能力的人才能购买。因此，市场营销者不仅要了解有多少消费者欲求其产品，还要了解他们是否有能力购买。

（2）产品、效用和价值满足。对产品、效用和价值满足如下阐释：

1）产品 (Product)。产品是指用来满足顾客需求和欲求的物体。产品包括有形与无形的、可触摸与不可触摸的。有形产品是为顾客提供服务的载体；无形产品或服务是通过其他载体，诸如人、地、活动、组织和观念等来提供的。当我们感到疲劳时，可以到音乐厅欣赏歌星唱歌（人），可以到公园去游玩（地），可以到室外散步（活动），可以参加俱乐部活动（组织），或者接受一种新的意识（观念）。服务也可以通过有形物体和其他载体来传递。市场营销者如果只注意产品而忽视顾客需求，就会产生"市场营销近视症"。

2）效用 (Utility)。消费者如何选择所需的产品，主要是根据对满足其需要的每种产品的效用进行估价而决定的。效用是消费者对满足其需要的产品的全部效能的估价。产品全部效能的标准如何确定？例如，某消费者到某地去选择的交通工具，可以是自行车、摩托车、汽车、飞机等。这些可供选择的产品构成了产品的选择组合。又假设某消费者要求满足不同的需求，即速度、安全、舒适及节约成本，这些构成了其需求组合。这样，每种产品有不同能力来满足其不同需要，如自行车省钱，但速度慢，欠安全；汽车速度快，但成本高。消费者要将最能满足其需求到最不能满足其需求的产品进行排列，从中选择出最接近理想的产品，如顾客到某目的地所选择理想产品的标准是安全、速度，他可能会选择汽车。

3）价值满足 (Satisfaction of Value)。顾客选择所需的产品除效用因素外，产品价格（价值的货币表现）高低亦是因素之一。如果顾客追求效用最大化，他就不会简单地只看产品表面价格的高低，而会看每一元钱能产生的最大效用，如一部好汽车价格比自行车昂贵，但由于速度快，相对于自行车更安全，其效用可能更大，从而更能满足顾客需求。

（3）交换、交易和关系。对交换、交易和关系进行如下阐释：

1）交换 (Exchange)。人们有了需求和欲求，企业亦将产品生产出来，还不能解释为市场营销，产品只有通过交换才使市场营销产生。人们通过自给自足或自我生产方式，或通过乞求方式获得产品都不是市场营销。只有通过等价交换，买卖双方彼此获得所需的产品，才产生市场营销。可见，交换是市场营销的核心概念。

2）交易 (Transactions)。交换是一个过程，而不是一种事件。如果双方正在洽谈并逐渐达成协议，称为在交换中。如果双方通过谈判并达成协议，交易便发生了。交易是交换的基本组成部分。交易是指买卖双方价值的交换，它是以货币为媒介的，而交换不一定以货币为媒介，它可以是物物交换。交易涉及几个方面，即两件有价值的物品，双方同意的条件、时间、地点，还有来维护和迫使交易双方执行承诺的法律制度。

3）关系 (Relationships)。交易营销是关系营销大观念中的一部分。精明能干的市场营销者都会重视同顾客、分销商等建立长期、信任和互利的关系。而这些关系要靠不断承诺及为对方提供高质量产品、良好服务及公平价格来实现，靠双方加强经济、技术及社会联系来实现。关系营销可以减少交易费用和时间，最好的交易是使协商成为惯例化。处理好企业同顾客关系的最终结果是建立起市场营销网络。市场营销网络是由企业同市场营销中介人建立起的牢固的业务关系。

（4）市场、市场营销及市场营销者。对市场、市场营销及市场营销者进行如下阐释：

1）市场 (Markets)。市场由一切有特定需求或欲求并且愿意和可能从事交换来使需求和欲望得到满足的潜在顾客所组成。一般说来，市场是买卖双方进行交换的场所。但从市场营销学角度看，卖方组成行业，买方组成市场。行业和市场构成了简单的市场营销系统。买方和卖方由四种流程所联结，卖者将货物、服务和信息传递到市场，然后收回货币及信息。现代市场经济中的市场是由诸多种类的市场及多种流程联结而成的。生产商到资源市场购买资源（包括劳动力、资本及原材料），转换成商品和服务之后卖给中间商，再由中间商出售给消费者。消费者则到资源市场上出售劳动力而获取货币来购买产品和服务。政府从资源市场、生产商及中间商购买产品，支付货币，再向这些市场征税及提供服务。因此，整个国家的经济及世界经济都是由交换过程所联结而形成的复杂的相互影响的各类市场所组成的。

2）市场营销 (Marketing)。市场营销是指与市场有关的人类活动，即为满足消费者需求和欲望而利用市场来实现潜在交换的活动。它是一种社会的和管理的过程。

3）市场营销者(Marketers)。市场营销者则是从事市场营销活动的人。市场营销者既可以是卖方，也可以是买方。作为卖方，他力图在市场上推销自己，以获取买者的青睐，这样卖方就是在进行市场营销。当买卖双方都在积极寻求交换时，他们都可称为市场营销者，并称这种营销为互惠的市场营销。

二、市场细分战略

市场细分是根据消费者对产品的不同欲望和需求，不同的购买行为和购买习惯，把整体市场分割成不同的具有同质性的小市场群。市场细分是基于市场顾客的需求和消费行为的差异性。中小企业可以依靠现代市场营销的市场细分方法，在市场中寻找一个良好的发展机会。因为企业通过对市场营销研究和市场细分，可以了解各个不同的购买者群体的需求情况和目前满足程度，从而发现哪些顾客群的需要没有得到满足或没有充分满足。在满足水平较低的市场部分，可能存在着最好的市场机会。在开辟新的市场领域时，应充分把握市场需求的变化，做到发挥贴近市场的优势，活跃于竞争变化快的领域；利用经营机制灵活的特点，进入大企业尚未涉及的领域；集中力量参与那些大企业不愿涉足的批量小、品种多、利润薄的领域。采取这种拾遗补缺策略，企业的市场风险相对较小，成功率较高。

市场细分是营销战略中的一个重要变量，其主要原因：①诸如市场开发、产品开发、市场渗透和差异化等战略都需要通过新的市场和产品来不断增加销量。要想成功地实施这些战略，就需要新的或改进的市场细分方法。②市场细分使企业能够利用有限的资源进行经营，无须大量生产与大量销售。③市场细分决策会直接影响营销组合变量，如产品、价格、地点和促销。

满足以下条件的市场细分就是一个有效的市场细分。这些条件：①可衡量性。是否有充分的已公布的数据使集团能够精确地识别并选择应纳入细分市场的机会。②可进入性。销售力量或促销媒体是如何有效进入细分市场的。③可盈利性。细分市场的大小是否足以在财务上具有可行性和获利性。④适应性。细分市场是否符合集团的目标和资源。⑤稳定性。细分市场是否在一定时间内保持稳定，这样可在未来对其进行预测。

对市场细分的依据有消费者市场细分和产业市场细分。消费者市场细分是地理细分、人口细分、心理细分、行为细分等；产业市场细分是最终用户、顾客规模、其他变量等。

三、目标市场选择与市场定位战略

1.目标市场选择战略

目标市场的选择就是企业确定具体的服务对象，一般包括发现自己产品的购买者是哪些人、购买者的地域分布与需要爱好以及购买行为的特征等。选择目标市场时，中小企业必须把握选择目标市场的标准：一是市场规模；二是市场增长速度；三是竞争对手的优势。

企业有许多进入市场的机会和途径，但并不是所有的机会和途径都适合于中小企业。中小企业需要确定细分市场，并为一个或多个细分市场制定出与之相适应的市场营销战略。

（1）无差异市场营销。企业要为整个市场服务"市场全面化"可以通过大市场战略或多重细分市场战略来实现。市场全面化是指企业生产多种产品去满足各种顾客群体的需求。一般而言，实力雄厚的大中型企业在一定阶段会选用这种模式。

（2）差异市场营销。不同细分市场配有不同的营销组合（选择性专业化）。中小企业可以根据市场特点和自身情况，选择既不向市场领导者挑战，也不追随其后，而是选择不大可能引起大企业兴趣的市场"空白点"作自己的目标市场。中小企业应该争取成为一个小的细分市场的"主宰"。这些市场的"空白点"可以是大企业不愿进入的，也可以是他们做不了的市场，也可以是其他企业尚未顾及的但并非没有前途和利润的细分市场。这样可以避开大企业的绝大部分威胁，同时充分发挥中小企业的灵活性，可以扩大空隙，向专业化发展。

（3）集中市场营销。一个细分市场具有一种营销组合，更适用于资源有限的中小型企业。

2.市场定位战略

市场定位主要是产品定位，是指企业可以选择特殊客户群为目标，找出这些客户的需要，定位企业的产品。深刻理解客户需求如企业产品和服务的性能、外观、质量、价格等，是产品定位成功的基础。中小企业无论采用何种方法进行市场细分，都应该敢于对某些市场机会说"不"。缺乏正确的市场界定和集中的选择将会稀释企业的资源，使其无法战胜资源相对集中的竞争对手，无法建立自己的核心市场力量。市场定位是某种产品、品牌在消费者心目中的地位。市场定位的实质是使本企业与其他企业严格区分开来，使顾客明显感觉和认识到这种差别，从而在顾客心目中占有特殊的位置。

每个企业经营的产品不同，面对的顾客也不同，所处的竞争环境也不同，因而市场定位所依据的原则也不同。要体现企业及其产品的形象，市场定位必须是多维度的、多侧面的。市场定位所依据的原则有以下几个方面：

（1）根据具体的产品特点定位。构成产品内在特色的许多因素都可以作为市场定位所依据的原则，如所含成分、材料、质量、价格等。

（2）根据特定的使用场合及用途定位。为老产品找到一种新用途，是为该产品创造新的市场定位的好方法。如"曲奇饼干"的厂家最初将其产品定位为家庭休闲食品，后来又发现不少顾客购买是为了馈赠，又将之定位为礼品。

（3）根据顾客得到的利益定位。产品提供给顾客的利益是顾客最能切实体验到的，也可以用作定位的依据。

（4）根据使用者类型定位。企业常常试图将其产品指向某一类特定的使用者，以便根据这些顾客的看法塑造恰当的形象。

事实证明，在强手如林的市场上，中小企业只有从事有特色的营销方式才能站稳脚跟。在市场营销过程中，中小企业应从以下三个方面获得优势：在技术上，拥有专利技术、专有技术或精良技术，使自身处于领先地位；在市场上，占领特定的目标市场，融洽客商关系以增强企业的忠诚度；在市场竞争激烈的情况下，靠开发具有特色的新产品取胜，靠优质的服务、良好的企业形象取胜，靠物美价廉取胜。

市场定位战略一般需要开发一种图表，以反映与竞争者的产品或服务相比要想在业内取得成功自身产品或服务最重要的方面。为此，主要考虑两个方面：一是严格遵循定位步骤。即选择能对行业内产品或服务加以有效区分的关键标准；画出一张二维的产品定位图，并在每个坐标轴上都标出具体的标准（如图5-2所示）；将主要竞争者的产品和服务划分在合成的四象限矩阵中；定位图中找出企业的产品或服务在指定目标市场最具竞争力的区域；制定一项营销计划，以便适当地定位企业的产品或服务。二是参考定位的经验法则。即最佳的战略机会可能就是尚未开发的细分市场；不要定位在若干细分市场之间，一旦无法满足其中一个细分市场，定位在若干细分市场之间所取得的优势就会被抵消殆尽；不要对两个细分市场采用同一战略，因为通常情况下，适用于一个细分市场的战略并不能被直接应用于另一个细分市场；不要将自己定位在定位图的中间区域，中间区域通常意味着战略定义不清晰、不具有明显的特征。

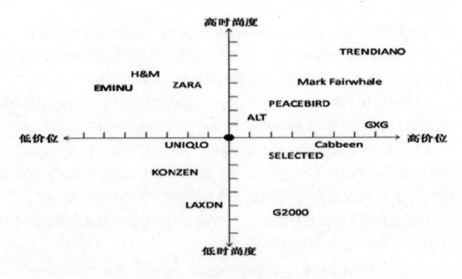

图 5-2　时尚品牌市场定位

四、企业营销组合战略

企业为了在目标市场实现其所希望的效果而确定的一组可控营销变量，构成一个营销组合。根据 4P 理论，一个企业为满足客户需求需要制定和实施四个方面的营销策略。

1. 产品策略

中小企业经营的重点是产品。中小企业应随着外部环境的变化，利用自身灵活性的特点，制定和实施产品策略。

（1）一般产品策略。产品策略是市场营销组合策略的基础，企业成功与发展的关键在于产品满足消费者需求的程度以及产品策略正确与否。产品在营销组合中的作用：一是产品满足了客户需求；二是产品差异化是企业竞争性战略的重要组成部分。

　　一个产品由三层含义构成：①核心产品。核心产品是向顾客提供的满足需要的基本效用或利益，引申产品的附加特征能够使产品差异化。客户看待产品会考虑以下要素：美感和样式、持久性、品牌形象、包装、服务等，其中任意一种要素都能使企业的核心产品从竞争者中脱颖而出。如洗衣机，消费者要购买的是"方便、快捷、干净"。②外围产品。外围产品即形式产品，是核心产品得以实现的形式，包括产品的品质、式样、特征、商标、包装和相关配套产品等。③外延产品。外延产品是指产品提供的超出顾客期望的服务或者价值，包括送货服务、信贷服务、安装服务、质量保证、保修和维护、包装服务等。

　　在明确产品真实含义的基础上，企业可选择的产品策略包括以下几点：

　　1）开发标准化产品。开发有质量保证的产品，适用于成本领先战略；或者开发差异化或定制化产品，适用于壁龛市场战略。产品标准化是对产品标准的制定、推广、普及和运用的过程，如物质资料标准化，方法和程序标准化，概念标准化，采用统一的图形、符号、名称、术语等，产品的质量、规格及其检验方法所作的统一的技术规定。

　　2）注重包装的差异化。中小企业能够用于广告投放的费用通常都非常有限，注定不可能依靠大规模广告来创造消费者拉动力，只能依靠产品自我推荐力来推动产品的销售。在琳琅满目的商品货架上，产品要能够进入消费者的视线进而引起消费者的购买欲望，必须在产品的包装上下一番功夫。衡量产品包装的一个基本标准就是差异化，也就是说在产品包装的色彩、外形、材质、图案等方面至少有一项与竞争产品要有显著区别，同时包装上的文字和图案要能体现品牌的定位和核心价值，能让顾客在三秒钟内就清晰了解产品的好处。

　　3）产品线的特色化。产品线的特色化是指在产品线中可以选择一个或少数产品项目进行特色化改造，通过这种特色优势来改善企业形象以吸引顾客，进一步加强顾客的忠诚度。

　　4）产品线削减。产品线削减是指从产品线中剔除那些获利很小甚至不获利的产品项目。销售和成本分析有助于识别出产品线上的"死树枝"产品，以便停止生产这种产品。

　　（2）品牌策略。与品牌最直接关联的概念是商标。商标是商品的生产者或经营者在其生产、制造、加工、拣选或者经销的商品上或者服务的提供者在其提供的服务上采用的，用于区别商品或者服务来源的，由文字、图形、字母、数字、三维标志、颜色组成，或者上述要素组合而成的标志。商标是具有显著特征的标志，是现代经济的产物。品牌是商标的通俗叫法，具有三个基本特点：一是名称。品牌名称应受法律保护、便于记忆并与产品自身相一致（若可能）。二是标记。使品牌具有可辨认性的设计、商标、符号和一系列视觉特征。三是关联性和个性。有助于使用者通过品牌将企业的产品与竞争性产品区分开来。

　　中小企业在品牌规划上不可能也没必要像大企业一样设置独立的品牌管理机构，进行从企业文化、价值观到品牌资产评估的完整品牌规划流程。中小企业需要的是简单、有效的品牌规划体系，只需要将影响品牌竞争力最核心的那一部分做到位就足矣，其余部分在企业做大以后再逐步完善。有三项工作是中小企业在进行品牌规划时必须要做的：①品牌定位。优秀的品牌定位如同催化剂，会让企业的营销工作产生事半功倍的效果。当然，失败的品牌定位对营销的负面影响力也是同样巨大的。企业必须学会驾驭品牌定位这把双刃剑。②提炼品牌核心价值。品牌能带给消费者哪些好处？这些好处其他的品牌也能提供吗？提供这些好处能否发挥出我们的优势？通过什么方法来证明我们能提供这些好处呢？这些好处中选择哪一个作为宣传的重点？如何用最精练的语言来表述这一好处？回答这六个问题将有助于对品牌的核心价值有清醒的认识。③导入视觉识别系统（VI）。全面导入企业形象（CI）对多数中小企业来说意义不大，因为企业还处于市场机会导向阶段，公司战略随时都在微调，难以形成长期、有效的企业文化，同时中小企业尚处于以传播产品品牌为主导的阶段，缺乏足够有效的途径传播企业品牌，因此，中小企业只需建立基本的企业和品牌的视觉识别即可。

　　中小企业要不断积累自身品牌，利用品牌信誉进行低成本品牌扩张。中小企业对品牌进行投资，培养知名品牌是产品策略的重要方面。企业可采用的品牌策略主要有以下几种：

　　1）单一的企业名称作为品牌。企业对所有产品都使用同一商标，并采用某种实际的方式来描述个别产品。优点：可以将一种产品具备的特征传递给另一种产品，从而简化了新产品上市的过程，因为无须为新产品建立新的品牌认知度。

　　2）每个产品都有不同的品牌名称。如果企业生产的产品在市场中的定位显然不同，或者市场被高度细分，则企业通常对每个产品都采用不同的品牌名称。

　　3）自有品牌。零售商销售自有品牌的杂货、服饰，以使客户建立对该零售商而不是产品生产商的忠诚度。

　　4）无品牌战略。企业创品牌一般要求专业的品牌设计，需要产品有力的支撑，需要大量的广告与公关投入，更需要系统的品牌管理，这些是中小企业无法做到的事情。因此，中小企业可以采用无品牌战略。做代工生产比做品牌更适宜中小企业。代工生产是专门为拥有强势品牌的企业从事代加工。这种方式的主要优点：一是可以规避大量市场风险；二是起步较容易，进入障碍小，投入小，见效快；三是有利于学习大企业先进的管理方法和制造技术。该方法的不足是生产的稳定性差，命运自主权小，利润薄，发展后劲不足。中小企业可以选择先做代工，然后边做代工，边做品牌，最后再以做品牌为主走渐进式发展之路。

（3）新产品开发策略。新产品主要指已经打开了新市场的产品，取代了现有产品的产品以及现有产品的替代产品。在新产品开发过程中，企业最重要的任务是满足客户需求和实现产品差异化。企业应不断进行产品创新，产品创新是中小企业产品战略的核心和关键。中小企业即使自我创新能力不足也应该充分利用现有的最新技术，仿效新花样，努力改制和仿制新产品。因为模仿性创新具有目的性强、投资少、周期短、成功率高等特点。因此模仿性创新可以为中小企业赢得竞争上的时间和成本优势。

中小企业进行新产品开发的原因可以概括为企业具有较高的市场份额、较强的品牌实力并在市场中具有独特的竞争优势；市场中有潜在增长力；客户需求的不断变化需要新产品，持续的产品更新是防止产品被淘汰的唯一途径；需要进行技术开发或采用技术开发；企业需要对市场的竞争创新作出反应。

新产品开发战略需要企业集中投资，但也可能存在以下投资风险：在某些行业中，缺乏新产品构思；不断变小的细分市场使得市场容量降低，从而无法证明投资的合理性；由于产品涉及复杂的研发过程，因此产品开发失败的概率很高；企业通常需要进行许多产品构思来生产好产品，这使得新产品开发非常昂贵；即便产品获得成功，但是由于被市场中的竞争者"模仿"并加入其自身的创新和改良，因而新产品的生命周期可能较短。

2. 价格策略

定价是营销工具中最有力的策略。中小企业如何制定产品或服务的价格策略主要取决于两个因素：产品或服务的成本和竞争对手的状况。企业的成本直接决定着企业报价的价格空间。企业在保本的前提下的最低报价为企业产品或服务的成本。企业的最高报价为消费者所能承受的市场价格。最高价与最低价之间的差距决定了企业调整价格的范围。企业产品或服务价格的确定必须考虑竞争对手的价格。企业定价是否高于、大致等于或者低于竞争对手的价格主要取决于竞争对手产品或服务的质量是否具有相对的比较优势。

由于企业所处的市场状况和产品销售渠道等条件不同，中小企业应合理制定投资目标回报率或目标市场份额等目标，采取不同的定价策略：

（1）产品差别定价策略。差别定价是指对市场不同部分中的类似产品确定不同的价格。基本相同的产品，但价格相差较大。如果对所有产品确定相同的价格，那么其价格会低于购买力最强的客户细分市场（无价格弹性的需求）愿意支付的价格，从而损失收益，所以应采用定高价策略。如果价格高于购买力稍弱的客户细分市场（价格弹性的需求）愿意支付的价格，从而损失销量，则应采用定低价策略，定低价能够使企业的收益最大化。产品差别定价策略的一般方法包括细分市场、地点、产品的版本、时间、动态分析等。

（2）产品上市定价策略。产品上市有两个常见的价格策略，即渗透定价法和撇脂定价法：

1）渗透定价法。渗透定价法是指企业生产低档产品提供普通服务，在保证产品或服务基本质量的基础上通过低价刺激需求，产品投放市场时确定一个非常低的价格，以便抢占销售渠道和消费者群体，从而使竞争者较难进入市场。因而，这是一种通过牺牲短期利润来换取长期利润的策略。企业缩短产品生命周期的最初阶段，以便尽快进入成长期和成熟期。

2）撇脂定价法。撇脂定价法是指企业通过创新提供差异化的产品和服务，在新产品上市初确定较高的价格，并随着生产能力的提高逐渐降低价格，其目的是在产品生命周期的极早阶段获取较高的单位利润，就像从牛奶中撇取所含的奶油一样，取其精华，所以称为"撇脂定价"策略。对于全新产品、受专利保护的产品、需求的价格弹性小的产品、流行产品、未来市场形势难以测定的产品等，企业可以采用撇脂定价策略，如苹果手机高价策略。

无论采用何种定价策略，重要的是企业应懂得价格与其他营销组合要素之间具有很强的相互作用。中小企业一般围绕大中型企业供应零配件的加工，依附于大中型企业实行专业化分工协作。专业化的协作生产，使中小企业的产品开发专业化，能够保证销售渠道；依靠大中型企业的技术优势和开发能力，突破中小企业自身在资金、人才、设备等方面的制约，形成相互促进、协调发展的局面。因此，中小企业应制定一个相对合理的价格策略。定价必须考虑到相对竞争者而言的产品质量和促销费用。在几乎每个市场都能观察到以下现象：

一是质量和广告费用相对较高的品牌会取得最高的价格。反之,质量和广告费用相对较低的品牌,其产品的售价就比较低廉。二是质量中等但广告费用相对较高的品牌能够收取高价。

3. 渠道策略

中小企业要把自己的产品或者服务销售出去,可以考虑在甄选顾客基础上采用多种营销渠道。中小企业的顾客是由于共同偏好、兴趣和消费习惯等组合在一起的少数消费者,中小企业应根据顾客群体需求的独特性对顾客进行特意的甄选,在确定客户之后为客户提供量身定做的产品或服务。对于中小企业来说,依靠经销商的力量共同开发市场是最快、最稳妥的办法。企业专注于品牌和产品的输出职能,市场开发以经销商为主导,更能发挥各自优势,实现资源互补。中小企业应选择基础较好、渠道拓展能力突出的经销商,加大投入人力、物力进行重点市场开发,争取将市场培育成企业的战略根据地,而对于市场独立运作能力较弱的经销商应果断淘汰。

分销渠道是指当产品从生产者向最后消费者或产业用户移动时,直接或间接转移所有权所经过的途径。分销决策变量包括企业产品类型的现有分销渠道;为企业产品建立自己的网络所需的费用;存货的成本以及该成本随着分销策略的不同如何变化;企业产品类型所处的监管环境;使产品的形象目标与客户的产品感知相符合,包括产品或服务的移动和交换过程中所涉及的所有机构或人员,如零售商、批发商、分销商和经销商、代理商、特许经营和直销。

(1)直接分销渠道策略。直接分销渠道是指生产者将产品直接供应给消费者或用户,没有中间商介入。直接分销渠道的形式是生产者——用户。直接渠道是工业品分销的主要类型,消费品中有部分也采用直接分销类型,诸如鲜活商品等。

1)具体方式选择。企业直接分销的方式比较多,主要策略:①订购分销。订购分销是指生产企业与用户先签定购销合同或协议,在规定时间内按合同条款供应商品,交付款项。一般来说,主动接洽方多数是生产方(如生产厂家派员推销),也有一些走俏产品或紧俏原材料、备件等由用户上门求货。②自开门市部销售。自开门市部销售是指生产企业通常将门市部设立在生产区外、用户较集中的地方或商业区。也有一些邻近于用户或商业区的生产企业将门市部设立于厂前。③联营分销。联营分销如工商企业之间、生产企业之间联合起来进行销售。

2）直接分销渠道的优缺点。直接分销渠道的优点：①有利于产、需双方沟通信息，可以按需生产，更好地满足目标顾客的需要。由于是面对面的销售，用户可更好地掌握商品的性能、特点和使用方法；生产者能直接了解用户的需求、购买等特点及其变化趋势，进而了解竞争对手的优势和劣势及其营销环境的变化，为按需生产创造了条件。②可以降低产品在流通过程中的损耗。由于去掉了商品流转的中间环节，减少了销售损失，有时也能加快商品的流转。③可以使购销双方在营销上相对稳定。一般来说，直销渠道进行商品交换，关于数量、时间、价格、质量、服务等都按合同规定履行，购销双方的关系以法律的形式于一定时期内固定下来，使双方把精力用于其他方面的战略性谋划。④可以在销售过程中直接进行促销。企业直接分销，实际上又往往是直接促销的活动。例如，企业派员直销，不仅促进了用户订货，同时也扩大了企业和产品在市场中的影响，又促进了新用户的订货。直接分销渠道的缺点：①在产品和目标顾客方面：对于绝大多数生活资料商品，其购买呈小型化、多样化和重复性。生产者若凭自己的力量去广设销售网点，往往力不从心，甚至事与愿违，很难使产品在短期内广泛分销，很难迅速占领或巩固市场，企业目标顾客的需要得不到及时满足，势必转移方向购买其他厂家的产品，这就意味着企业失去目标顾客和市场占有率。②在商业协作伙伴方面：商业企业在销售方面比生产企业的经验丰富，这些中间商最了解顾客的需求和购买习性，在商业流转中起着不可缺少的桥梁作用。而生产企业自销产品，就拆除了这一桥梁，势必自己去进行市场调查，包揽了中间商所承担的人、财、物等费用。这样，加重了生产者的工作负荷，分散了生产者的精力。更重要的是生产者将失去中间商在销售方面的协作，产品价值的实现增加了新的困难，目标顾客的需求难以得到及时满足。③在生产者与生产者之间：当生产者仅以直接分销渠道销售商品，致使目标顾客的需求得不到及时满足时，同行生产者就可能趁势而进入目标市场，夺走目标顾客和商品协作伙伴。在生产性团体市场中，企业的目标顾客常常是购买本企业产品的生产性用户，他们又往往是本企业专业化协作的伙伴。所以，失去目标顾客，就意味着失去了协作伙伴。当生产者之间在科学技术和管理经验的交流受到阻碍以后，将使本企业在专业化协作的旅途中更加步履艰难，这又影响着本企业的产品实现市场份额和商业协作，从而造成一种不良循环。

（2）间接分销渠道策略。间接分销渠道是指生产者利用中间商将商品供应给消费者或用户，中间商介入交换活动。间接分销渠道的典型形式是生产者—批发商—零售商—消费者。

1）间接分销渠道的具体方式。随着市场的开放和流通领域的搞活，我国以间接分销的商品比重增大。企业在市场中通过中间商销售的方式很多，如厂店挂钩、特约经销、零售商或批发商直接从工厂进货、中间商为工厂举办各种展销会等。

2）间接分销渠道的优缺点。间接分销渠道的优点：①有助于产品广泛分销。中间商在商品流转的始点同生产者相连，在其终点与消费者相连，从而有利于调节生产与消费在品种、数量、时间与空间等方面的矛盾。既有利于满足生产厂家目标顾客的需求，也有利于生产企业产品价值的实现，更能使产品广泛地分销，巩固已有的目标市场，扩大新的市场。②缓解生产者人、财、物等力量的不足。中间商购走了生产者的产品并交付了款项，就使生产者提前实现了产品的价值，开始新的资金循环和生产过程。此外，中间商还承担销售过程中的仓储、运输等费用，也承担着其他方面的人力和物力，这就弥补了生产者营销中的力量不足。③间接促销。消费者往往是货比数家后才购买产品，而一位中间商通常经销众多厂家的同类产品，中间商对同类产品的不同介绍和宣传，对产品的销售影响甚大。此外，实力较强的中间商还能支付一定的宣传广告费用，具有一定的售后服务能力。所以，生产者若能取得与中间商的良好协作，就可以促进产品的销售，并从中间商那里及时获取市场信息。④有利于企业之间的专业化协作。现代机器大工业生产的日益社会化和科学技术的突飞猛进，使专业化分工日益精细，企业只有广泛地进行专业化协作，才能更好地迎接新技术、新材料的挑战，才能经受住市场的严峻考验，才能大批量、高效率地进行生产。中间商是专业化协作发展的产物。生产者产销合一，既难以有效地组织商品的流通，又使生产精力分散。有了中间商的协作，生产者可以从烦琐的销售业务中解脱出来，集中力量进行生产，专心致志地从事技术研究和技术革新，促进生产企业之间的专业化协作，以提高生产经营的效率。间接分销渠道的缺点：①可能形成"需求滞后差"。中间商购走了产品，并不意味着产品就从中间商手中销售出去了，有可能销售受阻。对于某一生产者而言，一旦其多数中间商的销售受阻，就形成了"需求滞后差"，即需求在时间或空间上滞后于供给。但生产规模既定，人员、机器、资金等照常运转，生产难以剧减。当需求继续减少，就会导致产品的供给更加大于需求。若多数商品出现类似情况，便造成所谓的市场疲软现象。②可能加重消费者的负担，导致抵触情绪。流通环节增大储存或运输中的商品损耗，如果都转嫁到价格中，就会增加消费者的负担。

此外，中间商服务工作欠佳，可能导致顾客对商品的抵触情绪，甚至引起购买的转移。③不便于直接沟通信息。如果与中间商协作不好，生产企业就难以从中间商的销售中了解和掌握消费者对产品的意见、竞争者产品的情况、企业与竞争对手的优势和劣势、目标市场状况的变化趋势等。在当今风云变幻、信息爆炸的市场中，企业信息不灵，生产经营必然会迷失方向，也难以保持较高的营销效益。

（3）网络渠道策略。当前，互联网及电商蕴藏了巨大的市场与潜力。中小企业应充分利用线上优势，结合网络与线下资源，将各渠道商、代理商、分销商与品牌、产品、渠道、供应链等各方面系统化整合到一起，发展网络渠道，及时把自己的产品和服务传递给消费者。为此，网络渠道策略主要有以下几点内容：

1）建立展示企业品牌的网络平台。中小企业可以选择比较有优势的地址建立自己的网站，建立后应有专人进行维护，并注意品牌宣传，这样节省了原来传统市场营销的很多广告费用，而且搜索引擎的大量使用会增强搜索率，一定程度上比广告效果要好。中小企业只有借助品牌与网上分销系统的平台优势，形成良好的口碑，才能使众多分销商信赖，成为他们坚实的后盾，让其保持忠诚度，并忠心追随企业。

2）加快品牌与平台的推广。品牌与平台的基础搭建好以后，加快推广，争取大量的流量和用户源。就网络推广方式来说，分为免费推广与付费推广两种方式。免费的推广方式有微博、SNS社区、论坛、软文、问答类平台、邮件、QQ群等，效果也是因人而异，不同行业的不同方法最后得到的结果都不一样；付费推广方式有竞价排名、硬广告、威客、兼职招聘等。

3）吸引消费者使用网络平台。本着让消费者方便的原则，中小企业应吸引消费者通过网络关注本公司的产品。可以根据本公司的产品联合其他中小企业的相关产品为自己企业的产品外延，相关产品的同时出现会更加吸引消费者的关注。在公司网站建设的时候应该设立网络店铺，加大销售的可能。为了促进消费者购买，应该及时在网站发布促销信息、新产品信息、公司动态。为了方便购买，企业还要提供多种支付模式，让消费者有更多的选择。

4）摆脱传统渠道的束缚。一些中小企业在线下销售有着很好的业绩，但发展网络分销渠道也是拓展之法。网上分销、加盟、代理，全方位开展网络布局，可在短时间扩充销售渠道，增加销售规模。同时也可摆脱传统经营的束缚，不管是资金、人力、库存还是管理，都可通过网络独到的优势进行整合与利用。

4.促销策略

促销是营销组合中营销部门最具控制权的一个要素。促销可以广泛开展，可以着重于普通客户的需求，也可以利用专业媒体着重强调产品的差异性。促销的目的是赢得潜在客户的注意、产生经济利益、激发客户的购买渴望、刺激客户的购买行为。

企业将其产品或服务的特性传达给预期客户的方式被称为促销组合。中小企业的促销策略包括以下几种类型：

（1）广告促销。广告促销涉及在媒体中投放广告，以此来使潜在客户对企业产品和服务产生良好印象。应仔细考虑广告的地点、时间、频率和形式。

（2）营业推广。采用非媒体促销手段，为"鼓励"客户购买产品或服务而设计的刺激性手段。例如，试用品、折扣、礼品等方式已为许多企业所采用。

（3）公关宣传。公关宣传通常是指宣传企业形象，以便为企业及其产品建立良好的公众形象。

（4）人员推销。企业的销售代表直接与预期客户进行接触。

五、营销战略计划

1.营销计划

企业战略计划旨在引导企业的整体发展。营销计划从属于企业战略计划，但也探讨了许多相同的问题并给出了一些解决方案。营销计划关注企业在特定市场或市场组的发展方向，以便实现一组指定目标。营销计划还需要定义要执行的任务和活动，以便实现理想战略。营销计划与产品和市场尤为相关。

2.制定营销计划的流程

中小企业制定营销计划大致流程如下：

（1）做好市场分析。这一阶段包括建立审计流程（以评估宏观和微观市场环境）、进行细分市场分析和制定客户、竞争者和发展战略。

（2）设定营销目标。目标是在了解市场分析中产生问题后设定，应当与企业的整体使命和企业目标相一致，并且要符合实际情况。

（3）制定营销战略。根据以上两点制订具体的营销战略。

（4）实施战略。实施战略通常是营销计划流程中最难的部分。要实现有效实施，需要不同企业、人员和部门之间相互协作。企业的结构和文化应当支持这种协作，提供良好的沟通环境，以便于获取信息及适当资源。

（5）评估和控制。

3.控制营销计划的过程

中小企业应围绕年度计划控制、盈利能力控制、效率控制和战略控制流程等内容控制营销计划。具体过程包括制定目标和战略；制定标准；绩效评估，如典型的可量化的绩效指标可能是市场份额，运营目标也可能与营销绩效有关，通过将实际情况与预算情况相比较来评估绩效；纠正行为等。

第三节　　中小企业生产运营战略

生产运营战略是企业职能战略的组成部分，是企业生产运营的一系列决策、规划及计划。一方面，生产运营战略既要强调成本和效率、生产系统的高产出与规模经济，又要关注战略决策实现产品竞争优势；另一方面，生产运营战略要突出系统各要素间在生产类型结构框架下的协调性，而不局限于处理和解决生产领域内部的矛盾和问题。生产运营战略是在企业总体战略与竞争战略的指导下，如何通过生产运营管理活动来实现低成本、高质量、快速交货、柔性和服务等方面的竞争优势。

一、生产运营战略的概念与分类

1.概念

生产运营战略，又称生产战略，是企业根据目标市场和产品特点构造其生产运营系统时所遵循的指导思想以及在这种指导思想下的一系列决策、规划、计划和程序。生产运营战略制定与选择受到三方面因素的制约：一是企业经营业务方向的制约，如生产消费产品、高技术产品和生产资料。二是企业经营目标的制约，如中小企业不明确规定业务的增长速度，却把注意力放在开发新产品或提高质量。三是企业竞争战略的制约，如采用多元化战略，企业需要在产品特色、质量、品种等方面寻求优势。

2. 分类

（1）生产系统设计战略。中小企业规模较小，一般生产系统设计战略比较简单。在生产系统功能设计方面，企业根据用户的需求特性和自身的竞争战略来定义产品的目标，再由产品将这些目标转换为对生产系统的一般要求。在生产系统结构设计方面，企业根据既定的系统功能和生产系统固有的结构功能特性，进行生产类型的粗略匹配。

（2）生产系统运行战略。生产系统运行战略，即从战略的角度对生产系统的正常运行进行计划、组织和控制，以使企业按照技术文件和市场需求，充分利用自身的资源条件，实现高效、安全和低成本生产，最大限度地满足市场销售和企业盈利的要求。对此，中小企业应重视该战略，具体的战略内容：一是生产计划战略，即将企业的生产任务同各类生产要素进行反复的综合平衡，从时间上和空间上对生产任务作出总体安排，以保证计划任务的实现。二是生产组织战略，包括生产的地理上集中设置还是分散设置以及根据工作地的专业化程度，选择相应的生产技术组织方式。三是生产控制战略，即对生产过程实行有效的监控，包括生产进度控制、质量控制、库存控制、成本费用控制和物质消耗控制等，并把它看作是生产计划、产品质量、产品成本的保障手段。

二、影响企业运营流程的因素

企业运营流程即企业管理部门的日常作业流程，是一个企业进行生产经营或者贸易等工作的程序。运营流程为生产战略的实施人员提供了明确的指导方向。

1. 批量

运营流程在所处理的投入量和产出量上有所不同。较高的投入或产出量能使运营流程成为资本密集型流程，在这种流程中，工作专门化并具有完备的系统指导工作的完成，单位成本较低。较低的投入或产出量意味着每名员工都要执行一项以上的任务，无法实现专业化，与高产量情况相比单位产出成本较高。

2. 种类

种类是指企业提供的产品或服务的范围，或者企业对这些产品或服务投入的范围。如果种类繁多，需要具有灵活性并能够适应个别客户的需求，企业的工作会变得较为复杂，并且单位成本较高。如果种类有限，企业应对运营流程进行明确限定，这种运营流程具有标准化、常规的运营程序及较低的单位成本等特征。

3. 需求变动

某些企业需求在一年中因季节而异（旅游业）或者在一天中因时间而异（公共交通的使用量），变动可能是可预测的也可能是无法预期的。当需求变动较大时，运营会产生产能利用率的问题，运营流程应尽量预测需求变动并相应调整产量；当需求稳定时，运营流程更可能实现较高的产能利用率，并且成本会相应较低。

4. 可见性

可见性是指运营流程为客户所见的程度。当可见性高时，客户的感性认识会在很大程度上影响其对运营流程的满意度，如果客户需要等待就有可能会产生不满，这时员工需要具备很高的人际沟通技巧，具有可见性的运营流程的单位成本可能比较高；当可见性较低时，生产和销售之间可以存在时间间隔，从而允许运营流程充分发挥作用，此时联系客户的技巧并不重要，单位成本应当较低。对于可预见性问题应采取风险控制，如新员工实行培训上岗制度，设备落实定期保养制度等。

三、制定生产运营计划

制定生产运营计划是生产战略的重要内容。一般来讲，编制企业运营计划的工作过程是确定运营目标，如产量、成本、质量等；将业务战略或营销战略转化为运营战略，如运营目标、工艺流程、设施设备、生产组织与管理；通过与竞争者的绩效相比较来评估企业当前的运营绩效；以缺口分析为基础来制订战略；通过对环境变化作出反应来不断地检查、完善战略。

1. 制定生产流程计划

生产运营计划是关于企业生产运作系统总体方面的计划，是企业在计划期应达到的产品品种、质量、产量和产值等生产任务的计划和对产品生产进度的安排。

在梳理生产流程与规范作业标准化的基础上，为了避免人力资源和时间的浪费，使其生产工作能有序进行和达成生产任务的完成，企业需要制定生产流程计划。

生产流程计划由生产部门及营销部、采购部、品质部、技术部等辅助部门共同制定。企业生产流程通常构成了企业总资产中的大部分资产，反映了企业生产或运营能力的高低，进而决定着企业生产目标的实现。生产流程计划是生产运营战略的基础工作，涉及工厂规模、工厂地点、产品设计、设备的选择、工具的类型、库存规模、库存控制、质量控制、成本控制、标准的使用、工作专业化、员工培训、设备与资源利用、运输与包装以及技术创新等环节，这些环节最终对一个制造企业战略管理成败产生重大影响。

对一个制造型中小企业来说，制订生产流程计划涉及环节相对较多，其计划的主要内容：一是营销部业务跟单员接单处理后，交成品仓库查仓库库存是否有货，然后根据客户要求和公司的库存标准下达生产通知单给生产部（通知单一式三份；一份送生产部作为生产指令，一份下达成品仓库作为发货和包装采购指令，一份存根）。生产部接单后要按客户的要求回复交货日期，并按时、保质、保量完成生产任务。若不能按时完成的要及时要求业务跟单员组织相关各部门进行合同订单评审，评审各部门必须签字，必要时请相关领导参加直至能满足客户要求为准（所用表单有客户订单、合同评审台账、生产通知单）。二是生产部接到经评审过的生产通知单后，应在第一时间下达生产计划通知单，在下达生产计划单时可参考成品仓库和物料仓库基本库存量后再下达生产计划数量（生产计划通知单一式三份；一份下达生产车间作为安排生产之用，一份下达零配件仓库作为生产物料和生产配料之用，一份生产部存根。所用表单有生产计划通知单），具体计划环节是生产车间主任接到生产计划通知单后，要及时与零配件仓库主管进行沟通，查询仓库物料情况并安排生产，同时对生产设备、工装、人力等资源的安排要合理化（所用表单为生产随工单）；仓库主管接到生产通知单后应主动和车间主任联络，并根据仓库物料情况和物料库存量，在生产经理的指导下，下达物料生产计划；原材料仓管员接到物料生产计划单后应主动与冲压、注塑车间主任沟通，及时发料进行配件生产，同时根据原材料、外协件库存和物料生产计划单的数量开具材料申购单，交采购部进行采购，要求采购部按时完成采购任务并及时入库；注塑、冲压车间主任接到物料生产计划单后，根据本车间的生产情况和物料生产完成日期及时到原材料库对号领料生产，同时对生产设备、人力等资源的安排要合理化；注塑、冲压车间主任负责安排将本车间所生产的配件及时入库到原材料库，然后由原材料仓管员负责安排配件的清洗、电镀及入库工作。三是生产车间主任在安排生产时要以大局为重，对生产、物料的进程需要完全掌握，以均衡生产。在批量生产前要进行首件生产确认，经检验员首件确认后方可批量生产，同时做好工装、工艺的监督管理和记录工作。四是在产品批量生产过程中对突发事件要及时沟通、处理和上报并跟踪结果。五是当生产车间产出成品后要送入检验车间，根据发货要求合理安排检验工序，成品检验好后送入成品库包装入库。

2. 制订生产能力计划

生产能力即产能，是企业在指定时间内能够完成的最大工作量。产能计划是指确定企业所需的生产能力以满足其产品不断变化的需求过程。企业可以引进新技术、设备和材料，增加员工或机器的数量以及增加轮班的次数或收购其他生产者设备等方式，实现企业产能与客户需求之间的差异最小化的计划目标，保证既无产能浪费，又无须求机会损失。

（1）制订产能计划的策略。企业生产能力计划有长期、中期和短期之分。为了保证生产能力计划的实现，企业需要制订和选择不同的策略（如图5-3所示）。

1）领先策略。企业根据对需求增长的预期增加产能。领先策略是一种进攻性策略，其目标是将客户从企业的竞争者手中吸引过来，它的潜在劣势在于其通常会产生过量存货，导致成本既高又浪费。

2）滞后策略。滞后策略是当企业因需求增长而满负荷生产或超额生产后才增加产能。该策略是一种相对保守的策略，它能降低浪费的风险但也可能导致潜在客户流失。

3）匹配策略。匹配策略是指少量地增加产能来应对市场需求的变化，这种策略是一种比较稳健的策略。

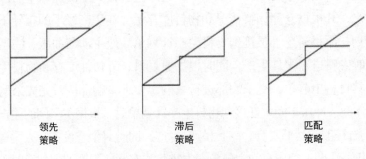

领先　　　　　滞后　　　　　匹配
策略　　　　　策略　　　　　策略

图 5-3　企业产能计划策略

（2）平衡产能与需求的方法。在进行生产能力计划时，首先要进行需求预测。由于能力需求的长期计划不仅与未来的市场需求有关，还与技术变化、竞争关系以及生产率提高等多种因素有关，因此必须综合考虑。其次还应该注意的是，所预测的时间段越长，预测的误差可能性就越大。对市场需求所做的预测必须转变为一种能与能力直接进行比较的度量。在制造业企业中，企业能力经常是以可利用的设备数来表示的，在这种情况下，管理人员必须把市场需求（通常是产品产量）转变为所需的设备数。当预测需求与现有产能之间的差额较大时，企业需要及时采取平衡措施，常见的方法有以下几种：

1）资源订单式生产。当需求不具独立性时，企业仅购买所需材料并在需要时才开始生产所需的产品或提供所需的服务。如建筑企业可能会收到承建新的道路桥梁的大订单，该企业将在签订合同后才开始采购资源。

2）订单生产式生产。在采用某些运营流程的情况下，企业可能对未来需求的上涨非常有信心，从而持有为满足未来订单所需的一种或多种资源的存货，可以按照订单要求进行设计、生产或组装，如某些企业会配备一定量的过剩劳动力和设备等资源。

3）库存生产式生产。许多企业在收到订单之前或在知道需求量之前就开始生产产品，这种情况在制造型企业中很常见。

四、及时生产战略

1. 概念

及时生产战略（JIT），又称精益生产战略，是指组织和管理产品开发、作业、供应商和客户关系的业务系统，与过去的大量生产系统相比，精益生产消耗较少的人力、空间、资金和时间制造最少缺陷的产品以准确地满足客户的需要。所谓的"精"，体现在质量上，追求"尽善尽美""精益求精"，即不投入多余的生产要素，只在适当的时间进行必要的生产，这既包括根据市场的需要生产产品，也包括上道工序根据下道工序的指令——"看板"进行生产；所谓的"益"，是追求成本与质量的最佳配置、追求产品的性能价格比最优，是所有经营生产活动都要有效益，既要能为消费者带来满足，也要能为企业带来利润。

及时生产战略有利于控制企业的产品质量，降低生产成本，提高经济效益，促进企业的长远发展。从微观上看，有利于企业从粗放式的增长向注重投入产出比、强调效率和效益的集约式增长的快速转变。该战略的使用条件：无论是大型企业还是中小企业，企业基础相对薄弱，特别是管理水平落后，综合实力与能力较差，但并不存在生存危机的状况。该战略主要运用在两个方面：一是制造型企业采用及时生产战略旨在降低库存。二是服务型企业采用及时生产战略旨在消除客户排队的现象。因为，客户排队是非常浪费的：一是排队需要为客户提供等待的空间，而这个空间并不会增加价值；二是排队降低了客户对服务质量的认可。

2. 及时生产战略中的关键要素

精益生产与大批大量生产战略具有诸多方面的不同（如表5-2所示）。

表5-2　精益生产与大批大量生产的比较

比较项目	精益生产	大批大量生产
生产目标	追求尽善尽美	尽可能好
管理方式	权力下放	宝塔式
工作方式	集成，多能，综合工作组	分工，专门化
产品特征	面向用户、生产周期短	数量很大的标准化产品
供货方式	JIT方式，零库存	大库存缓冲
产品质量	由工人保证，质量高，零缺陷	检验部门事后把关
返修率	几乎为零	很大
自动化	柔性自动化，但尽量精简	刚性自动化
生产组织	精简一切多余环节	组织机构庞大
设计方式	并行方式	串行模式
工作关系	集体主义精神	相互封闭
用户关系	以用户为上帝，产品面向用户	以用户为上帝，但产品少变
供应商	同舟共济、生死与共	互不信任，无长期打算
雇员关系	终身雇佣，以企业为家	可随时解雇，工作无保障

企业采用及时生产战略，能够精准地满足客户在时间、质量和数量上的需求，也能够保证企业配送到生产现场的部件和材料正如生产所需，企业不会为防止发生配送延迟的情况而储备材料和部件。该战略的关键要素包括以下几点：

（1）不断改进。不断改进的目标是尽快满足需求并提供最佳的质量而又避免造成浪费。这一要素追求简单性，简单的系统便于理解、便于管理而且不容易出错，是一个以产品为导向的设计，其在材料和部件的移动上花费的时间较少。

（2）消除浪费。可以消除七种类型的浪费：生产过剩、等待、搬运、加工、库存、动作、不良品。

（3）工作场所整理。工作场所整洁有条理。

（4）缩短生产准备时间。增强灵活性使小批量生产成为可能。

（5）企业中所有员工的参与。

3.及时生产战略的优点和缺点

及时生产战略的主要优点体现在：低库存意味着减少了仓储空间，从而节约了租赁和保险费用；仅在需要时才取得存货，降低了花费在存货上的运营资本；降低了存货变质、陈旧或过时的可能性；避免因需求突然变动导致大量产成品无法出售的情况；着重于第一次就执行正确的工作这一理念，降低了检查和返工生产产品的时间。主要缺点体现在：仅为不合格产品的返工预留了最少量的库存，一旦生产环节出错则弥补空间较小；对供应商的依赖性较强，如果供应商没有按时配货，则整个生产计划都会被延误；按照实际订单生产所有产品，因此并无备用的产成品来满足预期之外的订单。

4.及时生产战略方法

及时生产战略实施以后，最终要达到两个理想的结果：一是产品精益。即企业通过全面质量管理控制手段和完善的服务营销体系向市场提供"精品"或者是"精心服务"，树立企业的名牌形象，提高企业的竞争档次。二是能力精益。即企业在各种经营活动中能自发达到投入与效率的合理匹配以及供应、制造、开发、销售中质量、成本、工期的合理匹配；能给顾客提供超水平的价值服务，是企业所独有的、且不能被竞争对手仿制的企业能力。企业的各种能力是企业的重要无形资产，是企业获得竞争优势的必要条件。为此，企业实施及时生产战略的方法如下：

（1）价值工程。价值工程的目的是在可靠地实现用户要求功能的前提下，努力寻求最低的寿命周期成本。一是实施功能分析与价值分析。它以使用者的功能需求调研为出发点，对所研究的对象进行功能分析，理顺系统的精益设计与成本之间的关系，致力于提高价值的创造性活动，因而，通过价值工程可帮助企业提供物美价廉的产品，树立产品的美誉度。二是实施价值管理。价值管理就是要使企业实现由传统的以实物为中心的物态管理,转换到以价值为中心的价值管理。价值链是对企业的设计、生产、营销、交货以及对产品起辅助作用的各种活动的集合的综合表示，企业的价值链和它所从事的单个活动的方式反映了其历史、战略、推行战略的途径以及这些活动本身的根本经济效益。三是实施价值工程。企业实施价值工程，并通过价值管理和控制精益制造实现最终产品或服务的价值增值，使其所得的价值超过创造产品所花费的各种成本从而产生盈利，最终实现"产品精益"。

（2）并行工程。并行工程是指新产品的概念生成、性能描述、开发、制造和维护机构各部分的直接融合，其宗旨是制造低成本、高质量并满足用户要求的新产品。实施并行工程可促使企业不断地追求更短的开发时间和更快的产品制造速度，利用其进行产品开发，能在质量、时间和成本上取得呈数量级的显著提高，从而实现"能力精益"。

五、全面质量管理

1. 质量与质量成本

质量是企业产品和服务的一组特性，是满足客户明确和隐含需要的能力和特性的总和。企业需要进行质量保证，即进行为使人们确信某一产品、过程或服务的质量所必须的全部有计划有组织的活动。同时，企业还要进行质量控制，积极开展为达到和保持质量而进行控制的技术措施和管理措施方面的活动如质量检验、见证点、停止点、过程控制。企业的质量控制比质量保证关注的范围要小。

企业为保证产品和服务的质量，在实施质量保证与质量控制的活动中，必然产生相关的费用。一般把发生的与质量有关的费用称为质量成本，主要包括以下内容：

（1）预防成本。预防成本是在提供产品或服务之前发生的成本，目的是防止出现不合格的产品或服务。主要包括质量计划工作费用、质量教育培训费用、新产品评审费用、工序控制费用、质量改进措施费用、质量审核费用、质量管理活动费用、质量奖励费、专职质量管理人员的工资及其附加费等。

（2）鉴定费用。鉴定费用是在产品或服务已经提供之后发生的成本，以确保产品或者服务性能能够符合所要求的质量标准和使用性能。主要包括进货检验费用、工序检验费用、成品检验费用、质量审核费用、保持检验和试验设备精确性的费用、试验和检验损耗费用、存货复试复验费用、质量分级费用、检验仪器折旧费以及计量工具购置费等。

（3）内部失效成本。内部失效成本是质量不足引起的成本，在时间转移或服务从企业转移到顾客或客户的过程中识别出来的问题。例如，在转移失败或客户不满意之后对产品和服务说明的检查成本，或者在检查过程中退货的成本，主要包括废品损失费用、返修损失费用和复试复验费用、停工损失费用、处理质量缺陷费用、减产损失及产品降级损失费用等。

（4）外部失效成本。外部失效成本是指质量不足产生的成本，即在项目或服务从企业转移到客户的过程之后识别出来的问题。导致索赔、修理、更换或信誉损失等而支付的费用。主要包括申诉受理费用、保修费用、退换产品的损失费用、折旧损失费用和产品责任损失费用等。

2. 质量管理

企业的产品或服务质量应当达到计划的质量水平，并按照说明执行。管理层有责任开展质量管理，保证所有的工作按照标准完成，以满足企业的需求。这就需要做到：一是建立产品或服务的质量标准。考虑到客户的质量期望和不同程度的质量成本效益。二是根据标准制定计划。按照标准来批准和记录程序、方法和控制，通过工作描述和授权调查范围来记录责任，并准备和实施员工培训计划，确保员工熟悉标准、程序、控制及其自身的责任。三是质量控制。如果实际质量低于标准，应当追踪目标质量和采取控制行为，如通过公布和讨论目标质量来获得并支持员工的承诺。鼓励员工提出关于改进产品的建议，并考虑引进短期的建议方案。四是必要的时候采取行动提高质量。

3. 全面质量管理

（1）概念。全面质量管理（TQM）就是一个组织以质量为中心，以全员参与为基础，通过让顾客满意和本组织所有成员及社会受益而达到长期成功的目的。全面质量管理的特点体现在：一是"四个全面"，即全面的质量管理；全过程的管理；全员参与质量管理；全面综合管理。二是"四个一切"，即一切为用户；一切以预防为主；一切依据事实与数据；一切按规范办事。企业推行全面质量管理，有利于提高企业素质和企业产品质量，改善产品设计，加速生产流程，鼓舞员工的士气和增强质量意识，改进产品售后服务，提高市场的接受程度，降低经营质量成本，降低现场维修成本，使顾客完全满意，进而增强企业的市场竞争力。

（2）全面质量管理要素。全面质量管理是一个复杂的系统，需要考虑多方面的要素。一般认为，企业进行全面质量管理，主要考虑的因素：①内部客户和外部供应商。企业的各个部分都与质量问题有关，需要一起合作并相互影响。全面质量管理提升了内部客户和内部供应商的概念。内部供应商为内部客户所做的工作最终会影响提供给外部客户的产品或服务的质量。为了满足外部客户的期望，就必须满足整个经营中每个阶段内部客户的期望。因此，内部客户与质量链密切相关，企业必须在能够满足内部客户和满足外部客户的需求之间找到平衡。②服务水平协议。有些企业通过要求每个内部供应商同其内部客户达成一项服务水平协议来使内部供应商与内部客户的概念书面化。服务水平协议是对服务和供应标准的一项声明，用于提供给外部客户，包括服务供应商的范围、反应时间和可靠性等方面的问题。责任界定和性能标准也可能包含在这种协议中。③公司的质量文化。企业中的每个人都会影响质量，质量是每个人的责任。这意味着不仅仅是那些直接参与生产和同客户打交道的人，而且每个在后台支持的人员和行政人员都会影响质量。④授权。确认员工自身通常是关于如何提高或能否提高质量的最好信息来源。授权包括两个关键方面：一是允许工人能够自由决定如何使用掌握的技能和获得成为一个有效的团队成员所必需的新技能来完成必要的工作。二是使工人对实现生产目标和质量控制负责。

4. 全面质量管理的实施

（1）推行 PDCA 循环的工作方法。影响产品质量和服务质量的因素越来越复杂：既有物质的因素，又有人的因素；既有技术的因素，又有管理的因素；既有企业内部的因素，又有企业外部因素。要把这一系列的因素系统地控制起来，就必须根据不同情况，灵活地运用多种多样的现代化管理方法来解决当代质量问题。常用的质量管理方法有所谓的老七种工具：因果图、排列图、直方图、控制图、散布图、分层图、调查表，还有新七种工具：关联图法、KJ 法、系统图法、矩阵图法、矩阵数据分析法、PDPC 法、矢线图法。

在多种方法中，最常用的方法是 PDCA 方法。PDCA 是英语计划（Plan）、执行（Do）、检查（Check）、处理（Action）四个单词的首字母的组合。PDCA 工作循环，就是按照计划、执行、检查、处理四个阶段的顺序来进行管理工作。在质量管理活动中，要求把各项工作按照计划，经过实践，再检验其结果，将成功的方案纳入标准，将不成功的方案留待下一个循环去解决。如果企业发现质量的问题，企业应遵循问题分析、原因分析、计划措施、执行措施、检查执行、总结处理的工作程序，其反映了开展质量管理活动的一般规律性。PDCA 工作循环顺序不能颠倒，相互衔接。

（2）做好制造过程和辅助生产过程的质量管理工作。制造过程的质量管理工作主要是组织质量检验工作，要求严格把好质量关；组织和促进文明生产，严格执行工艺纪律；组织质量分析，掌握质量动态；组织工序的质量控制，建立质量控制重点。辅助生产过程质量管理的内容有做好物资采购供应的质量管理，保证采购质量；严格入库物资的检查验收，按质、按量、按期提供生产所需要的各种物资；组织好设备维护工作，保持设备良好的技术状态；做好工具制造和供应管理工作等。

（3）加强 4M 的管理。全面质量管理的一个重要特点是"预防性"，为此，企业需要加强 4M 管理，即人 (Man)、设备 (Machine)、材料 (Material)、方法 (Method) 等四个方面的质量管理。一是"人"的管理。不论是设备的操作、检修、保养、还是材料的验收把关以及作业方法的遵守和改进，都依靠工人的智能和积极性。因此，企业要做好几方面的工作：工人充分理解质量标准和作业标准、按要求进行充分训练、进行个别而具体的指导、加强对自己作业质量的控制、提高对自己工作重要性的认识、加强全面质量管理思想和方法的宣传教育等。二是"设备"的管理。设备的管理是要尽早发现设备运转不良及分析其原因，采取适当的措施；而且还要进行预防性维护，以防患于未然。对设备和机械，包括夹具、量具等，都需要工人的日常检修以及依据一定的标准进行定期的检修和调整。三是"材料"的管理。材料的管理主要是加强验收检查，改进保管方法，避免材料的碰伤、变形和变质等。对保管中的材料进行定期检查，对将出库的材料严格检查把关。四是"作业方法"的管理。应该将最佳的作业方法予以标准化，要求工人彻底执行。

第四节　中小企业研发战略

一、研发战略概述

1. 概念

研发战略是指在市场竞争中企业利用自己独特的技术研发活动，创建一个独特的价值定位，以获取企业核心竞争力的长期、全局的谋划。

企业从事研究与开发工作是组织层面的企业创新。企业研究可以是基础研究、应用型研究、开发型研究，其目的在于改良产品或流程。其中，基础研究是指取得新的科学技术知识或了解初始研究，其没有明显的商业用途或实际目的。应用型研究是指具有明显的商业用途或实际目的的研究。开发型研究是指在开始商业生产运作之前利用现有的科学技术知识来生产新产品或系统，如转化复杂技术、使流程与当地的原材料相适应、根据特殊的品位和规范来改进产品。研发战略并不能独立于企业的其他部分单独进行，如竞争战略会关注企业想要拥有的广泛产品以及企业想要参与竞争的广泛市场，这会促使企业集中关注成功实施业务战略所需的技术。中小企业的研发战略可以概括为以技术战略的贯彻为主线、以提升企业竞争优势为目标，通过对企业研发活动的整体考虑而综合利用、调配并协调所有研发资源与能力的管理活动，如技术规划与决策、资源分配及利用等。

2. 类型

（1）根据研发能力及技术研发地位划分。根据研发能力及技术研发地位标准可以将研发战略划分为以下几类：

1）领先型技术研发战略。领先型技术研发战略又称进攻型技术研发战略，是指企业在其所处的产品或服务领域中具有雄厚的技术实力，通过不断地研发以保持其在技术竞争领域的主导地位，而其市场竞争力的获取是依靠企业强大的技术优势。

2）跟随型技术研发战略。跟随型技术研发战略是指企业不进行首创性的技术研发和采用新技术，而是跟随行业中的技术主导企业已进行的技术研发活动，在该方向上再展开自己的研发活动。

3）模仿型技术研发战略。模仿型技术研发战略是指企业并不进行自身独立的技术研发活动，而是从企业外部购买技术专利或进行模仿来获得技术能力，并推动自身技术水准的提高。一般不具备雄厚的资金和技术优势的中小型企业会采用模仿型研发战略，因为该战略进入门槛低、成本优势明显、经营风险低。

4）集成型技术研发战略。采用集成型研发战略的企业不进行首创性的技术研发活动，而是将现有的产品在技术方面进行整合，由此产生现有技术的某些新应用或新产品。因此集成型技术研发战略要求制造型企业拥有较为强大的技术组合和整合的能力。

（2）根据技术研发主体的不同划分。根据技术研发主体不同的标准可以将研发战略划分为以下几种类型：

1）自主技术研发战略。自主技术研发战略模式是指在技术研发实力比较雄厚的情况下，技术研发的来源方和技术研发的操作方相互融合的行为。

2）合作技术研发战略。合作技术研发战略是指企业之间、企业与科研机构之间或高等院校之间采取联合技术研发的行为。

3）技术引进战略。技术引进战略是指企业自身不进行技术研发的实质性工作，而是通过从其他企业或科研机构引进技术并消化吸收这些技术，从而在一个高的起点上提高本企业技术水准的途径。

（3）根据技术研发对象性质差异划分。根据技术研发对象性质差异的标准，可以将研发战略划分为以下几种类型：

1）产品技术研发战略。产品开发特别是新产品开发是企业竞争优势的主要来源，但必须谨慎控制新产品开发过程。新产品上市也可能花费大量的资金，进行项目筛选、立项、研发、成果鉴定、成果管理是非常必要的。

2）工艺技术研发战略。工艺技术研发战略关注于生产产品或提供服务的生产工艺流程与运营流程的研发，旨在建立有效的流程来节约资金和时间，从而提高生产率和产品质量。

3）服务型技术研发战略。

3. 技术研发战略的意义

无论是大型企业还是中小企业，实施技术研发战略都具有重要意义。主要体现在以下几个方面：

（1）技术研发战略是企业整体战略的重要组成部分。产品创新是产品差异化的来源，流程创新使企业能够采用差异化战略或成本领先战略；研发被纳入技术开发的支持性活动，通过提供低成本的产品或改良的差异化产品可以强化价值链；研发支持安索夫矩阵中四个战略象限，可以通过产品求精来实现市场渗透战略和市场开发战略，产品开发和产品多元化需要更显著的产品创新；产品研发会加速现有产品的衰退，因而需要研发来为企业提供替代产品。

（2）技术研发战略是对付技术研发不确定性的重要手段。不确定性主要是市场的不确定性和技术的不确定性。

（3）技术研发战略是影响企业长期竞争能力的重要因素。

（4）技术研发战略是企业技术研发活动的指南。

二、制定研发战略的依据

中小企业制定技术开发战略，获取竞争优势，主要依据包括以下几个方面：

1. 市场条件、技术和社会环境

技术研发来自两种基本力量：一是需求拉动技术研发；二是技术推动技术研发。研究表明，在一些行业约 80% 的研发构思来自需要。

2. 企业目标和战略

企业目标是企业宗旨的具体展开，指出企业奋斗方向和任务，它们直接或间接地影响着企业技术研发战略的选择。

3. 企业技术能力

企业技术能力是指企业拥有技术资源的数量、质量及其对资源管理的能力。企业技术能力可分为三个层次：现有技术能力、可挖掘的技术潜力和可获得的新技术能力。企业技术能力的本质是创造新的技术并把它运用到现实经济中的能力，反映在三个方面：技术检测能力、技术学习能力和创造能力。

4. 市场竞争态势

当竞争者数量多，进入壁垒低，产品较为成熟，产业增长空间大，企业可以选择以降低成本为中心的工艺研发战略或选择模仿型或跟随型战略；当竞争者数量多，进入壁垒高，产品较为成熟，产业增长空间小，市场利益诱惑小，企业可以选择产品研发战略，以向市场提供全新产品；当竞争者数量少，进入壁垒高，市场利益诱惑大，产业增长空间大，企业要在竞争中长期获得有利地位，就必须努力提高企业产品或服务的差异化程度，以形成市场垄断。

三、研发方法与途径选择

1. 研发方法

中小企业制定研发战略，开展研发的方法一般包括以下几种：

（1）成为成功产品的创新模仿者，从而使启动风险和成本最小化。这种方法必须有先驱企业开发第一代新产品并证明存在该产品的市场，要求企业拥有优秀的研发人员和优秀的营销部门。你生产什么，我也生产什么，因为你证明了这个产品有市场。

（2）通过大量生产与新引入的产品相类似、但价格相对低廉的产品来成为低成本生产者。由于产品已经被客户所接受，因此价格对作出购买决定而言越来越重要。规模营销替代人员销售成为主要的销售战略。

（3）成为向市场推出新技术产品的企业。这是一个富有魅力的、令人兴奋的战略，但同时也是一个危险的战略，只有成长愿望强烈和敢冒风险的中小企业才采用这种方法。

2. 途径选择

实施研发战略，获取需要的研发技术，企业可以选择的途径包括以下几种：

（1）如果技术进步速度缓慢、市场增长率适中，并且新的市场进入者有很大的进入障碍，则企业内部研发是最佳选择。

（2）如果技术变化速度较快而市场增长缓慢，则花费大量精力进行自主研发会给企业带来较大风险，原因在于这可能使企业开发出一种完全过时的、没有任何市场的技术。在这种情况下，企业应从外部企业取得研发技术。

（3）如果技术变化速度缓慢但市场增长迅速，则通常没有足够的时间进行企业内部的研发。在这种情况下，最佳方法是从外部企业取得独家或非独家的研发技术。

（4）如果技术进步和市场增长都很迅速，则应从业内的资深企业取得研发技术。

四、研发政策

1. 一般政策

制定合理的研发政策能使市场机遇与内部能力相匹配，并为所有研发构思进行初步筛选，有助于战略实施。中小企业一般选择的研发政策包括强化产品或流程改良；强化应用型研究的基础；利用大学研究者或私营企业的研究；成为研发领导者或跟随者；开发机器人技术或手动流程；对研发投入高额、适中或低额资金；在企业内部进行研发或者将研发外包。

2. 鼓励创新性构思的政策

企业研发战略的成功，需要创新性构思的基础支撑。为此，企业管理层应制定一系列的鼓励政策，如必须给予创新财务支持，并可以通过为研发和市场研究投入资金以及为新构思投入风险资金来实现；必须使员工有机会在一个能够产生创新构思的环境中工作，这需要适当的管理风格和组织结构；管理层能积极地鼓励员工和客户提出新构思；组建开发小组并由企业负责项目小组工作；企业在适当情况下应集中于招聘具有必备创新技能的员工，并对其进行培训；由特定的管理者负责从环境中或从企业的内部沟通中获取与创新构思有关的信息；战略计划应有助于创新目标的达成，对成功实现目标的员工应给予奖励。

第五节　中小企业人力资源战略

人力资源战略是实现企业战略目标，获得企业最大绩效的关键。研究和制定中小企业人力资源战略，有利于提升企业自身的竞争力，也是达到人力资本储存和扩张的有效途径。人力资源战略在企业实施过程中必须服从企业成长战略和竞争战略，企业战略形成的过程中也必须积极考虑人力资源因素，二者只有达到相互一致、相互匹配，才能促进企业可持续发展。

一、人力资源战略的概念与意义

1. 概念

人力资源战略是企业为实现公司战略目标而在雇佣关系、甄选、录用、培训、绩效、薪酬、激励、职业生涯管理等方面所做决策的总称。通过科学地分析预测组织在未来环境变化中人力资源的供给与需求状况，制定必要的人力资源获取、利用、保持和开发策略，确保组织在需要的时间和需要的岗位上，对人力资源在数量上和质量上的需求，使组织和个人获得不断的发展与利益，是企业发展战略的重要组成部分。

2. 意义

（1）人力资源战略是企业战略的核心之一。在企业竞争中，人才是企业的核心资源，人力资源战略处于企业战略的核心地位。企业的发展取决于企业战略决策的制定，企业的战略决策基于企业的发展目标和行动方案的制定，而最终起决定作用的还是企业对高素质人才的拥有量。有效地利用与企业发展战略相适应的管理人才和专业技术人才，最大限度地发掘他们的才能，可以推动企业战略的实施，促进企业的发展壮大。

（2）有利于企业形成持续的竞争优势。在企业之间的竞争日益激烈的时代，企业创造出某种竞争优势后，经过不长的时间就会被竞争对手所模仿，从而失去优势。而优秀的人力资源所形成的竞争优势很难被其他企业所模仿。所以，正确的人力资源战略对企业保持持续的竞争优势具有重要意义。不断扩展人力资本总量，利用企业内部所有员工的才能吸引外部的优秀人才是企业战略的一部分。人力资源工作就是要保证各个工作岗位所需人员的供给，保证这些人员具有其岗位所需的技能，即通过培训和开发来缩短及消除企业各职位所要求的技能和员工所具有的能力之间的差距。当然，还可以通过设计与企业的战略目标相一致的薪酬系统与福利计划，提供更多的培训，为员工设计职业生涯计划等来增强企业人力资本的竞争力，达到扩展人力资本、形成持续竞争优势的目的。

（3）人力资源战略可提高企业的绩效。企业绩效是通过向顾客提供企业的产品和服务体现出来的，员工的工作绩效是企业效益的基本保障。而人力资源战略的重要目标之一就是实施对提高企业绩效有益的活动，并通过这些活动来发挥其对企业成功所作出的贡献。过去，人力资源管理是以活动为宗旨，主要考虑做什么，而不考虑成本和人力的需求；经济发展正在从资源型经济向知识型经济过渡，企业人力资源管理也就必须实行战略性的转化。人力资源管理者必须把其活动所产生的结果作为企业的成果，特别是作为人力资源投资的回报，使企业获得更多的利润。从企业战略上讲，人力资源管理作为一个战略杠杆能有效地影响公司的经营绩效。人力资源战略与企业竞争战略结合，能促进企业战略的成功实施。

（4）对企业人力资源管理工作具有指导作用。将人力资源由社会性资源转变成企业性资源，最终转化为企业的现实劳动力，人力资源管理具有战略性质。人力资源管理需要考虑以下事项：发展人力资源，以增加产品或服务的价值；使员工为企业的价值观和目标而努力；为管理层的利益服务；为人事问题提供战略性解决方法；人力资源的发展与人力资源策略相联系。同时，企业人力资源战略可以帮助企业根据市场环境变化与人力资源管理自身的发展，建立适合本企业特点的人力资源管理方法。如根据市场变化确定人力资源的长远供需计划；根据员工期望，建立与企业实际相适应的激励制度；用更科学、先进、合理的方法降低人力成本；根据科学技术的发展趋势，有针对性地对员工进行培训与开发，提高员工的适应能力，以适应未来科学技术发展的要求，等等。一个适合企业自身发展的人力资源战略可以提升企业人力资源管理水平，提高人力资源质量；可以指导企业的人才建设和人力资源配置，从而使人才效益最大化。

二、人力资源的规划和计划

1. 有效的人力资源战略目标

针对企业人员流动过于频繁、激励机制不够健全、员工培训流于形式等现实，中小企业应制定和实施有效的人力资源战略。战略目标应该包括精确识别出企业为实现短期、中期和长期的战略目标所需要的人才类型；通过培训、发展和教育来激发员工潜力；应尽可能地提高任职早期表现出色的员工在员工总数中所占的比重；招聘足够的、有潜力成为出色工作者的年轻新就业者；确保采取一切可能措施来防止竞争对手挖走企业的人才；招聘足够的、具备一定经验和成就的人才，并使其迅速适应新的企业文化；激励有才能的人员实现更高的绩效水平，并激发其对企业的忠诚度；寻求方法来提高最有才能的人员的绩效和生产效率；创造企业文化，使人才能在这种文化中得到培育并能够施展才华；企业文化应当能够将不同特点的人才整合在共享价值观的框架内，从而组建出一个优秀团队。

2. 人力资源规划

人力资源规划是指企业为取得、利用、改善和维持企业的人力资源而采取的策略。中小企业制定和实施人力资源规划的主要目的包括以下几点：

（1）促使人力资源的合理运用。只有少数企业其人力的配置完全符合理想的状况。在相当多的中小企业中，其中一些人的工作负荷过重，而另一些人则感到能力有余，能力未得到充分利用。人力资源规划可改善人力分配的不平衡状况，进而谋求合理化，以使人力资源能配合组织的发展需要。

（2）降低用人成本。影响企业用人数目的因素很多，如业务、技术革新、机器设备、组织工作制度、工作人员的能力等。人力资源规划可对现有的人力结构作一些分析，并找出影响人力资源有效运用的瓶颈，使人力资源效能充分发挥，降低人力资源在成本中所占的比率。

（3）配合企业发展的需要。中小企业不断地追求生存和发展，而生存和发展的主要因素是人力资源的获得与运用。也就是如何适时、适量及适质地使组织获得所需的各类人力资源。由于现代科学技术日新月异，社会环境变化多端，如何针对这些多变的因素，配合企业发展目标，对人力资源恰当规划甚为重要。

（4）规划人力发展。人力发展包括人力预测、人力增补及人员培训，这三者紧密联系，不可分割。人力资源规划一方面对目前人力现状予以分析，以了解人事动态；另一方面对未来人力需求做一些预测，以便企业对人力的增减进行通盘考虑，再据此制定人员增补和培训计划。所以，人力资源规划是人力发展的基础。

为达到以上四个方面的目的，中小企业应重点做好以下人力资源规划：一是分析现有的员工资源，包括优势、劣势、年龄跨度、经验和培训水平等。二是估计资源可能发生的变化，包括资源流入企业、资源在企业内流动以及资源流出企业。三是估计企业未来的人才需求，包括数量、类型、质量及技能构成等。四是确定人才供需之间的缺口，并制定消除该缺口的政策规划。

3. 人力资源计划

人力资源计划旨在消除人才的预期供需之间的缺口。企业人才供应的预期包括人员的数量、技术能力、经验、年龄职业、激情以及预期的自然损耗；而人才需求的预期包括所需的新技能、所需的新工作态度、工作职责的增长缩减以及所需的新技术等。制定企业人力资源计划的一般原则：一是充分考虑内部、外部环境的变化。人力资源计划只有充分地考虑了内、外环境的变化，才能适应需要，真正地做到为企业发展目标服务。内部变化主要指销售的变化、开发的变化、或者说企业发展战略的变化，还有公司员工的流动变化等；外部变化指社会消费市场的变化、政府有关人力资源政策的变化、人才市场的变化等。为了更好地适应这些变化，在人力资源计划中应该对可能出现的情况作出预测和风险评估，最好能有面对风险的应对策略。二是确保企业的人力资源保障。企业的人力资源保障问题是人力资源计划中应解决的核心问题，包括人员的流入预测、流出预测、人员的内部流动预测、社会人力资源供给状况分析、人员流动的损益分析等。只有有效地保证了对企业的人力资源供给，才可能去进行更深层次的人力资源管理与开发。三是使企业和员工都得到长期的利益。人力资源计划不仅是面向企业的计划，也是面向员工的计划。企业的发展和员工的发展是互相依托、互相促进的关系。如果只考虑企业的发展需要，而忽视了员工的发展，则会有损企业发展目标的达成。优秀的人力资源计划，一定是能够使企业员工达到长期利益的计划，一定是能够使企业和员工共同发展的计划。

为消除人才供需之间的缺口，人力资源计划应重点关注以下内容：招聘计划，确定所需招聘的员工数量、招聘时间以及招聘渠道；培训计划，确定受训人员数量以及现有员工的培训需求；再发展计划，确定用于员工的调动和再培训的计划；生产力计划，确定用于提高生产力、降低人力成本和确定生产力目标的计划：冗余计划，选择冗余人员、对冗余人员进行再发展、再培训或再分配的政策以及对冗余人员实行的支付政策；保持计划，确定为了降低可避免的劳动力浪费和留住人才而采取的行动。

三、招聘与选拔

1. 招聘

中小企业应围绕人力资源战略目标，在人力资源规划的指引下，确定招聘计划，适时推进人才招聘工作。一般来看，招聘计划应包括说明所招聘职位的准确性质；确定该工作所需的技术、态度和能力；确定该职位理想候选人的要求以及通过广告或其他手段吸引求职者。

（1）内部招聘。在招聘时，除了要初步确定某项工作是否需要补充人手和初步确定该工作描述和人员说明之外，还应确定是进行企业内部招聘还是企业外部招聘。上述两种招聘方式各具优缺点。

1）内部招聘的优点。内部招聘的优点：①通过晋升现有员工来进行内部招聘。这种方式能调动员工积极性，培养员工的忠诚度，激发员工的工作热情，并且有助于鼓舞员工的整体士气。②在考核现有员工时，可通过已知数据进行选拔，并可通过在内部取得反馈来考察员工是否适合该工作。③内部招聘能节约大量的招聘和选拔时间及费用。④需求介绍，减少招聘和培训成本并且企业可以仅按照自身要求对员工进行培训。

2）内部招聘的缺点。内部招聘的缺点：①未被选拔的员工容易产生负面情绪，或者员工晋升后成为前同事的主管比较困难。②适合该工作的员工在企业外部。

③降低"新视点"进入企业而产生的变化。④员工认为晋升只是时间问题，因此内部招聘容易诱发自满情绪。

（2）外部招聘。当企业无法在内部找到具有特殊技术和技能的员工时，外部招聘必不可少。同时由于企业外部的人员具有在其他企业中工作的经验，因而通常能给企业带来新的思想和不同的工作方法。一般而言外部招聘的优缺点与内部招聘是相反的。

1）外部招聘的优点。外部招聘的优点：①引进新思想和新方法。②利于招聘到一流的人才。③缓和内部竞争。④树立企业良好形象。⑤规避"涟漪效应"各种不良反应。

2）外部招聘的缺点。外部招聘的缺点：①筛选难度大。②招聘成本高。③决策风险大。④不熟悉公司情况。⑤内部积极性受到影响。

2.选拔

人才选拔是指企业为了发展的需要，根据人力资源规划和职务分析的要求，寻找吸引那些既有能力又有兴趣到本企业任职的人员，并从中挑选出适宜人员予以录用的过程，以确保企业的各项活动正常进行。人才选拔是其他各项活动得以开展的前提和基础，为保障公平公正的立场，进行选拔必须遵循以下原则：一是坚持领导重视的原则。企业的主管领导要把人才问题当成一种战略来考虑，授权人力资源管控部门成立由高层管理人员、企业专业人才和技术人员代表组成的专门评选机构，根据企业发展的需要制定出严格的评选标准和要求，由人力资源部具体负责，严格按照程序来执行。二是坚持按工作性质和岗位特点的原则。最重要的是搞好企业的人力资源规划，搞清楚企业各岗位人员的现状、需求状况和具体要求，针对岗位特点和工作性质的需要而进行人才选拔。要做到岗有所需、人有所值。正所谓：适用的便是人才。三是坚持德才兼备的原则。人才的选拔必须把品德、能力、学历和经验作为主要依据，从态度着眼、能力着手、绩效着陆；在细节方面发现，从大事方面把握，争取开发和培养德才兼备的能人。四是坚持多渠道选拔人才的原则。信息时代的到来给企业人才的选拔提供了更为广阔的空间，企业的人力资源管控部门可以按照自己实际的需要，通过人才市场、报刊广告、互联网、猎头公司、熟人介绍等多种有效的人才招聘渠道，招聘到自己需要的人才。五是坚持运用科学测评手段选拔人才的原则。科学技术的进步推动了人力资源管控的科学性，通过利用科学的测评手段如专门测评软件、面试、笔试、辩论等，了解人员的素质结构、能力特征和职业适应性，为量才用人、视人授权提供可靠的依据。为了实现原则规范，细致灵活，人力资源管控者可以采用"走动式管理"模式，这种模式除了可以协助管理人员事先客观了解企业员工的各个方面外，还为选拔人才的公正性提供了事实依据，不拘一格使用人才。为此，企业还要遵循人才选拔流程的标准步骤：填妥工作申请表；进行初步筛选面试；进行能力倾向测试；进行深入的选拔面试；检查申请人的资质和证书；发出工作邀请。

企业应特别重视对选拔的员工及时进行培训：一是健全完善培训课程体系，加强培训网络和师资队伍建设。根据战略和业务开展需求，对原来培训课程体系进行调整和完善，继续深入实施岗位胜任力培训，加强内部培训管理网络建设和教师队伍建设，利用各种形式，加大力度整合开发外部培训资源，组建各职业序列金字塔式的职业化培训师资队伍。二是完善培训模式，丰富培训形式。企业加大外部资源的引进和整合力度，继续深入完善岗位胜任力的培训模式，加大拓展培训形式，研究开发情景模拟、角色扮演等培训形式。三是加强对企业核心和骨干力量的职业化深度培训。加强对中高层以及技术、营销系统的核心骨干和后备人才在精益思想、职业能力等方面的培训力度，实施上游拉动计划，以系统思考、职业技能和素养为培训主题，加大培训投入和考评力度。

四、评估与激励

1.绩效评估

绩效评估有助于人力资源战略目标的制定，有助于实现整体战略目标，还能发现能力差距和业绩差距，并为奖励提供相关信息。有效的评估机制应在结果的计量和行为的计量上寻求一个平衡点。企业可以通过以下几个要素来计量绩效：工作的效果、目标的实现程度和达成效率以及实现目标过程中的资源利用情况。对个人进行评估的方法：①员工的等级评定。根据员工的总体绩效为员工评级，这一方法通常带有偏祖性，并且通常不具有反馈价值。②评级量表。通常将个人绩效拆分成若干特征或绩效领域，比如可接受工作的数量、工作质量以及主动性等。③核对表。用这种方法时会提供给评分者一份与工作绩效相关的表述清单，评分者必须为每个员工选择最恰当的表述。④自由报告。通常是指为每个员工完成一份报告，此方法在评估过程中有充分的自由度。⑤评估面谈。它能够为员工提供反馈，员工能够发现自身的优缺点，并能够讨论提高其未来绩效所需采取的措施。注重团队绩效管理。企业将以职业标准为基础，以职业升级和薪酬调整为激励动力，以强制性区域分布为手段加强员工绩效管理，强化职业化工作能力，提高绩效水平，同时，利用其他绩效指标加强团队绩效意识，提升团队整体绩效。

2. 员工激励

人力资源管理最重要的方面是激励员工，确保其按照企业的目标高效率地进行工作。①竞争上岗。加快岗位人才素质的良性循环和优化整合，深入内部人才市场化运作机制，完善竞争上岗的职业范围、标准流程和保障体系，在营造压力和动力的情况下提高岗位执行力，进而实现员工的高效工作。②完善职业化人才升降级标准，推进人才职业生涯管理。不断完善企业职业序列的职业体系、标准和管理办法，配合绩效和目标管理，积极推进员工职业生涯管理计划和岗位接替计划，打通各职业序列人才的发展通路，使公司员工特别是关键和核心人才看到自己的发展目标并为之努力奋斗。在人才职业化建设中，要增强员工职业生涯管理的意识，建立员工职业生涯管理的制度。在员工进入企业时，引导员工熟悉工作，了解企业文化，增强对企业的认同感；在员工的早期职业阶段，帮助员工建立职业发展目标，发现员工的才能并委以重任；在员工的中期职业阶段，帮助和激励员工，使之事业再上一层楼；在员工的后期职业阶段，鼓励、帮助其继续发挥余热。③不断完善岗位薪酬管理模式。加大岗位、技能和绩效在薪酬结构的三种激励因素的结合，调整优化薪酬挂钩因素，最大限度地发挥薪酬的直接激励作用；提高特别是中坚和核心骨干人才的薪酬水平。同时，对公司中高层和核心骨干人才探索实施企业年金制度。

第六节　中小企业信息化战略

一、信息与信息化战略的概念

1. 信息概述

信息是经过处理以后的数据。数据是形成信息和知识的最底层来源。数据是指根据经验、观察、实验、计算机内部程序以及一组假设条件所收集到的事实集合体，数据包含数字、词语以及映像，尤其是一组变量的测度或观察的结果。

　　大多数数据收集是计算机系统交易记录的副产品，以零售业为例，常见的数据收集方法有电子销售点，利用条形码扫描定价商品，并减少存货量，通过售价和成本价确定利润额；电子资金转账，电子资金转账能使客户用借记卡或信用卡来支付其购买的商品；互联网购物，对许多商品和服务在互联网上购买，客户可以进行一些以前是由零售商自己的员工来完成的数据处理；电子数据交换，在企业间产品的销售中，通过电子数据交换在互联网上进行交易；文件成像，企业内纸张使用的减少能够提高效率和降低成本。例如，一些银行现在采用文件成像技术处理客户的支票结算，从而减少把支票正本以人工送往结算中心的时间，进而提高结算效率和客户满意度。

　　2. 信息化战略

　　信息化战略是企业充分利用战略信息，发挥信息威慑、信息保护、信息保障功能的决策。信息化战略直接决定了企业的战略导向，是中小企业的重要职能战略之一。

　　一般而言，企业的信息化战略包括的主要内容有以下几个方面：

　　（1）信息系统战略。信息系统战略确定了一个企业的长期信息要求，并且对可能存在的不同信息技术提供了一把保护伞。信息系统包括所有涉及信息收集、储存、产生和分配的系统和程序。信息系统可分为七类事务处理系统：①执行和处理常规事务。事务处理报告对控制和审计而言是很重要的，但是只能提供很少量的管理决策信息。②信息管理系统。管理信息系统主要将来自内部的数据转化成综合性的信息，这些信息使管理层能对与自己所负责的活动领域有关的计划、指导和控制及时作出有效的决策。③企业资源计划系统。企业资源计划系统有助于整合数据流和访问与整个公司范围的活动有关的信息。企业资源计划系统的发展方向：一是面向供应商，满足供应链的需要；二是面向客户，具有客户关系管理功能；三是面向管理层，通过战略性企业管理系统，来满足管理层的信息需求和决策需要。④战略性企业管理。战略性企业管理是一种为战略管理过程提供所需支持的信息系统。它能使企业各个层次的决策过程变得更快更完善。⑤决策支持系统。决策支持系统包含了一些数据分析模式，这些分析模式能使管理层模拟并提出"如果发生了某事，应该怎么办？"的问题，从而使管理层在决策过程中能考虑到不同的选项并获得对决策有帮助的信息。⑥经理信息系统。经理信息系统是提供决策支持的系统，它包含了对摘要数据的访问，使高层经理能对与企业及其环境有关的信息进行评价。⑦专家系统。专家系统储存从专家处获得的与专门领域相关的数据，并且将其保存在结构化的格式或知识库中。专家系统为那些需要酌情判断的问题提供解决方案。专家系统的最佳应用实例是用于信用批准。

（2）信息技术系统战略。信息技术系统是满足企业信息需要所必须的特定系统，包括硬件、软件、操作系统等。企业必须有信息技术战略，其原因如下：信息技术一般涉及高成本，而信息技术战略能对预算进行分配和控制；信息技术对企业的成功至关重要，所以信息技术系统必须在任何时候都是可靠和可访问的；要形成和保持竞争优势，离不开信息技术，例如，要对目标客户进行营销，必须用到客户信息；信息技术可降低成本，比如，使用电子邮件可降低邮费和电话费；信息技术提供用于计划、决策和控制的信息，有助于管理者进行企业管理。

（3）信息管理战略。信息管理战略涉及信息的储存及访问方式。该战略能确保将信息提供给用户，并且不会生成多余的信息。

二、信息化战略规划

1. 概念

企业信息化战略规划是指为满足企业经营需求、实现企业战略目标，由企业高层领导、信息化技术专家、信息化用户代表根据企业总体战略的要求，对企业信息化的发展目标和方向所制定的基本谋划。企业信息化战略规划是信息战略实施的重要环节，是对企业信息化建设的一个战略部署，最终目标是推动企业战略目标的实现，并达到总体拥有成本最低。

企业信息化战略规划是企业根据自身的实际情况对信息化建设进行一个全局的观察和分析，最根本的作用在于为企业信息化建设提出一个纲要性的目标和指导，使得信息化建设与业务的结合上考虑得更缜密细致，目的性、计划性更强。

企业应从实现企业战略和商业利益角度考虑对信息技术的投资进行总体规划，并充分考虑到信息技术的使用对企业组织结构、业务流程、企业文化等方面的影响，避免盲目投资于最先进的软硬件，形成设备的闲置和投资的浪费。企业的信息化规划不再是以前的简单网络架构搭建问题，它有很强的总体规划的行为，包括对网络架构设计、设备的负荷和容量计算、安全架构体系评估以及对网络设备的投资，都有一个详尽而周全的考虑和规划，并最终为企业业务的发展提供一个安全可靠的信息技术支撑策略。企业应从发展全局考虑，把企业作为一个有机整体，用系统的、科学的、发展的观点根据企业发展目标、经营策略和外部环境以及企业的管理体制和管理方法，对企业信息化进行系统的、科学的规划，才能对企业整体战略实施提供最大限度的信息保障。同时，要确立与企业战略目标相一致的企业信息化战略规划目标，并以支撑和推动企业战略目标的实现作为价值核心。信息化战略规划的范围控制要紧密围绕如何提升企业的核心竞争力来进行，切忌面面俱到。信息化战略规划目标的制定要具有强有力的业务结合性，深入分析和结合企业不同时期的发展要求，将建设目标分解为合理可行的阶段性目标，并最终转化成企业业务目标的组成部分。

2. 意义

企业制定和实施信息战略，编制信息化战略规划具有以下重要意义：

（1）信息化战略规划是信息化建设的顶层设计蓝图。企业信息化建设是一个系统工程。在企业信息化建设这样的大工程中，也需要一张描绘企业在"信息化时代"运行的设计蓝图。企业信息化战略规划能为企业各级领导和员工描绘出一个未来企业信息化中业务、信息、应用和技术互动的蓝图。

（2）信息化战略规划将搭建业务与信息技术间沟通的桥梁。在企业信息化建设中，业务部门与信息服务部门之间、业务主管与信息主管之间、业务与信息技术之间的鸿沟是实现信息化目标的最大障碍。彼此的信息不对称是形成这种差距的主要原因。信息化战略规划以业务战略为指针，以业务流程优化为基础，能够建立业务与信息技术沟通的桥梁。它在同一个业务架构平台上，用双方都能够理解的语言，描述出业务与信息技术之间的关联。

（3）信息化战略规划将制定实现信息共享的统一标准。信息化战略规划能够从总体上搭建信息架构，制定信息资源使用的标准，从根本上解决信息编码、数据库定义不统一的问题，定义出系统之间集成的数据接口，实现信息系统的集成和互操作，真正解决信息孤岛，实现信息共享。

（4）信息化战略规划将成为信息化建设的实施指南。信息化战略规划能够自上向下地进行系统建设的统筹考虑，既重点突出，又全面规划，既能以点带面，又考虑历史系统的可继承与再利用，成为信息化建设的实施指南，真正避免实施中重复建设，保护信息化投资。

（5）信息化战略规划将提供适应企业业务变革的指针。企业信息化是一个渐进的过程，在信息化的过程中也伴随着企业战略、管理和业务变革的过程。

三、中小企业信息化战略的模式与对策

1.中小企业信息化战略模式

通过企业信息化实践经验的总结，形成了实施中小企业信息化战略的诸多模式。这些模式有以下几种：

（1）市场型模式。市场型模式主要以市场为导向，通过网上展示企业形象、展示优质和特色产品及服务等企业的有形、无形资产，吸引客户，争取巩固已有的市场并努力争取扩大市场份额。同时通过网上客户服务系统，提高客户服务的质量。

（2）效率型模式。效率型模式主要通过各种信息技术手段，提高企业生产与经营的效率，加强行政和生产管理，降低成本。同时，通过 Internet 网络带来的廉价通信平台为空间广泛分布的企业提供信息传输渠道，提高企业内部和企业与外部环境的信息交流的效率。

（3）服务型模式。服务型模式主要是通过各种信息技术手段，增加客户满意度，提高服务质量。很多企业可以通过 Internet 网络发布服务信息或直接通过网络为客户提供网上技术服务。最主要的是建立客户信息系统，可以帮助实现对客户群的细分，进一步了解客户的行为模式和对服务的期望，以提高客户满意度。客户信息的分析将直接帮助检讨营销策略和企业管理。客户信息系统也将直接帮助实现服务任务的管理、服务作业的调度。

（4）关系型模式。关系型模式主要是通过各种信息技术手段，使企业与上下游企业相互连接依托，使企业成为或维持在某一链条的某一节点。企业通过信息化改造引进大型企业的先进管理理念，并通过建立外联网（Extranet）加强与上下游企业的业务关系，提高效率，增加上下游企业的满意度，协助完成整个链条的信息化建设。

2.实施对策

（1）变革企业管理思想。企业信息化战略的实施必然导致以计算机为主的现代信息技术进入企业的生产和管理领域，结果促使了大量的新管理思想的涌现，

如"虚拟企业"、"学习型企业"、"业务流程重组"等。所以，为了顺应企业信息化的潮流，企业的管理思想应进行如下的变革：从功能管理向过程管理转变、从利润管理向赢利性管理转变、从产品管理向顾客管理转变、从交易管理向关系管理转变、从库存管理向信息管理转变等。当然，最根本的转变是信息化战略意识的转变，企业管理者应充分、准确地认识企业管理的方法已由制度化和程式化转向了模块化。简明、精确、快速的模块化电子管理程序使得传统的职能计划和信息处理变得异常简单，信息化在企业生产与管理中起着重大的作用。因此，应努力创造良好的企业氛围，有效实施企业信息化战略。

（2）加强企业信息技术的运用。在企业进行信息化战略的实施过程中，尽可能采用国产技术和装备，这样做将大大降低信息化的成本，从而实现低成本信息化，使绝大多数的中小企业有能力实现企业信息化。应基于成本较低的国产技术来制定相应的考核指标，以此来鼓励企业通过信息管理来提高效率和效益，推行企业信息化战略。

（3）加强战略管理的指导。信息技术仅仅是一种工具，它并不能解决企业经营管理本身存在的问题，中小企业信息化的关键并不在于信息技术的实施，而在于建立符合现代管理要求的组织模式。这样的组织模式会把企业信息化作为企业的重要经营战略和工作重点。所以，企业要实行信息化战略，从企业战略、管理机制、业务流程和绩效考核以及员工素质和企业文化等方面进行切实的转变和整理。为减少信息资源丢失，将以往的产品信息资源进行分类整理，按照重要性进行排序，有计划地将原有的信息进行转化，实现企业信息资源共享。另外还须完善信息化项目评估系统，通过财务、顾客和公司等角度采取有效的指标，对信息化带来的效益及收益进行评估，以提高投资效益和效果，且有利于发现信息化实施中存在或潜在的风险。同时需要对广义的信息化战略投资进行管理，通过实施各种变革，对业务流程进行管理和优化，把信息化战略的价值潜力发挥出来，提高经营效率和效益。企业信息化实质上就是利用现代管理技术改造企业管理模式的过程，而信息化战略为企业提供了新的竞争战略选择空间，具有为企业创造竞争优势的潜力。

📖 本章复习思考题

1. 简述中小企业财务战略的主要内容。

2. 简述中小企业财务融资的主要成本类型。

3. 简述中小企业财务经理的筹资方式的决策内容。

4. 简述企业股利分配政策的选择类型。

5. 简述中小企业不同发展阶段的财务战略选择。

6. 论述中小企业价值增值与增长率下的财务战略选择。

7. 简述中小企业目标市场战略选择类型。

8. 简述中小企业市场定位的原则。

9. 论述中小企业营销组合战略。

10. 简述及时生产战略的优缺点。

11. 简述中小企业研发战略的主要分类。

12. 简述中小企业制定和实施人力资源规划的主要目的。

13. 比较中小企业外部招聘和内部招聘的优缺点。

14. 中小企业信息化战略的主要内容有哪些？

📖 本章案例

乐凡科技公司——中小企业发展之路

深圳乐凡科技有限公司（livefan）成立于2007年，是全球最早从事移动互联网终端（MID，UMPC，平板电脑）的高新科技企业之一。成立以来，公司一直秉承"时尚科技，自主创新"的企业宗旨，致力于通信、IT等高端消费类电子产品的研发、制造与销售，为用户提供外形时尚、功能独特、品质卓越的产品。2015年，乐凡公司在全球已经拥有销售网点500多家，产品销售网络遍布全球。

2007年，乐凡公司接受了第一个代理品牌——韩国的VILIV，一个月时间创造了80万人民币的营业额。2008年公司专注于VILIV品牌的销售，没有引进新的产品线，原因是乐凡当时资金有限，而且乐凡看好VILIV的品牌效应。在2008年底，与全球著名生产商韩国VILIV建立长期战略合作伙伴关系，乐凡成为了 VILIV 品牌在广东省和湖北省的总代理。2009 年，乐凡引进了第二条主力产品线 EKING，成为了 EKING 在广东省及湖北省的总代理，企业全年销售额达到了 1820 万元，员工人数达到 16 人。同时，公司被迫花费很大一部分时间及精力去清理代理 EKING 广东市场，保障了公司业绩的持续增长。2010 年，乐凡公司不断地积累着行业的口碑及更多的代理经验，并继续扩大渠道和产品线，新接 FSL 和 3GNET 两条主力产品线，并引入了多个知名品牌的畅销产品，乐凡正式开始了多品牌经营的阶段。2011 年，公司销售渠道 168 家，销售额突破了 4500 万元人民币，员工达到 46 人。2015 年，公司销售渠道达到近 200 家，销售额数亿元，员工人数达到 102 人。

从事代理行业的几年里，乐凡一直兢兢业业，努力积累着行业经验和口碑。同时，乐凡公司作为深圳众多电子产品生产及销售的中小企业中的一家，与众多中小企业一样面临着相似的发展问题：其一，有一定的销售网络和渠道资源，但是产品销售不能实现较大幅度的增长，产品利润率也有待提升；其二，管理团队有激情、有动力，但是，仅依靠经验管理、感性管理，使整个管理过程显得凌乱和随意，为正确决策和日常管理带来隐患；其三，产品不具备核心竞争能力，而研发能力有限，面对日益变幻更新的市场，稍显手足无措和力不从心；其四，为争取规模效应，企业需要进一步成长壮大。

为此，乐凡公司管理层经过思考，重新制定了公司未来发展重点：一是继续走品牌代理之路。建立代理品牌选择淘汰机制，做好市场及终端，或者开辟新的市场，将销售网络扩展至中西部地区。这一战略风险较低，且经验丰富。二是 ODM 代工生产自主品牌产品。公司利用深圳的生产制造和组装优势，并发挥自身在塑造和建设品牌方面的特长，若能生产出适应市场需求且质量不凡的产品，并结合不俗的整合营销能力，解决好融资问题及创新机制问题，定能使乐凡走上长远发展之路。

为此，乐凡公司开展了以下几项工作：

第一，乐凡公司重新调整代理品牌的范围。公司除保留几款口碑不错的代理产品之外，果断砍掉原来市场反应及前景不良的产品。该战略带来的好处是公司将原来复杂的产品线简单化，节约更多的资源，为剩下的代理品牌和自主品牌服务；保留几个代理品牌，是为了利用原来建设好并一直在正常运作的销售渠道，并维持企业正常的现金流；为了分散新策略带来的风险，不能完全只经营自主品牌。

第二，打造一款有核心竞争能力的产品，建设好乐凡自主品牌。该产品性能稳定，符合乐凡性价比较高这一品牌形象。公司继续通过与科技型企业或高校合作，逐步建立自己的科研开发团队，再运用模仿创新、合作创新等方式，逐步提高自身的创新能力。公司借助一年一度的台北国际电脑展，让国内媒体进行报道，吸引广泛的注意力和评论，也为品牌树立了良好的形象基础。拓展销售渠道，适应电商的销售潮流，进一步打开线上的销售市场，从而缩短了供应链渠道，节省了仓储和门面的空间，所以，成本变得更低，价格也就变得更有竞争力了，并借助快递等物流上门的服务。建立微博微信下的乐凡新品的论坛，让用户交流产品使用心得和经验以及发表用户体验。乐凡全国的销售网络基本都是以北、上、广、深四个城市为主的全国加盟商，并非直营，而广州市场是乐凡公司直接管理的销售场所，因为广州的总体消费能力比较强，山寨和水货的干扰也比较少，且商家们注重长远经营和利益。

第三，选择内部为主的融资方式。众所周知，融资难一直是限制中小企业进一步发展壮大的症结所在。向银行等金融机构贷款，这一方式手续烦琐，而且提供的也主要是流动资金，很少提供长期信贷，加之利率较高；VC风投因乐凡现有账务情况不予考虑，或索取的股权太高，而失去控制权和管理权。比较容易实现的融资路径是内部集资，由创业团队增加投资额度，可以向员工募集资金并分给他们股权，年终再分给他们红利，与公司共同承担风险。待条件成熟时选择吸引风投资金的加入，可以帮助乐凡公司更快地实现跨越式发展。

案例思考题：

1. 乐凡公司发展壮大的主要原因是什么？

2. 乐凡公司在发展过程中采用了哪些职能战略？它们实施的条件有哪些？

第六章 中小企业战略实施与控制

第一节 中小企业组织结构

组织结构是企业战略实施的重要保障。企业组织结构的概念有广义和狭义之分。狭义的组织结构是指为了实现组织的目标，在组织理论指导下，经过组织设计形成的内部各个部门、各个层次之间固定的排列方式，即组织内部的构成方式。广义的组织结构，除了包含狭义的组织结构内容外，还包括组织之间的相互关系类型，如专业化协作、经济联合体、企业集团等。企业组织结构是按不同任务或职位来划分和调配劳动力的方法，即企业在职、责、权方面的动态结构体系，其本质是为实现企业战略目标而采取的一种分工协作体系。组织结构通过管理行为实现共同目标，因而适当的组织结构对战略的有效实施起着关键作用。

一、组织结构的主要影响因素

由于企业的各种活动总是要受到组织内外部各种因素的影响，因此，不同的企业具有不同的结构形式。我们把影响企业组织结构的诸多因素称为"权变"因素，即权宜应变的意思，企业组织结构随着这些因素的变化而不断变化。

1. 企业在确定组织结构类型时所需考虑的因素

（1）企业的战略目标。企业战略的发展演变经历四个阶段，即数量扩大、地区开拓、纵向或横向联合发展和产品多样化，在不同的战略发展阶段具有不同的战略目标。企业战略目标与组织结构之间是作用与反作用的关系，有什么样的企业战略目标就有什么样的组织结构，同时企业的组织结构又在很大程度上影响企业的战略目标和政策。因此，企业在进行组织结构设计和调整时，只有对本企业的战略目标及其特点进行深入的了解和分析，才能正确选择企业组织结构的类型和特征。

（2）企业经营所处的环境因素。企业面临的环境特点，对组织结构中职权的划分和组织结构的稳定起着关键影响。如果企业面临的环境复杂多变，有较大的不确定性，就要求在划分权力时给中下层管理人员较多的经营决策权和随机处理权（分权型有机式），以增强企业对环境变动的适应能力。如果企业面临的环境是稳定的、可把握的，对生产经营的影响不太显著，则可以把管理权较多地集中在企业领导手里（集权型机械式）。设计比较稳定的组织结构，实行程序化、规模化管理。

（3）企业所采用的技术以及企业的规模因素。根据制造技术复杂程度进行分类，企业生产可以分为单件小批量生产、大批量生产和流程生产。企业生产所采用的技术也影响着组织结构的确定，如批量化的生产技术通常适合采用集权式的组织结构。同时，企业规模小，管理工作量小，为管理服务的组织结构也相应简单；企业规模大，管理工作量大，需要设置的管理机构多，各机构间的关系也相对复杂。可以说，组织结构的复杂性是随着企业规模的扩大而相应增长的。

（4）考虑企业的人员和文化。如果企业员工的专业素养很高，而且也具有良好的企业文化，强调共同的价值观，通过分权可以调动员工的生产经营积极性，达到改善企业生产经营管理的目的。如果企业拥有技能不熟练的、责任心不强的员工，则可以采用集权式管理。

也有一些企业倾向于在典型形式基础上的适当变通，采用某些混合形式的结构类型。

2. 组织结构的主要组成

企业组织结构的关键构成要素是分工和整合。在此基础上，企业组织结构的主要组成因素：一是复杂性。复杂性是指工作与部门之间在横向和纵向上的差异程度，即任务分工的层次、细致程度。企业越是进行细致的劳动分工，越是具有众多的纵向等级层次；地理分布越广泛，协调人员及活动越困难。二是规范性。规范性是指企业中工作的标准化程度，即使用规则和标准处理方式以规范工作行为的程度。企业使用的规则、条例越多，企业的规范性程度越高。三是集权度。集权度是指企业中的决策权集中于一点的程度，即决策权的集中程度。

二、纵横向分工组织结构

1. 纵向分工结构

（1）纵向分工结构的基本类型。纵向分工是指企业高层管理人员为了有效地贯彻执行企业的战略，选择适当的管理层次和正确的控制幅度，并说明连接企业各层管理人员、工作以及各项职能的关系。在纵向分工中，基本有两种形式：一是高长型组织结构；二是扁平型组织结构。

1）高长型组织结构。高长型组织结构是指具有一定规模的企业内部有很多管理层次。在每个层次上，管理人员的控制幅度较窄。这种结构有利于企业内部的控制，但对市场变化的反应较慢。从实际管理来看，拥有 3000 名员工的企业平均的管理层次一般为 8 个层次。如果某公司有 9 个管理层次，则为高长型结构。

2）扁平型组织结构。扁平型组织结构是指具有一定规模的企业内部管理的层次较少。在每个层次上，管理人员的控制幅度较宽。这种结构可以及时地反映市场的变化，并作出相应的反应，但容易造成管理的失控。企业应根据自己的战略以及战略所需要的职能来选择组织的管理层次。国外研究表明，在拥有 1000 名员工的公司里，一般有 4 个管理层次，即总经理、部门经理、一线管理人员以及基层员工。而在有 3000 名员工的公司里，管理层次增加到 8 个。当员工超过 3000 名，甚至超过 10000 名时，管理层次很少增加，一般不超过 9 个或 10 个。这说明当企业达到一定规模时，企业便会使组织的管理层次保持在一定的数目上，尽可能地使组织结构扁平化。企业的管理层次过多，企业的战略难以实施，而且管理费用会大幅度地增加。

（2）纵向分工结构内部的管理问题。纵向分工结构内部的管理关系以下几个问题：

1）集权与分权。在企业组织中，集权与分权各有不同的适用条件，应根据企业的具体情况而定，处理集权与分权的关系，既要防止"失控"，又不能"管死"，应遵循战略上的集权和战术上的分权以及因势而变的原则。

集权是指企业的高层管理人员拥有最重要的决策权力。在战略管理中，集权可以使企业高层管理人员比较容易地控制与协调企业的生产经营活动，以达到企业预期的目标。特别是在企业遇到危机时，集权制更为重要，它能够及时迅速地对外部环境的变化作出决策，并保证企业内部作出一致的反应。集权型企业一般拥有多级管理层，并将决策权分配给顶部管理层；其管理幅度比较窄，从而呈现出层级式结构。产品线数量有限且关系较为密切的企业更适合采用集权型结构。集权型决策的优点：易于协调各职能间的决策；对上下沟通的形式进行了规范；能与企业的目标达成一致；危急情况下能够作出快速决策；有助于实现规模经济；这种结构比较适用于由外部机构（比如专业的非营利性企业）实施密切监控的企业，因为所有的决策都能得以协调。集权型决策的缺点：高级管理层可能不会重视个别部门的不同要求；由于决策时需要通过集权职能的所有层级向上汇报，因此决策时间过长；对级别较低的管理者而言，其职业发展有限。

分权是指将权力分配给事业部、职能部门以及较低层次的管理人员。在管理中，通过分权制，企业降低内部的管理成本，并减少沟通协调的问题。同时，企业的较低层管理人员拥有一定的权力和责任后，会激发他们的责任心，有利于企业的管理。分权型结构一般包含更少的管理层次，并将决策权分配到较低的层级，从而具有较宽的管理幅度并呈现出扁平型结构。事业部制结构就是一种以产品或市场分组为基础的分权型结构。每个事业部都具有其自身的职能资源。控股企业结构就是分权型结构的扩展，其中每个业务单元都是一家独立经营的企业。

2）中层管理人员的人数。选择组织层次和指挥链时，要根据自己的实际情况。高长型结构，需要较多的中层管理人员，会增加行政管理成本。扁平化结构，可降低成本。

3）信息传递。内部管理层次越多，信息在传递的过程中就会发生不同程度的扭曲，不可能完整地到达信息传递的目的地。

4）协调与激励。管理层次过多，会妨碍内部员工与职能部门间的沟通。指挥链越长，沟通越困难，会使管理没有弹性。扁平化结构比高长型结构更能调动管理人员的积极性。

2. 横向分工结构

（1）横向分工结构的基本类型。从横向分工结构考察，中小企业组织结构有五种基本类型：创业型组织结构、职能制组织结构、事业部制组织结构、M型企业组织结构和国际化经营企业的组织结构。

1）创业型组织结构。创业型组织结构是多数小型企业的标准组织结构模式。创业型组织结构是一种最早的、最简单的组织结构。这种组织结构没有职能机构，从最高管理层到最低层实现直线垂直领导。企业的所有者或管理者对若干下属实施直接控制，并由其下属执行一系列工作任务。这一结构类型的弹性较小并缺乏专业分工。创业型组织结构的职责划分十分清晰，一般是管理者负责战略计划、经营决策，员工执行。

该组织结构的优点是结构比较简单，责任分明，命令统一。缺点是弹性较小、缺乏专业分工、依赖于该中心人员的个人能力；组织结构简单、运行不规范、集权度高。它要求行政负责人通晓多种知识和技能，亲自处理各种业务。该组织结构的适用范围：只适用于规模较小、生产技术和经营管理比较简单的小型企业和微型企业。

2）职能制组织结构。职能制组织结构（如图 6-1 所示）是一种按职能划分部门的纵向职能结构，即 U 型结构。企业内部按职能（如生产、销售、财务等）划分成若干部门，各部门独立性很小，均由企业高层领导直接进行管理，即企业实行集中控制和统一指挥。如在厂长下面设立职能机构和人员，协助厂长从事职能管理工作。这种结构要求行政主管把相应的管理职责和权力交给相关的职能机构，各职能机构就有权在自己业务范围内向下级行政单位发号施令。因此，下级行政负责人除了接受上级行政主管指挥外，还必须接受上级各职能机构的领导。该结构的职责划分是高层战略与协调，职能管理者执行。

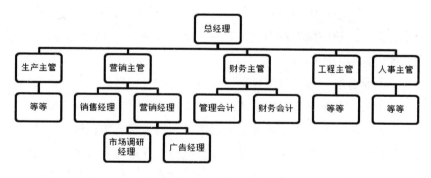

图 6-1　职能型组织结构

该结构的优点是按职能划分的组织形式有明确的任务和确定的职责，并且由于从事类似工作、面临类似问题的人们在一起工作，相互影响和相互支持的机会较多；职能形式可以消除设备及劳动力的重复，可以实现对资源最充分的利用；这种形式也适合于发展专家及专门设备；各部门和各类人员实行专业分工，有利于管理人员注重并能熟练掌握本职工作的技能，有利于强化专业管理，提高工作效率；每一个管理人员都固定地归属于一个职能机构，专门从事某一项职能工作，在此基础上建立起来的部门间的联系能够长期不变，这就使整个组织有较高的稳定性；管理权力高度集中，便于最高领导层对整个企业实施严格的控制。该结构的缺点：一是狭隘的职能观念。按职能划分会导致一种狭隘观点的产生，只注重整体工作中的某个部分，而不是将组织的任务看作一个整体。二是横向协调差。高度专业化分工使各职能部门的眼界比较狭窄，容易产生本位主义，造成许多摩擦和内耗，使得职能部门之间的协调比较困难。三是适应性差。由于人们主要关心自己狭窄的专业工作，这不仅使部门间的横向协调困难，而且使彼此间的信息沟通受到阻碍，造成整个组织系统对外部环境变化的适应性较差。四是企业领导负担重。在职能制结构条件下，部门之间的横向协调只有企业高层领导才能解决，加上企业经营决策权又集中在他们手中，造成高层领导的工作负担十分繁重。五是不利于培养具有全面素质、能够经营整个企业的管理人才。职能制组织结构的适用范围主要是中小型、产品品种比较单一、生产技术发展变化较慢、外部环境比较稳定的企业。

3）事业部制组织结构。事业部制组织结构实行"集中政策，分散经营"，是一种高度集权下的分权管理体制。事业部制组织结构的战略决策和经营决策相分离。根据业务按产品、服务、客户、地区等设立半自主性的经营事业部，公司的战略决策和经营决策由不同的部门和人员负责，使高层领导从繁重的日常经营业务中解脱出来，集中精力致力于企业的长期经营决策，并监督、协调各事业部的活动和评价各部门的绩效。

事业部制是分级管理、分级核算、自负盈亏的一种形式，即一个公司按地区或按产品类别分成若干个事业部，从产品的设计、原料采购、成本核算、产品制造，一直到产品销售，均由事业部及所属工厂负责，实行单独核算，独立经营，公司总部只保留人事决策、预算控制和监督大权，并通过利润等指标对事业部进行控制。事业部制结构强调制定战略并不仅仅是高层管理者和领导者的任务。企业层、业务层和职能层的管理者都应在其各自的层级参与战略制定流程。该组织的职责划分是企业总部负责计划、协调和安排资源，事业部则承担运营和职能责任。该结构适用于：多产品或跨区域的中型企业或大型企业。

例如，产品或品牌事业部制结构（如图6-2所示）：以中型企业产品的种类为基础设立若干产品部，而不是以职能为基础进行划分。该结构适用于：多种产品/多品牌的中大型企业。其优点：一是生产与销售不同产品的不同职能活动和工作，可以通过事业部/产品经理来予以协调和配合。二是各个事业部可以集中精力在其自身的区域。三是易于出售或关闭经营不善的事业部。其缺点：一是各个事业部会为了争夺有限资源而产生摩擦。二是各个事业部之间会存在管理成本的重叠和浪费。三是若产品事业部数量较大，则难以协调。四是若产品事业部数量较大（多），高级管理层会缺乏整体观念。

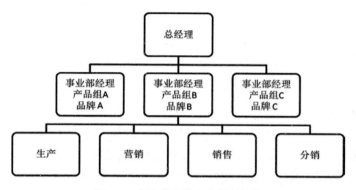

图6-2 产品或品牌事业部制结构

4）M型企业组织结构。M型结构将该企业划分成若干事业部（公司），每一个事业部负责一个或多个产品线（如图6-3所示）。该结构适用于：拥有多个产品线的中大型企业。其主要优点：一是便于企业的持续成长。随着新产品线的创建或收购，这些新产品线可以被整合到现有的事业部中，或者作为新开发的事业部的基础。二是由于每一个事业部都有其自身的高层战略管理者，因此首席执行官所在总部员工的工作量会有所减轻。三是职权被分派到总部下面的每个事业部，并在每个事业部内部进行再次分派。四是能够通过诸如资本回报率等方法对事业部的绩效进行财务评估和比较。其缺点：一是为事业部分配企业的管理成本比较困难并略带主观性。二是由于每个事业部都希望取得更多的企业资源，因此经常会在事业部之间滋生职能失调性的竞争和摩擦。三是当一个事业部生产另一事业部所需的部件或产品时，确定转移价格也会产生冲突。

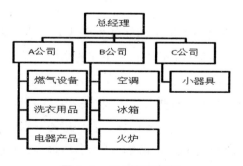

图6-3 M型组织结构

5）国际化经营企业的组织结构。国际化经营企业的组织结构有四种类型，它们是国际事业部、国际子企业、全球产品、跨国企业。大量从事国际贸易的中小企业一般采用国际事业部结构。该组织以本土结构为主，国际事业部管理国外业务。该结构适用于：本土企业产品国际销售。其优点：扩大产品的销售范围。其缺点：缺少产品或技术的本地化。

（2）横向分工结构的基本协调机制。横向分工结构的基本协调机制包括六个方面：①相互适应，自行调整，是一种自我控制方式。组织成员直接通过非正式的、平等的沟通达到协调，相互之间不存在指挥与被指挥的关系，也没有来自外部的干预。是最简单的组织结构。在十分复杂的组织里，由于人员构成复杂，工作事务事先不能全部规范化，因而也采用这种协调机制。②直接指挥，直接控制。组织的所有活动都按照一个人的决策和指令行事。③工作过程标准化。组织通过预先制定的工作标准，来协调生产经营活动。④工作成果标准化。组织通过预先制定的工作成果标准，实现组织中各种活动的协调。⑤技艺（知识）标准化。组织对其成员所应有的技艺、知识加以标准化，属于超前的间接协调机制。⑥共同价值观。组织内全体成员要对组织的战略、目标、宗旨、方针有共同的认识和共同的价值观念，充分地了解组织的处境和自己的工作在全局中的地位和作用，互相信任、彼此团结，具有使命感，组织内的协调和控制达到高度完美的状态。

三、中小企业组织结构设计的基本要素

管理者在进行组织结构设计时，必须考虑六个基本因素：工作专门化、部门化、命令链、控制跨度、集权与分权、正规化。

1. 工作专门化

工作专门化是描述组织中把工作任务划分成若干步骤来完成的细化程度。工作专门化的实质是一个人不是完成一项工作的全部，而是把工作分解成若干步骤，每一步骤由一个人独立去做。管理人员认为，这是一种最有效地利用员工技能的方式。在大多数企业中，有些工作需要技能很高的员工来完成，有些则不经过训练就可以做好。通过实行工作专门化，管理层还寻求提高组织在其他方面的运行效率。通过重复性的工作，员工的技能会有所提高，在改变工作任务或在工作过程中安装、拆卸工具及设备所用的时间会减少。同样重要的是，从组织角度来看，实行工作专门化，有利于提高组织的培训效率。挑选并训练从事具体的、重复性工作的员工比较容易，成本也较低。对于高度精细和复杂的操作工作尤其是这样。但是由于工作专门化，人的非经济性因素的影响表现为厌烦情绪、疲劳感、压力感、低生产率、低质量、缺勤率上升、流动率上升等超过了其经济性影响的优势，也不利于效率的提高。

2. 部门化

对工作活动进行分类主要是根据活动的职能，根据职能进行部门的划分适用于所有的组织。只有职能的变化可以反映组织的目标和活动。这种职能分组法的主要优点在于，把同类专家集中在一起，能够提高工作效率。职能的部门化通过把专业技术、研究方向接近的人分配到同一个部门中，来实现规模经济。工作任务也可以根据组织生产的产品类型进行部门化，提高产品绩效的稳定性。过程部门化方法适用于产品的生产，也适用于顾客的服务。根据顾客的类型来进行部门化，能够满足他们的需要，并有效地对顾客需要的变化作出反应。

3. 命令链

命令链的概念是组织设计的基石，是一种不间断的权力路线，从组织最高层扩展到最基层，澄清谁向谁报告工作。它能够回答员工提出的这种问题："我有问题时，去找谁？""我对谁负责？"权威是指管理职位所固有的发布命令并期望命令被执行的权力。为了促进协作，每个管理职位在命令链中都有自己的位置，每位管理者为完成自己的职责任务，都要被授予一定的权威。命令统一性原则有助于保持权威链条的连续性。它意味着，一个人应该对一个主管，且只对一个主管直接负责。如果命令链的统一性遭到破坏，一个下属可能就不得不穷于应付多个主管不同命令之间的冲突或优先次序的选择。随着计算机技术的发展，日益使组织中任何位置的员工都能同任何人进行交流，而不需通过正式渠道，自我管理团队、多功能团队和包含多个上司的新型组织设计思想的盛行，使命令统一性的概念越来越无关紧要。

4. 控制跨度

一个主管可以有效地指导多少个下属？控制跨度决定着组织要设置多少层次，配备多少管理人员。在其他条件相同时，控制跨度越宽，组织效率越高，在成本方面，控制跨度宽的组织效率更高。但是，在某些方面宽跨度可能会降低组织的有效性，也就是说，如果控制跨度过宽，由于主管人员没有足够的时间为下属提供必要的领导和支持，员工的绩效会受到不良影响。控制跨度窄也有其好处，把控制跨度保持在 5~6 人，管理者就可以对员工实行严密的控制。但控制跨度窄主要有三个缺点：一是管理层次会因此而增多，管理成本会大大增加。二是使组织的垂直沟通更加复杂。管理层次增多也会减慢决策速度，并使高层管理人员趋于孤立。三是控制跨度过窄易造成对下属监督过严，妨碍下属的自主性。

5. 集权与分权

集权化是指组织中的决策权集中于一点的程度。这个概念只包括正式权威，也就是说，某个位置固有的权力。一般来讲，如果组织的高层管理者不考虑或很少考虑基层人员的意见就决定组织的主要事宜，则这个组织的集权化程度较高。相反，基层人员参与程度越高，或他们能够自主地作出决策，组织的分权化程度就越高。集权式与分权式组织在本质上是不同的。在分权式组织中，采取行动、解决问题的速度较快，更多的人为决策提供建议，所以，员工与那些能够影响他们工作、生活的决策者隔膜较少。

6. 正规化

正规化是指组织中的工作实行标准化的程度。如果一种工作的正规化程度较高，就意味着做这项工作的人对工作内容、工作时间、工作手段没有多大自主权。人们总是期望员工以同样的方式投入工作，能够保证稳定一致的产出结果。在高度正规化的组织中，有明确的工作说明书，有繁杂的组织规章制度，对于工作过程有详尽的规定。而正规化程度较低的工作，相对来说，工作执行者和日程安排就不是那么僵硬，员工对自己工作的处理权限就比较宽。由于个人权限与组织对员工行为的规定成反比，因此工作标准化程度越高，员工决定自己工作方式的权力就越小。工作标准化不仅减少了员工选择工作行为的可能性，而且使员工无须考虑其他行为选择。组织之间或组织内部不同工作之间正规化程度差别很大。

四、组织结构与企业战略

美国学者钱德勒提出了结构与战略关系的基本原则，即企业的组织结构要服从于组织的战略。企业不能仅从现有的组织结构出发去考虑战略，而应根据外部环境的要求去动态地制定相应的战略，然后根据新制定的战略来审视企业的组织结构。在外部环境处于相对稳定的时期，企业的战略调整和相应组织结构的变革往往是以渐进方式进行的，战略与组织结构是基本适应。当企业面临重大的战略转折时，就对组织结构提出了严峻的挑战。

1. 战略的前导性和组织结构的滞后性

企业的外部环境总是处于不断变化之中，战略与组织结构对外部变化作出反应的时间是有差别的，形成了战略的前导性和组织结构的滞后性。

战略的前导性是指企业战略的变化要快于组织结构的变化。当企业的外部环境和内部条件变化提供新的发展机会或产生新的需求时，企业首先在战略上作出反应，以谋求新的经济增长。当企业积累了大量资源时，企业也会据此提出新的发展战略来提高资源的利用效果。新的战略往往需要新的组织结构与之相适应，或至少在原有的组织结构上进行调整。如果组织结构不随战略的变化相应地进行改变，新战略的实施就没有组织上的保证，最终往往也不会产生好的效果。

组织结构的滞后性是指组织结构的变化速度常常慢于战略的变化。造成这种现象有两种原因：一是新旧结构的交替需要一定的时间过程。当外部环境变化后，企业首先考虑的是战略。只有当新的战略制定出来后，企业才能根据新战略的要求来改变企业的组织结构。二是旧的组织结构具有一定的惯性，管理人员在管理过程中由于适应了原来的组织结构运转形式，往往会无意识地运用着旧有的职权和沟通渠道去管理新旧两种经营活动。特别是感到组织结构的变化会威胁自己的地位、权力时，甚至会运用行政方式抵制需要作出的组织变革。

2. 组织结构与战略的匹配

由于外部环境的复杂变化和组织结构的千差万别，我们不能建立战略与结构的一一对应关系。事实上，把握一个组织的动态倾向比静态结构更为重要。根据一个组织在解决开拓性问题、技术问题与管理效率问题时采取的思维方式和行为特点，即组织的战略倾向，可以将组织分为四种类型：

（1）防御型战略组织。防御型组织试图建立一种稳定的经营环境，即希望在一个稳定的经营领域占领一部分产品市场，生产有限的一组产品，占领潜在市场的一部分。通常采用竞争性定价或生产高质量产品来阻止竞争对手的进入，从而保持稳定。技术效率是这类组织成功的关键，有的防御型组织通过纵向一体化来提高技术效率。防御型组织在多数行业具有生命力，尤其是较为稳定的行业。该类型组织潜在的危险在于不能适应环境和市场的快速变化。

（2）开拓型战略组织。开拓型组织更适合于动态的环境，组织能力主要体现在寻找和开发新产品和市场机会上。对于开拓型组织来说，在行业中保持创新者的声誉比获得大量利润更为重要。变革是开拓型组织对付竞争的主要手段，在技术开发和管理上具有很大的灵活性。开拓型组织通常是根据未来的产品结构确定技术能力，在大量分散的单位和目标之间调度和协调资源。组织结构通常是有机的，即高层管理人员主要是市场和研发方面的专家，注重产品结构的粗放式计划、分散式控制以及横向和纵向的沟通。该类型组织的风险是如何提高组织效率并合理地使用资源。

（3）分析型战略组织。分析型战略组织处于上述两种战略之间，试图以最小的风险和最大的机会获得利润。在寻求新产品和市场机会的同时，保持传统的产品和市场。只有在新市场被证明具有生命力时才开始市场活动。也就是说，分析型组织通过模仿开拓型组织已开发成功的产品进入市场，同时又保留防御型组织的特征，依靠一批相当稳定的产品和市场保证主要收入。在处理工程技术问题上，寻求技术的灵活性和稳定性之间的平衡。在管理上，通过矩阵结构，既适合稳定性业务的需要，又适合变动性业务的需要：对各职能部门实行集约式计划和集权控制，对产品开发小组或产品部门实行粗放式计划和分权管理。该类型组织的风险是既不能适应市场的快速变化又丧失了组织效率。

（4）被动反应型战略组织。被动反应型战略组织在动态的外部环境下，采取动荡不定的调整方式，缺少灵活应变的机制，总是处在不稳定的状态，是一种消极和无效的组织形态。

第二节　企业文化与战略变革

一、企业文化

企业文化是企业成员共有的哲学、意识形态、价值观、信仰、假定、期望态度和道德规范。企业文化代表了企业内部的行为指针，它们不能由契约明确下来，但却制约和规范着企业的管理者和员工。同时，企业文化树立了组织中应该遵循的行为准则，贯穿于战略分析、战略制定、战略实施与控制的全过程。

1. 企业文化的类型

没有两个企业的文化是完全相同的。根据学者的研究和总结，一般把中小企业的企业文化概括为四种类型，即权力 (Power) 导向型、角色 (Role) 导向型、任务 (Task) 导向型和人员 (People) 导向型。

（1）权力导向型。权力导向型文化，也称作集权式文化、铁腕型家长文化，企业权力中心只有一个，通常是由一位具有领袖魅力的创始人或其继任者担任，以相当权威化的方式运作。企业的领导方式很强势，有决断力，反应速度很快。而中间管理阶层采取主动的空间不大。这种企业文化，在决策正确的情况下，有助于公司快速成长；但是，如果决策错误，将为公司带来灾难。在企业运行中明显忽视人的价值和一般福利。这类企业经常被看成是专横和滥用权力的，因此它可能因中层人员的低士气和高流失率而蒙受损失。该类文化通常存在于家族式企业和小微型企业中。

（2）角色导向型。角色导向型文化，也称作各司其职的文化，在大中型企业且注重既定程序的公司里经常可见，每个人的角色、工作程序以及授权程度均清楚界定。在这种文化之下，既定的工作说明与工作程序比个人特质重要。这类组织相当稳定而规律化，但也缺乏弹性、步调迟缓。这种企业被称作官僚机构，此类文化最常见于一些历史悠久的企业。角色导向型文化十分重视合法性、忠诚和责任。这类企业的权力仍在上层，这类结构十分强调等级和地位，权利和特权是限定的，大家必须遵守。这类企业采用的组织结构往往是职能制结构。角色导向型文化具有稳定性、持续性的优点，企业的变革往往是循序渐进的，而不是突变的。在稳定环境中，这类文化可能导致高效率，但是，这类企业不太适合动荡的环境。

（3）任务导向型。任务导向型文化，也称作目标导向型文化，在这种文化中，管理者关心的是不断成功地解决问题，对不同职能和活动的评估完全是依据它们对企业目标作出的贡献。这类企业采用的组织结构往往是矩阵式的，为了对付某一特定问题，企业可以从其他部门暂时抽调人力和其他资源，而一旦问题解决，人员将转向其他任务。所以无连续性是这类企业的一个特征。

实现目标是任务导向型企业的主导思想，不允许有任何事情阻挡目标的实现。

企业强调的是速度和灵活性，专长是个人权力和职权的主要来源，并且决定一个人在给定情景中的相对权力。这类文化常见于中小型高科技企业、公关公司、房地产经纪公司以及销售公司等。这类文化具有很强的适应性，个人能高度掌控自己分内的工作，在十分动荡或经常变化的环境中会很成功。但是，这种文化也会给企业带来很高的成本。由于这种文化有赖于不断的试验和学习，所以建立并长期保持这种文化是十分昂贵的。

（4）人员导向型。这类文化完全不同于上述三种。人员导向型文化，也称作利他导向型文化，在这种文化中，重视个人的文化，主要由个人主导工作，强调个人价值与专业，员工对企业的忠诚度较低。员工通过示范和助人精神来互相影响，而不是采用正式的职权。这一文化常见于俱乐部、协会、专业团体和小型咨询公司。这类文化中的人员不易管理，企业能给他们施加的影响很小，因而很多企业不能持有这种文化而存在，因为它们往往有超越员工集体目标的企业目标。

2. 企业文化在战略管理中的作用

企业文化贯穿于战略管理的全过程，在战略管理中发挥着重要作用，主要体现在以下几个方面：

（1）企业文化是企业创造价值的途径。在创造价值的过程中，企业文化的作用体现在：一是企业文化简化了信息处理。文化简化了信息处理是指文化减少了企业内个人的信息处理要求，允许个人更好地把注意力集中于他们的本职工作。企业文化中的价值观、行为准则和相应的符号，可以使员工的活动集中于特定的、有范围的安排之中。这使他们没有必要就他们在企业中的工作任务是什么进行讨价还价，因而可以减少决策制定的成本并促进工作的专门化，也使一起工作的员工分享对他们工作的一系列预期，因而减少了不确定性。同时，共同的文化，使在一起工作的员工始终存在共同关注的焦点，从而提高企业的技术效率。二是企业文化补充了正式控制。企业文化补充了正式的控制制度，减少了企业中监督个人的成本。企业文化作为集体价值观和行为准则的集合体，在组织中能发挥一种控制功能。文化对员工行动的控制是基于他们对企业的依附，而不是基于激励和监督。那些在价值观上依附企业文化的员工将会调整他们个人的目标和行为，使之符合企业的目标和行为。如果文化在企业中具有这种功能，那么，员工主动的自我控制、员工间的非正式监督和不涉及具体细节的组织准则结合在一起，员工会比在正式制度下更可能地去服从，从而，控制员工行为将比只有正式控制制度更有效。三是企业文化促进合作。企业文化影响了企业中个人的偏好，使他们趋向于共同的目标。这就降低了企业中个人的谈判和讨价还价成本，并促进了更多协作行动的产生和发展。在企业内部，由于各利益相关者讨价还价的权力之争，也会导致市场竞争中可能出现的个体理性与集体理性的矛盾。企业文化通过"相互强化"的道德规范，会减轻企业内权力运动的危害效应，这就使在市场上利己主义的个人之间不可能出现的多方受益的合作行为在企业内部可能出现。

（2）企业文化成为维持竞争优势源泉的条件。企业文化可以成为维持竞争优势的一个源泉。企业文化必须为企业创造价值，并作为维持竞争优势的一个源泉。如果一个企业的文化和市场上大多数的企业是相同的，它往往反映的是国家或地区文化或一系列行业规范的影响，那么它不可能导致相对竞争优势。当然，企业文化必须是很难被模仿的。如果成功的企业文化体现了企业的历史积累，这种复杂性就会让其他企业很难仿效，也使其他企业的管理者很难从本质上修改他们企业的文化以显著提高绩效。相反，如果企业文化很容易被模仿，那么，一旦该企业成功的话，其他企业都将会模仿它，这将使文化带给企业的优势就会很快消失。

（3）企业文化可能带来不良绩效。实践中，企业文化也可能损害企业的绩效。文化与绩效相联系，是因为企业战略成功的一个重要前提是战略与环境相匹配。当企业战略符合其环境的要求时，文化则支持企业的定位并使之更有效率；而当企业所面对的环境产生了变化，并显著地要求企业对此适应以求得生存时，文化对绩效的负面影响就变得重要起来。尤其是在一个不利的商业环境中，文化的不可管理性将使之成为一种惯性或阻碍变化的来源。受文化惯性的影响，中小企业没有预期到产品变化的方向，可能让竞争对手在市场份额和网络外部性的基础上夺取了市场优势地位。

3. 文化适应性与战略稳定性

企业战略的稳定性反映企业在实施一个新的战略时，企业的结构、技能、共同价值、生产作业程序等各种组织要素所发生的变化程度。文化适应性反映企业所发生的变化与企业目前的文化相一致的程度。用纵轴表示企业战略的稳定性状况，横轴表示文化的适应性状况，则二者关系可以用一个矩阵来表示（如图 6-4 所示）。

图6-4　企业文化的适应性与战略的稳定性矩阵

（1）以企业使命为基础。在企业实施一个新的战略时，重要的组织要素会发生很大变化。这些变化大多与企业目前的文化有潜在的一致性。这种企业由于有企业固有文化的大力支持，实行新战略没有大的困难。在这种情况下，企业处理战略与文化关系的重点：①企业在进行重大变革时，必须考虑与企业基本使命的关系。企业使命是企业文化的正式基础。高层管理人员在管理的过程中，一定要注意变革与使命内在的不可分割的联系。②发挥企业现有人员在战略变革中的作用。现有人员之间具有共同的价值观念和行为准则，可以在保持企业文化一致的条件下实施变革。③在调整企业的奖励系统时，必须注意与企业组织目前的奖励行为保持一致。④考虑进行与企业组织目前的文化相适应的变革，不要破坏企业已有的行为准则。

（2）加强协调。在企业实施一个新的战略时，组织要素发生的变化不大，又多与企业目前的文化相一致。这类情况往往发生在企业采用稳定战略（或维持不变战略）时，处在这种地位的企业应考虑两个主要问题：一是利用目前的有利条件，巩固和加强企业文化。二是利用文化相对稳定的这一时机，根据企业文化的需求，解决企业生产经营中的问题。

（3）根据文化的要求进行管理。在企业实施一个新战略，主要的组织要素变化不大，但多与企业组织目前的文化不大一致。当企业准备推行某种新的激励方式，虽然这种方式与过去的激励方式相比，并没有根本性的变化，但是，某些利益相关者基于对自身利益的考虑，可能会反对实施新的方法。此时，企业需要研究这些变化是否可能给企业带来成功的机会。在这种情况下，企业可以根据经营的需要，在不影响企业总体文化一致的前提下，对某种经营业务实行不同的文化管理。

（4）重新制定战略。企业在处理战略与文化的关系时遇到极大的挑战。企业实施一个新战略时，组织的要素会发生重大的变化，又多与企业现有的文化很不一致，或受到现有文化的抵制。对于企业来讲，这是个两难问题。在这种情况下，企业首先要考察是否有必要推行这个新战略，如果没有必要，企业则需要考虑重新制订战略；反之，在企业外部环境发生重大变化，企业考虑到自身长远利益，必须实施不能迎合企业现有文化的重大变革，企业则必须进行文化管理，使企业文化也作出相应的重大变化。

二、战略变革

1.战略变革的动因

企业在成长过程中，因为内外部环境的变化，此时企业需要在个人、组织结构和系统、企业氛围和人际交往方式等方面进行战略变革。企业成员之间通过创造一个人与人之间高度信任和公开的系统以及降低过度社会冲突和竞争的副作用而改善社会以及其他非正式过程。引起变革的原因可能：一是企业外部环境的变化。如竞争者业务的变化、消费者消费目标和方式的变化、法律的变化、社会行为和态度的变化、经济的变化等。二是企业内部环境的变化。如在技术和工作方法方面的变化；产品和服务方面的变化，这是由于消费者需求、竞争者行为、新技术的出现等所导致；管理及工作关系的变化，例如，领导风格与员工工作方式的改变、教育培训方面的改变；组织结构和规模的变化，包括设立新的部门、更多的授权或集权、计划方式的改变、管理信息的提供和控制的执行等；并购后名称和标志的变化以及包括组织结构、文化、工作角色、员工数量和管理体系等更深刻的变化。

2.战略变革的时机选择

信息是管理者认识变革力量大小的根据。财务报告、质量控制数据、预算和标准成本信息是主要的内容，这些数据可以显示外部和内部力量的变化状况。一般来说，战略变革时机有三种选择，企业应该选择第一种，这样能避免过迟变革的代价。一是提前性变革。这是一种正确的变革时机选择。管理者能及时地预测未来的危机，提前进行必要的战略变革。国内外的企业战略管理实践证明，及时地进行提前性战略变革的企业是最具有生命力的企业。二是反应性变革。企业已经存在有形的可感觉到的危机，并且已经为过迟变革付出了一定的代价。三是危机性变革。如果企业已经存在根本性的危机，再不进行战略变革，企业将面临倒闭和破产。危机性变革是一种被迫的变革，企业往往付出较大的代价才能取得变革的成效。

3. 战略变革的过程

战略变革可分为两种类型：增量变革与转化变革。相应地，变革的过程也体现出积极主动变革和消极被动变革。

（1）变革的三个阶段。企业战略行为的变革可以分为三个阶段：解体、变革、重新巩固。一是解体阶段。解体阶段是整个过程中最困难的阶段，主要关系到变化的推广，促使企业改变其态度、价值观、行为、体系或结构。在这个过程中，主要有以下四项要求：有一个导火索；有人来挑战和揭露现有的企业行为模式的负面影响；外部人的介入；权力结构的轮换。如果变革的需要对于个人或企业的生存而言是紧迫的、明确的和必要的，将大大加快旧行为模式的解体。反之，对程序的变革可能会难以推广。二是变革阶段。鼓励企业和个人把新的创意体现在工作中。三是重新巩固阶段。这是最后的阶段，即巩固或加固新的企业行为，可以使用积极的加固，如赞美及奖励，或消极的加固，即对于偏离进行制裁。

（2）确定战略变革的支持者。任何企业中都有一个制约力和一个驱动力相互作用以保持平衡。确立企业战略变革的支持者十分重要。一是企业高级管理层是变革的战略家并决定应该做什么。二是指定一个代理人来掌握变革。如果变革激化了代理人和企业中的利益团体之间的矛盾，高管应当支持代理人；审议和监控变革的进程；签署和批准变革，并保证将它们公开。三是变革代理人必须赢得关键部门管理层的支持。因为变革需要后者在他们的部门中介绍和执行这些变革。变革的支持者应当提供建议和信息以及不再接受旧模式的证据。四是变革代理人让管理层立即行动起来，并给予后者必要的支持。管理层应保证变革的实际执行。如果变革涉及客户关注的一种新方法，工作人员就应当负责确保这一变革过程的有效性。

（3）克服战略变革的阻力。战略变革除可能对企业员工的境遇产生负面影响外，在企业内部也面临文化障碍。当变革与团队或部门的规范不一致时，或使某些专业人士或技术团队的技能和专业能力弱化甚至冗余时，团体的惯性就可能阻碍变革。为此，在处理变革的阻力时，管理层应当考虑变革的三个方面：一是变革的节奏。变革越是循序渐进，就越有更多的时间来提出问题、提供保证并进行管制。二是变革的管理方式。变革的管理方式非常重要，必须具备良好的氛围、明确需求、平息恐惧，如果可能的话，应当积极鼓励个人接受这些变革，如获得员工支持、鼓励个人参与。三是变革的范围。应当认真审阅变革的范围。大转变会带来巨大的不安全感和较多的刺激。可以考虑隐藏的变化，例如，技术的改变可能需要改变工作方式，反之可能导致工作团体的破裂。管理层必须了解其员工的各个方面，从而了解变革可能面临的抵制因素。

第三节　中小企业战略控制

一、企业战略控制概述

1. 战略控制的概念

战略控制主要是指在企业战略的实施过程中，检查企业为达到目标所进行的各项活动的进展情况，评价实施企业战略后的企业绩效，把它与既定的战略目标与绩效标准相比较，发现战略差距，分析产生偏差的原因，纠正偏差，使企业战略的实施更好地与企业当前所处的内外环境、企业目标协调一致，使企业战略得以实现。显然，战略控制着重于战略实施的过程，是以战略实施的评价为基础的。

2. 战略控制的方式

从战略控制时间来看，企业的战略控制方式一般可以分为如下三类：

（1）事前控制。在战略实施之前，要设计好战略计划，该计划要得到企业高层领导人的批准后才能开始实施，所批准的内容往往也就成为考核经营活动绩效的控制标准，这种控制多用于重大问题的控制，如任命重要的人员、重大合同的签订、购置重大设备等。由于事前控制是在战略行动成果尚未实现之前，通过预测发现战略行动的结果可能会偏离既定的标准。因此，管理者必须对以下预测因素进行分析与研究：一是投入因素。即战略实施投入因素的种类、数量和质量，将影响产出的结果。二是早期成果因素。即依据早期的成果，可预见未来的结果。三是外部环境和内部条件的变化，也作为战略实施的控制因素。

（2）事后控制。在企业开展经营活动之后，才把战略活动的结果与控制标准相比较，进行事后控制。这种控制方式的重点是要明确战略控制的程序和标准，把日常的控制工作交由职能部门人员去做，即在战略计划部分实施之后，将实施结果与原计划标准相比较，由企业职能部门及各事业部门定期地将战略实施结果向高层领导汇报，由领导者决定是否有必要采取纠正措施。事后控制的方法：一是联系行为。即对员工的战略行为的评价与控制直接同他们的工作行为挂钩。他们比较容易接受，并能明确战略行动的努力方向，使个人的行动导向和企业经营战略导向接轨；同时，通过行动评价的反馈信息修正战略实施行动，使之更加符合战略的要求；通过行动评价，实行合理的分配，从而强化员工的战略意识。二是目标导向。让员工参与战略行动目标的制定和工作业绩的评价，既可以看到个人行为对实现战略目标的作用和意义，又可以从工作业绩的评价中看到成绩与不足，从中得到肯定和鼓励，为战略推进增添动力。

（3）随时控制。随时控制即过程控制。企业高层领导者要控制企业战略实施中关键性的过程或全过程，随时采取控制措施，纠正实施中产生的偏差，引导企业沿着战略的方向进行经营，这种控制方式主要是对关键性的战略措施进行随时控制。

3. 战略控制的特征

战略控制的基本特征体现了战略控制活动的基本要求。战略控制的主要特征有以下几点：

（1）适宜性。判断企业战略是否适宜，首先要求这个战略具有实现公司既定的财务和其他目标的良好前景。因此，适宜的战略应处于公司希望经营的领域，必须具有与公司的哲学相协调的文化，如果可能的话，必须建立在公司优势的基础上，或者以某种人们可能确认的方式弥补公司现有的缺陷。

（2）可行性。可行性是指公司一旦选定了战略，就必须认真考虑企业能否成功的实施。公司是否有足够的财力、人力或者其他资源、技能、技术、诀窍和组织优势，即企业是否有有效实施战略的核心能力。如果在可行性上存在疑问，就需要将战略研究的范围扩大，将能够提供所缺乏的资源或能力的其他公司或者金融机构包括在内，通过联合发展达到可行的目的。

（3）可接受性。与公司利害攸关的人员，是否对推荐的战略非常满意，并且给予支持。一般来说，公司越大，与公司有利害关系的人员就越多。要保证得到所有的利害相关者的支持是不可能的，但是，所推荐的战略必须经过最主要的利害相关者的同意，而在战略被采纳之前，必须充分考虑其他利害相关者的反对意见。

（4）利益的不一致性。整体利益和局部利益、长期利益和短期利益的不一致性。企业的整体是由局部构成的。从理论上讲，整体利益和局部利益是一致的，但在具体问题上，整体利益和局部利益可能存在着一定的不一致性。企业战略控制就是要对这些不一致性的冲突进行调节，如果把战略控制仅仅看作是一种单纯的技术、管理业务工作，就不可能取得预期的控制效果。

4.战略控制的作用

战略控制是企业战略管理的重要环节，在企业战略管理中发挥重大作用，主要表现在以下几个方面：一是能够保证企业战略的有效实施。战略决策仅能决定哪些事情该做，哪些事情不该做，而战略实施控制的好坏将直接影响企业战略决策实施的效果好坏与效率高低，因此企业战略实施的控制虽然处于战略决策的执行地位，但对战略管理是十分重要且必不可少的。二是有利于控制能力与效率的提升。企业要加强控制能力建设，提升控制效率，促进企业战略行为能力的提高。企业战略实施的控制能力强，控制效率高，则企业高层管理者可以做出较为大胆的、风险较大的战略决策；若相反，则只能作出较为稳妥的战略决策。三是能够提供战略决策信息。企业经营战略实施的控制与评价可为战略决策提供重要的反馈，帮助战略决策者明确决策中哪些内容是符合实际的、是正确的，哪些是不正确的、不符合实际的，这对于提高战略决策的适应性和水平具有重要作用。

二、中小企业战略控制的过程

1.战略失效及其原因

战略失效是指企业战略实施的结果偏离了预定的战略目标或战略管理的理想状态。战略失效可分为早期失效、偶然失效和晚期失效三种类型。导致企业战略失效的主要原因：一是企业战略未能成为全体员工的共同行动目标。企业内部缺乏沟通，或不理解，或不认可。二是战略实施过程中各种信息的传递和反馈受阻。三是战略实施所需的资源条件与现实存在的资源条件之间出现较大缺口。四是用人不当。主管人员、作业人员不称职或玩忽职守。五是公司管理者的决策错误，战略目标本身存在严重缺陷或错误。六是企业外部环境出现了较大变化，而现有战略一时难以适应等。

2. 构建战略控制系统

（1）构建战略控制系统的步骤。战略控制有正式和非正式之分。中小企业构建正式的战略控制系统包括下列步骤：①执行策略检查。②根据企业的使命和目标，识别各个阶段业绩。主要是在标出关键性的成功因素之后识别出来的；应当是长期目标的短期步骤；是管理者监视行动及其结果。③设定目标的实现层次。④对战略过程的正式监控，并形成监控报告。⑤目标实现后奖励。

（2）构建战略控制系统的因素。战略控制系统是比较复杂的系统，必须充分分析和认识影响该系统的各个因素，它们是：①链接性。在重要机构之间架起沟通的桥梁，以避免破坏的方式进行合作。②多样性。如果系统具有多样性，要注意从多样策略控制系统中选择适合性较高的控制系统。③风险。在高风险的企业战略控制系统中，需要包含较多性能标准，以便更容易地把可能存在的问题检测出来。④变化。能够迅速地应对战略控制系统环境的变化。⑤竞争优势。为控制目标，要有目的地区分两个类型的业务。一是具有较弱竞争优势的业务；二是具有较强竞争优势的业务。在此基础上，企业需要判断和识别关键性成功要素，它是企业成功至关重要的目标。识别关键成功要素的意义在于：识别关键性成功要素的过程可以提醒管理层那些需要控制的事项，并显示出次要的事项。关键性成功要素能够转化为按照相同方式定期报告的关键性业绩指标。关键性成功要素能够保证管理层定期收到有关企业的关键信息，以指导信息系统的发展。能够用于将组织的业绩进行内部对比或者与竞争对手比较。

（3）明确战略性业绩计量的特征。战略性业绩必须是可计量的、有意义的、持续计量的、定期重新评估的、战略定义或者与之相关的，并且是可接受的。战略性业绩计量的特征：一是重点关注长期的事项，如企业财富增长、效率提升等。二是有助于识别战略成功的动因，如企业是如何长期创造股东价值。三是通过企业提高业绩来支持企业学习。四是提供的奖励基础是基于战略性的事项而不仅仅是某年的业绩。

三、中小企业业绩衡量与测评

企业业绩衡量与测评是战略控制的重要活动。企业业绩衡量可能基于财务信息也可能基于非财务信息。业绩衡量的重要意义在于：业绩评价是整体控制或者反馈控制系统的一部分，提供了控制行为的必要反馈；业绩评价是与利益相关者群体沟通的重要组成部分；业绩评价与激励政策以及业绩管理系统紧密相关；管理层努力追求获得业绩上的满意评价，这会增加管理层的动力。

1. 对衡量企业业绩的不同观点

（1）股东观。股东观认为企业应基于股东的利益而存在，应把股东回报率作为企业业绩的指标。股东回报率的计算由两部分组成：资本利得与股利。一是资本利得。资本利得是股票投资者股票交易卖出价与买入价的差额。二是股利。股利指股份公司按发行的股份分配给股东的利润。股利的主要发放形式：现金股利亦称派现，是股份公司以货币形式发放给股东的股利；股票股利也称为送红股，是指股份公司以增发本公司股票的方式来代替现金向股东派息，通常是按股票的比例分发给股东；财产股利是股份公司以实物或有价证券的形式向股东发放的股利；建业股利是以公司筹集到的资金作为投资盈利分发给股东的股利。

（2）利益相关者观。对于如何衡量企业的业绩，利益相关者观不同于股东观。利益相关者观认为，企业是为所有利益相关者的利益而存在的。常见的利益冲突包括以下内容：为了企业的成长，企业必须牺牲短期盈利、现金流和工资水平；如果企业发展需要通过股权融资或债权融资获取资金，则可能要牺牲财务的独立性；非个人股东的企业要求管理层具有很强的责任心。

2. 业绩测评与关键业绩指标选取

业绩是活动的最终结果。选择哪些测评指标评价业绩，取决于要评价的组织单元与要达到的目标。因此，企业业绩测评：一是明确业绩测评方法。如投资收益率、每股收益、所有者权益收益率、股东价值、经济增加值、市场增加值等。二是行为控制与产出控制。建立起来的控制要么集中于实际业绩结果（产出），要么集中于产生业绩的活动（行为）。行为控制通过政策、规则、标准操作规程以及上级命令来规定如何做事情。产出控制集中于行为的最终结果，通过运用目标、业绩指标或里程碑来规定要实现什么。行为与产出控制之间可以相互替代。当业绩结果难以测评，而且活动与结果之间具有明确的因果关系时，行为控制（例如，遵守公司规程、拜访潜在客户、按时工作等）最合适。如果可以明确商定产出指标，而且活动与结果之间没有明确的因果关系时，产出控制（例如，销售定额、成本削减或利润目标、顾客满意度调查）最合适。三是关键业绩指标选取。从多角度衡量业绩时，应当为每一个关键成功因素建立一个或多个关键性业绩指标（如表 6-1 所示），以便于评价比较。

表 6-1　财务和非财务性的关键业绩指标

活动	关键业绩指标
市场营销	销售数量
	毛利率
	市场份额
生产	（产能）利用能力
	质量标准（水平）
物流	利用能力
	服务水平
新的生产发展	投诉率
	回购率
广告计划	了解水平
	属性等级
	成本水平
管理信息	报告时限
	信息准确度

3. 业绩比较

业绩比较特别是关键指标的业绩比较，包括三个环节：一是选择获取信息的途径：①财务信息。互联网、行业出版刊物、政府官方的统计数据、行业协会和行业顾问以及专家，都是获取信息的来源。②客户信息。市场份额的信息也可从上述财务信息的来源获取。市场研究机构有很多资料，其中一些信息是共享的。③内部管理指标。财务指标如资产回报率（ROA）以及销售回报率能部分反映内部信息。④管理效率。其他信息也能在年度报告中找到，特别是相对比率，如平均每个员工的销售量以及每个商店的销售量。⑤学习和成长指标。二是选择业绩的比较方法：①在一个时点上的衡量结果需要与相应的值进行比较，如过去的业绩、内部设定的目标、行业的平均水平、行业最好的水平甚至世界最好的水平。②衡量一段时间内的业绩可以使用趋势分析，结果可能是改善的、不变的、下降的或不稳定的。衡量一段时间内的业绩也需要与相应的量进行比较。三是对总体业绩的评价。

四、中小企业战略控制方法

1. 预算控制法

（1）预算控制及其作用。财务预算是指企业在计划期内反映有预计现金收支、经营成果和财务状况的预算。预算控制是根据预算规定的收入与支出标准来检查和监督各部门活动，以保证组织经营目标的实现，并使费用支出受到严格有效约束的过程。预算控制通过编制预算并以此为基础执行和控制企业经营活动并在活动过程中比较预算和实际的差距及原因，然后对差异进行处理，是管理控制中运用最广泛的一种控制方法。

预算控制清楚地表明了计划与控制的紧密联系，其作用主要体现在以下几方面：

1）为控制组织日常活动提供标准。预算的编制与执行始终与控制过程联系在一起，预算为组织的各项活动确立了数量形式的财务预算标准来对照企业活动的实际效果，大大方便了控制过程中的绩效衡量工作。

2）为考核、评价实际工作绩效提供依据。预算使管理控制目标更加明确，使人们清楚地了解所拥有的资源和开支范围，使工作更加有效。在评定各部门工作业绩时，要根据预算的完成情况，分析偏离预算的程度和原因，划清责任，实现奖罚分明。

3）能协调部门间关系以达到部门间平衡。通过预算控制可以把企业内部各部门、各层次的日常工作全部纳入预算并使各项预算之间相互协调，形成一个为共同完成组织总体目标的有机整体。

（2）预算控制的方式。遵循编制预算—执行预算—预算差异分析—分析总结—评价和考核预算控制的绩效的过程，采取自上而下、自下而上的方法，企业有多种预算控制的方式。其中，中小企业预算控制的方式主要有以下几种：

1）增量预算。增量预算是指新的预算是以前期的预算或者以实际业绩作为基础来编制，在此基础上增加相应的内容。增量预算的优点：预算是稳定的，并且变化是循序渐进的；经理能够在一个稳定的基础上经营他们的部门；系统相对容易操作和理解；遇到类似威胁的部门能够避免冲突；容易实现协调预算。而增量预算的缺点在于：它假设经营活动以及工作方式都以相同的方式继续下去；不能拥有启发新观点的动力；没有降低成本的动力；它鼓励将预算全部用光以便明年可以保持相同的预算；它可能过期，并且不再和经营活动的层次或者执行工作的类型有关。

2）零基预算。零基预算基本思想是在每个预算年度开始时，把所有还在继续开展的活动都看作从零开始，根据企业目标，重新审查各项活动对实现目标的意义和效果，重新排出优先次序，重新分配资金和其他资源，避免了预算控制中只注意前段时间变化的倾向。根据中小企业资源十分有限、适应环境能力较强的特点，我们鼓励提倡按照零基预算方法进行预算控制。零基预算的优点：能够识别和去除不充分或者过时的行动；能够促进更为有效的资源分配；需要广泛的参与；能够应对环境的变化；鼓励管理层去寻找替代方法。而零基预算的缺点在于：它是一个复杂的耗费时间的过程；它可能强调短期利益而忽视长期目标；管理团队可能缺乏必要的技能。

2. 业绩衡量指标控制法

（1）财务业绩指标。财务业绩指标有以下几点：

1）盈利能力和回报率指标。盈利能力和回报率指标如下：

$$毛利率 = 毛利润／营业收入$$
$$= （营业收入 - 销售成本）／营业收入$$
$$净利润率 = （销售收入 - 销售成本 - 期间费用）／营业收入$$
$$资本报酬率（ROCE） = 息税前利润／当期占用的资本$$

说明：ROCE在实务中非常流行，作用如下：它能得出一个理想的集团ROCE；它能够对不同规模的部门加以比较；识别出创造集团价值或破坏集团价值的部门，识别出绩效较高和绩效较低的部门管理者；管理层较易理解；与利率或其他资产收益率类似；采用这种方法计算较容易，因为财务报告系统能提供利润和资产价值。

2）股东投资指标。股东投资指标有以下几种：

第一，反映收益性指标：

$$总资产报酬率 = 净利润／资产总额$$
$$所有者权益报酬率 = 净利润／所有者权益$$
$$毛利率 = 销售毛利润／净销售收入$$
$$销售利税率 = 利税总额／净销售收入$$
$$净利润率 = 净利润／净销售收入$$
$$每股股利 = 支付普通股的现金股利／普通股发行在外的平均股数$$

股利报酬率＝（净利润－优先股股利）／平均普通股权益

市盈率＝普通股每股市场价格／普通股每股利润

第二，反映流动性指标：

存货周转率＝销售成本／平均存货

应收账款周转率＝赊销收入净额／应收账款平均额

流动资产周转率＝销售收入／流动资产平均额

固定资产周转率＝销售收入／固定资产净值

总资产周转率＝销售收入／资产总额

第三，反映安全性指标：

流动比率＝流动资产／流动负债

速动比率＝速动资产／流动负债

负债比率＝负债总额／资产总额

权益乘数＝资产总额／股东权益

负债与股东权益比率＝负债总额／股东权益

利息保障倍数＝（税前利润＋利息费用）／利息费用

第四，反映企业成长性指标：

销售收入增长率＝本期销售收入／前期销售收入

税前利润增长率＝本期税前利润／前期税前利润

固定资产增长率＝本期固定资产／前期固定资产

人员增长率＝本期职工人数／前期职工人数

产品成本降低率＝本期产品成本／前期产品成本

第五，反映企业生产性指标：

人均销售收入＝销售收入／平均职工数

人均利润率＝净利润／平均职工数

人均资产总额＝资产总额／平均职工人数

人均工资＝工资总额／平均职工人数

（2）非财务指标。非财务业绩计量是基于非财务信息的业绩计量方法，可能产生于经营部门或者在经营部门使用，以监控非财务方面的活动。非财务业绩计量可能比财务业绩计量提供的业绩信息更为及时，也可能容易受到一些市场不可控因素变化的影响。在中小企业中，一般非财务指标如表6－2所示。

表6-2　中小企业非财务指标

评价的领域	非财务业绩计量
服务质量	诉讼数量 客户等待时间
人力资源	员工周转率 旷工时间 每个员工的培训时间
市场营销效力	销售增长 每个销售人员的客户访问量 客户数量

3.平衡计分卡控制法

　　卡普兰和诺顿提出的平衡计分卡方法表明了企业员工需要什么样的知识技能和系统，分配创新和建立适当的战略优势和效率，使企业能够把特定的价值带给市场，从而最终实现更高的股东价值。平衡计分卡强调作业的过程而不是企业的部门，它可以支持资源与能力为基础的企业战略。该方法从以下四个角度平衡了企业短期与长期业绩、外部与内部的业绩、财务与非财务业绩、领先指标和滞后指标以及不同利益相关者的要求（如图6-5所示）。

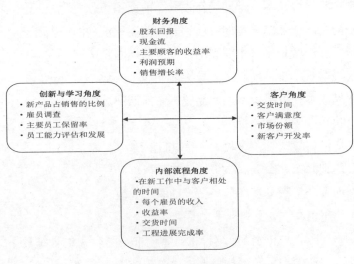

图6-5　平衡计分卡

　　平衡计分卡控制法的重要作用体现在：使传统的绩效管理从人员考核和评估的工具转变成为战略实施的工具；使领导者拥有了全面的统筹战略、人员、流程和执行四个关键因素的管理工具；使领导者拥有了可以平衡长期和短期、内部和外部，确保持续发展的管理工具。

（1）财务角度。财务角度主要关注股东对企业的看法以及企业的财务目标。利润、销售增长率、投资回报率以及现金流等方面。

（2）客户角度。客户角度的目标和指标包括目标市场的销售额（或市场份额）以及客户保留率、新客户开发率、客户满意度和盈利率，这些称为滞后指标。经理人要明确对客户提供的价值定位，如时间、质量、价格、可选性、客户关系和企业形象等，这些称为潜在的领先指标。

（3）内部流程角度。业务流程角度包括一些驱动目标，它们能够使企业更加专注于客户的满意度，并通过开发新产品和改善客户服务来提高生产力、效率、产品周期与创新。以企业战略和价值定位为依据，确定将重点放在哪些方面或设定哪些目标。高级管理层在设计企业的平衡计分卡的业务流程目标时要考虑以下两个关键问题：一是要在哪些流程上表现优异才能成功实施企业战略？二是要在哪些流程上表现优异才能实现关键的财务和客户目标？

（4）创新与学习角度。创新与学习角度对任何企业能否成功执行战略都起到举足轻重的作用。将企业战略与组织的学习和成长衔接起来。高级管理层在设计企业的平衡计分卡学习和成长目标时要考虑以下几个问题：一是经理（和员工）要提高哪些关键能力才能改进核心流程，达到客户和财务目标从而成功执行企业战略？二是如何通过改善业务流程，提高员工团队合作、解决问题的能力以及工作主动性来提高员工的积极性和建立有效的组织文化，从而成功地执行企业战略？三是应如何通过实施平衡计分卡来创造和支持组织的学习文化并加以持续运用？

📖 本章复习思考题

1. 简述中小企业纵横向分工组织结构的主要类型。
2. 论述中小企业组织结构设计的基本要素。
3. 论述中小企业组织结构与企业战略的关系。
4. 简述中小企业文化的主要类型。
5. 论述企业文化适应性与战略稳定性。

6. 分析中小企业战略变革的过程。

7. 简述中小企业战略控制的特征。

8. 论述中小企业战略控制的主要方法。

📖 本章案例

摩托罗拉公司从集权到分权的演绎

劳勃·盖尔文的父亲于 1928 年创立了摩托罗拉公司。摩托罗拉公司自诞生之日起便定下了由家族势力决定企业发展前途的基调。公司刚成立时，资本很少，一共只有 565 美元，一直到 1930 年，摩托罗拉公司才成功地制造了汽车收音机。

劳勃·盖尔文于 1964 年担任公司的董事长之后，事实上公司权力集中在他一个人的手上。出乎意料的是公司运转井然有序，效率非常之高，公司发展速度惊人。1967 年摩托罗拉公司的营业额达到 4.5 亿美元。1968 年，该公司的半导体产品集团主管李斯特·何根跳槽到加州一家对立公司出任总裁。当时，李斯特·何根带走了八名重要员工。大约一个月以后，公司一共走了 20 个人。两年之后，摩托罗拉公司竟然有 80 名员工跑去投奔何根。盖尔文不得不承认，何根的叛变已经严重地伤害到整个公司。他补充说："一旦一个机构受到打击而元气大伤的时候，一定会有很多人觉得自己也不得不另谋出路"。这次背叛事件发生后，他意识到经营管理方针上必须要做一些改变，也就是把权力和责任分散，改变过去权力过于集中，自主权太小，对员工缺乏有效激励的现状。

1970 年盖尔文让位于威廉·卫斯兹，但他仍留在董事会。威廉·卫斯兹接任了公司董事长兼营业部经理，并进行大幅度管理改革。他说："通常我们都只保持一些公司的大目标及原则，至于一般权力与责任我们尽量把它们分散到各个阶层。"他还说："当然，我也承认，就像遛狗一样，由于我们用来管束各部门经理的皮带放得太长，所以我们的脚也经常给石头碰伤。"

此时，摩托罗拉公司由两个产品体系构成：一个是通信器材，一个是半导体产品，集团底下又分成很多部门。这样一个庞大的企业集团组织，从高层主管到生产线，权力全部分散，公司整体只由一个不足 30 人组成的公司总部统率。从此，摩托罗拉公司致力于把权力分散到各盈利单位。现在公司内的各单位在资源分派及预算编列方面都已经有相当可观的财务控制权，同时，他们也有权力决定加入或退出哪些营业项目。

根据史蒂芬•李威这位专门负责公司企划、营销、设计及维持公司与政府公共关系和广告事务的高级员工说，摩托罗拉公司似乎已有一种趋势，要把公司内的各个部门当作个人事业来处理。他说："一直到最近，说老实话，我们都没有一个明显而确定的整体政策，你绝对看不到任何有关这方面的记载，而且，你也绝对不可能从不同人的描述中去猜测它究竟是些什么东西。"

摩托罗拉公司之所以有逐渐把权力分散的趋势，一个主要原因是公司有不少服务多年的老经理；同时由于它仍然保留家庭经营形态，受家族的影响至深。因此，公司里面有不少家长主宰式的暗流存在。公司愈大，员工愈渴望变成股东。在比较大一点的公司，每一位员工显然都希望能感觉自己就是老板。基本上，公司所做的，正是要把整个公司分成很多智囊团，因为只有这样才能使大部分的人都分享到当年盖尔文家族各分子所拥有的权力与责任。统率公司整体发展方向的上层组织采用"三驾马车"制，由威廉、劳勃和米歇尔组成一个非正式的董事会核心。米歇尔也是摩托罗拉公司的元老，他们三大巨头加起来，在该公司整整做了89年之久。公司内所有的部门主管如果有事情，可以直接向他们三大巨头组成的"三驾马车"报告。不过，大概一年以前，他们之间第一次有了改变，每一个巨头开始专门负责4～5种事务，在这些事务方面，每个人都拥有较大的决定权。不过，尽管每一个巨头开始有自己的专责，但对于公司的所有决定他们每一个人仍然有全部的决定权力及责任。卫斯兹说："通常，我不会越权去管他们专责方面的事情，但如果碰到情况十分紧迫时，我也常毫不犹豫地越俎代庖。我义不容辞地处理这类事情，是因为我知道他们一定会同意我的办法。"

事实上，只有在他们三大巨头对同一问题意见相左的时候，才会产生"谁来决定"的问题，不过这种决定只限于几种情形。这几种情形通常都是关系到全体利益的敏感问题，比如管理发展、人事管理、组织规划、年度预算的拟定以及对员工及工作绩效的考核等。董事会每个星期一主持一次例会，先花两个小时与公司的高级员工接触，然后再花两个小时来单独讨论问题。除此之外，在每隔4周一次的工作会议上，他们也花几个小时来讨论一些有关公司长期发展的战略。公司总部人员十分精简，主要负责与海外分公司高级主管联络，代表公司与外国政府或海外机构建立业务关系。公司总部包括人事部门及法律会计部门也只有30人。

　　一般而言，公司内部各部门间的目标及方针大致上都很协调，正因为如此，总公司在营运方面长期不加干涉也不致造成问题。公司员工大部分的工作只是要确保每一个关系集团及部门都能够彻底了解公司五年战略计划的基本规定，同时及时地把它付诸行动。任何计划在提交到董事长办公室之前都必须经过三个核心审查，五年计划的第一年业绩将作为第二年预算实施的主要参考。

　　如果是一个关系集团在自己的预算内推动一项工程计划，那么它大可以放手去做，而不必把详细情形报告给总公司或向上级请示。通常只有在计划进行到最后阶段而突然发生重大修正时，总公司才会发生警觉而加以过问。

案例思考题：

　　1.摩托罗拉公司过分集权的弊端有哪些？

　　2.摩托罗拉公司分权的优势是什么？

　　3.分析摩托罗拉公司战略控制的基本过程。

参考文献

[1] 彭璧玉. 中小企业战略管理 [M]. 北京：北京科学出版社，2013.

[2] 林汉川，邱红. 中小企业战略管理 [M]. 北京：对外经济贸易出版社，2006.

[3] 王关义. 现代企业管理 [M]. 北京：清华大学出版社，2007.

[4] 刘冀生. 企业战略管理 [M]. 北京：清华大学出版社，2011.

[5] 夏宽云. 战略成本管理 [M]. 上海：上海立信会计出版社，2000.

[6] 李定安. 成本管理研究 [M]. 北京：经济科学出版社，2002.

[7] [美] 大卫·科利斯，辛西娅·蒙哥马利. 公司战略：企业的资源与范围 [M]. 大连：东北财经大学出版社，2005.

[8] [美] 迈克尔·波特. 竞争优势 [M]. 北京：华夏出版社，1997.

[9] [美] 迈克尔·波特. 竞争战略 [M]. 北京：华夏出版社，1999.

[10] 罗仲伟，朱彤. 拥有持久的竞争优势 [M]. 北京：民主与建设出版社，2003.

[11] [加] 明茨伯格. 战略历程：纵览战略管理学派 [M]. 北京：机械工业出版社，2001.

[12] 雷银生. 企业战略管理教程 [M]. 北京：清华大学出版社，2006.

[13] [美] 菲利普·科特勒. 营销管理 [M]. 上海：上海人民出版社，2003.

[14] 张兵武. 品牌营销大未来 [M]. 北京：机械工业出版社，2006.

[15] 叶怀珍. 现代物流学 [M]. 北京：高等教育出版社，2006.

[16] 陈殿阁. 市场调查与预测 [M]. 北京：清华大学出版社，2004.

[17] 黄健安. 市场营销学 [M]. 北京：高等教育出版社，2004.

[18] 瞿彭志. 网络营销 [M]. 北京：高等教育出版社，2004.

[19] 胡其辉. 市场营销策划 [M]. 大连：东北财经大学出版社，2006.

[20] 苗杰. 现代广告学 [M]. 北京：中国人民大学出版社，2004.

[21] 黄敏学. 电子商务 [M]. 北京：高等教育出版社，2004.

[22] 梁文潮. 中小企业经营管理：制度•战略•营销实务 [M]. 武汉：武汉大学出版社，2003.

[23] 徐剑明. 中小企业营销实务与案例 [M]. 哈尔滨：哈尔滨工业大学出版社，2005.

[24] 中国注册会计师协会. 公司战略与风险管理 [M]. 北京：经济科学出版社，2012.

[25] 吴维库. 企业竞争力提升战略 [M]. 北京：清华大学出版社，2002.

[26] [美] 劳埃德•拜尔斯，莱斯利•鲁. 人力资源管理 [M]. 北京：人民邮电出版社，2007.

[27] [美] 劳伦斯•S. 克雷曼. 人力资源管理——获得竞争优势的工具 [M]. 北京：机械工业出版社，1999.

[28] 余凯成. 人力资源管理 [M]. 大连：大连理工大学出版社，2006.

[29] 仲伙雁，刘友德. 管理信息系统 [M]. 大连：大连理工大学出版社，2006.

[30] 刘琰超. 浅析中小企业战略管理问题 [J]. 科技创业月刊，2011（6）.

[31] 吴晓红，杨旭. 浅析我国中小民营企业战略管理上的缺失 [J]. 集团经济研究，2007（2）.

[32] 米苏. 我国中小企业战略管理的问题及对策 [J]. 经济探讨，2012（5）.

[33] 徐二明，王智慧. 企业战略管理理论的发展与流派 [J]. 首都经济贸易大学学报，1999（10）.

[34] 耿弘. 企业战略管理理论的演变及新发展 [J]. 外国经济与管理，1996（6）.

[35] 刁爱华. 企业组织结构设计影响因素分析 [J]. 商业时代，2009（21）.

[36] 王玲. 企业组织结构的探索与创新 [J]. 决策，2009（2）.

[37] 朱春华，杨宏玲. 企业组织结构类型及实证研究 [J]. 管理观察，2009（21）.

[38] 李双，张海涛. 我国中小企业融资难问题的分析及对策 [J]. 大众科学，2007（5）.

[39] 邓桂清. 成本领先战略在企业竞争策略中的地位 [J]. 经济师，2007（4）.

[40] 章立清. 淮南矿业集团的成本领先战略探析 [J]. 理论建设，2009（3）.

[41] 刘娜欣. 谈企业差异化战略 [J]. 北方经济，2008（24）.

[42] 梁丽娜. 差异化策略在房产业的运用 [J]. 经营管理者，2009（21）.

[43] 邢晟. 家电业差异化战略的实施 [J]. 江苏商论，2007（12）.

[44] 孙祥文. 差异化战略在商战中的应用 [J]. 北方经贸，2008（12）.

[45] 秦晓丽. 浅析企业产品差异化战略 [J]. 内蒙古科技与经济，2009（1）.

[46] 宋昆鸿. 乐凡公司创业成长策略管理案例研究 [D]. 大连：大连理工大学硕士学位论文，2012.

[47] 赵俊燕，陈华. 基于效率的中小企业融资问题研究 [J]. 地方财政研究，2009（6）.

[48] 李毅. 中小企业信贷融资信用担保缺失研究 [J]. 当代经济研究，2008（10）.

[49] 蒋志芬. 中小企业融资的国际经验与中小企业融资新思维 [J]. 经济问题，2008（6）.

[50] 张洪增，高荔. 市场营销理论的起源、发展与展望 [J]. 企业改革与管理，2006（5）.

[51] 高继军. 市场营销理论的制度变迁与创新 [J]. 中国流通经济，1997（4）.